스포츠
정책론

스포츠
정책론

하웅용

21세기 선진복지국가는 시민 개개인의 삶과 수준을 향상시키기 위한 복지정책의 수립과 그 집행을 국가운영의 기본으로 삼고 있다. 스포츠는 국민의 심신의 건강은 물론 행복한 생활여건을 조성하는데 있어 그 중요성을 인식되고 있으며, 정부의 주요한 복지정책의 하나로 자리 잡고 있다. 이에 세계 각국에서는 자국의 여건에 따라 다양한 스포츠정책을 추진하며 국민체육 진흥에 노력하고 있다.

우리나라의 스포츠정책은 당시의 정치, 경제, 사회적 상황에 따라 스포츠 정책적 패러다임도 스포츠강국에서 스포츠선진국으로 변화되었다. 광복 직후 학교체육을 중심으로 스포츠정책이 시작되어, 1960년대부터 엘리트스포츠의 진흥에 정책적 중심이 있었으며, 1990년대 이후로 생활체육에 집중하고 있다. 이러한 급격한 스포츠 패러다임의 변화로 인하여 학교체육은 교육본연의 목적인 신체와 정신의 조화를 이루는데 미치지 못하였으며, 엘리트스포츠 역시 소수 엘리트선수의 정예화로 때로는 정치적으로 이용되는 등 문제점이 있었다. 생활체육 역시도 국민 삶의 향상을 위한 모두의 스포츠로 발전하는데 스포츠시설과 재정, 지도자등 많은 문제가 있었다. 과거를 딛고 21세기 선진복지국가 대한민국 국민이 바라는 스포츠정책은 학교체육, 생활체육, 엘리트스포츠가 서로의 벽을 허물고 상호 협조하여 국민체육 진흥에 그 목표가 있을 것이다. 이를 위해서는 체육단체들과 국민의 간절한 바람, 정부의 확고한 의지가 기본이며 이에 따르는 절적한 스포츠정책의 수반되어야 한다.

이 책은 11장으로 구성되어 있는데 제1장부터 3장까지는 정책, 스포츠정책과 관련한 이론을 설명한 부분으로 스포츠 · 스포츠정책의 정의, 공공정책 결정과정, 정책형성, 평가 등을 스포츠 예를 들어 다루었다. 제4장은 올바른 스포츠정책을 수립하기 위해서 가져야 할 정책적 사고에 대해 논의하였으며, 5장은 우리나라의 스포츠 발전과정과 현 스포츠정책에 대하여 기술하였다. 제1장부터 5장까지는 스포츠정책의 이론과 기초적인 내용을 다루었기에 효과적인 학습을 위해 단락마다 연구문제를 두었다. 제6장부터는 구체적인 스포츠정책을 다루었기에 여러분의 다양한 분석을 위해 연구문제를 피했다. 제6장은 김대중정부의 각 분야의 스포츠정책에 대해 비교적 자세히 분석, 해석하였다. 제7장에서는 국내 스포츠 행정조직인 문화체육관광부와 민간단체들의 목적, 조직을 분석하였다. 제8장부터 9, 10장은 스포츠시설, 생활체육, 학교체육의 현황과 문제점을 파악하고 향후 정책방향을 제시하고 하였다. 마지막 11장에서는 현재 스포츠정책의 기본 방향이 된 스포츠혁신위원회의 1권고안부터 7권고안까지의 내용을 상세히 분석하고 스포츠 현장의 소리와 정책적 문제점을 고민하여 허심탄회하게 다루었으나 부지불식간에 편협한 논의가 있었을 것이다.

　이 책은 지금보다 나은 스포츠정책을 위하여 기존의 정책을 분석, 해석 그리고 향후 방안에 대해 서술한 것이니, 혹 여러분의 생각과 다름에 고개를 흔들기 보다는 이 책을 토대로 활발한 토론이 이루어지길 바랄뿐이다. 또한 이 졸저를 보시고 강호제현(江湖諸 賢)의 질책과 격려, 지도 편달을 바란다.

2021년 8월

둔촌골 연구실에서 저자

| 차례 |

제10장　학교체육 정책분석 및 활성화 방안

제11장　스포츠혁신위원회 권고안의 정책적 분석

| 표 차례 |

그림 차례

제 1 장

· · ·

스포츠정책의 개념

시대에 따라 그 의미를 달리한 스포츠 또는 체육과 같은 '신체활동(physical activities)'을 통일된 용어로 정리한다는 것은 쉽지 않은 일이다. 고대 그리스에서는 신체활동 경기를 경쟁의 의미인 'agon' 또는 신체단련의 뜻을 가진 'gymnastics'라고 하였으며, 중세에는 종교, 사회적인 이유로 신체활동이 극히 제한되었고, 어떠한 규범적 용어보다는 보편적으로 'game'이라는 용어로 이해되었다. 근대에 이르러 신체활동을 지칭하는 용어로 'gymnastics', 'physical culture', 'physical training', 'turnen', 'physical education', 'human movement'와 'sports' 등이 사용되었다. 이러한 용어 중 신체 활동의 총체적인 의미로 체조(gymnastics, 體操)또는 체육(physical education, 體育)을 사용하였으나, 신체활동이 폭 넓고 다양해진 지금에 와서 체조 또는 체육이라는 용어로 신체활동의 개념과 범위를 포괄하기에는 다소 문제가 있다. 따라서 스포츠정책을 논하기에 앞서 선행되어야 할 것은 바로 신체 활동의 개념과 범위를 정리하는 일이다.

본 장에서는 스포츠, 체육, 여가 등의 용어 개념과 목적을 정의하며, 일반적인 정책의 개념을 파악하여 스포츠 정책이 무엇인가를 정리하는데 중점을 두었다. 이들 용어 개념과 목적은 학자 간에 많은 이견이 있음으로 객관적인 측면에서 용어 정의를 꾀하였다.

01
스포츠의 개념과 목적

스포츠(Sport) 또는 체육(體育)이라는 단어의 정의를 내리는 것은 쉬운 일이 아니다. 현대사회가 다양해지고 체육 또는 스포츠 영역도 넓어짐에 따라 그 개념도 여러 의미로 해석되기 때문이다. 과거 체육, 스포츠의 용어를 해석해 보면 개념의 변화가 계속되에 왔음을 알 수 있다. 문헌으로 볼 때, 신체활동이 체계화되어 인류문화의 한 축을 이루게 된 첫 문명은 고대 그리스 시기였다. 고대 그리스인들이 전인적 인간을 교육하기 위하여 삼았던 이상은 행동하는 사람(man of action)과 지혜로운 사람(man of wisdom)이었다. 활동적인 인간과 지혜로운 인간 즉, 심신의 조화를 통해 이상적인 인간을 육성한다는 교육목적을 이루기 위해 개인이 지닌 모든 측면의 정신적, 신체적 잠재력을 조화롭게 교육시키고자 노력하였다. 고대 그리스에서는 이러한 전인적 인격향상에 필요한 모든 신체활동을 김노스(Gymnos, Gymnastic)라는 말로 표현하였으며, 달리기, 레슬링, 복싱, 판크라티온과 같은 운동경기는 경쟁의 의미를 지닌 아곤(agon)이라 명명하였다. 이후에는 신체활동, 신체문화가 극히 제한되면서 즐김이라는 의미를 가진 게임(game)으로 이해되었다.

근대 교육자 존 록크(John Locke, 1632~1704)의 저서 <Some thought concerning education>에서 신체(physical)란 용어가 등장하였고, 중세사회의 정신중심적 교육 관념에서 신체와 정신의 조화적 발달을 꾀하려는 시도가 시작되었다. 이 때 신체는 단순한 육체(body) 보다는 '단련된 육체'를 의미하였고, 교육적 목적으로 신체활동을 인정하였다. 신체의 교육, 즉 체육(Physical Education)이란 용어를 처음 사용한 사람은 하버드 대학의 생리해부학 교수로 있던 존 왈런(Jonn Warren)이다. 그는 1840년에 출판한 저서인 <Theoretical Treatise on Physical Education>에서 체육이란 용어를 처음 사용하였고, 20세기 초 체육이 교육의 한 부분을 차지하게 되면서 굴릭(Luther Gulick), 우드(Thomas Wood)와 헬더링톤(Clark Hetherington) 등에 의해 교육을 강조한 체육(Physical Education)이 대중적으로 받아들여지게 되었다(하웅용 외, 2018).

체육이라는 용어가 대중화되기 이전에는 어떠한 목적을 둔 신체활동에 대해 신체문화(physical culture) 또는 신체훈련(physical training) 등의 용어가 사용되었으나, 1910년대 이후에는 체육(physical education)이 주류적으로 사용되었다. 신체활동의 범위가 광범위하지 않았던 과거에 '신체 교육' 즉 체육은 당시의 신체활동을 나타낼 수 있는 용어였으나, 신체활동, 신체문화가 다양화 되면서 체육으로 이들을 모두 포함시키기는 어려워졌다. 이에 체육은 교육적 의미로만 한정적으로 사용되게 되었고, 오늘날에는 스포츠(Sport)와 양립되는 개념 또는 스포츠의 하위개념으로 인식되고 있다.

스포츠의 어원은 desport 또는 disport를 단축한 용어로 '즐겁게 놀다', '일을 그만두다', '일에서 벗어나다'라는 뜻을 가지고 있다. 스포츠의 본질은 기분전환(diversion), 유희(recreation, pastime), 오락(amusement) 등의 용어로 재해석할 수 있으나 이들 용어보다는 형식적인(규칙 있는) 행동유형이라 하겠다. 스포츠는 온건성과 격렬성의 이중적 요소를 포함하고 있으며 기분전환과 야외활동, 게임, 유희, 도박 등의 행동과도 연관된다. 옥스퍼드영어사전에서 의미를 살펴보면, 스포츠는 **'즐거움을 추구하기 위한 행동이자 대개 특정한 영역에서 고정된 규칙에 때라 행해지는 신체적 노력과 기술을 필요로 하는 행동**(activity that you do for pleasure and that needs physical effort or skill, usually done in a special area and according to fixed rules)'이라고 정의되어 있다(옥스퍼드 영영사전).

보편적 개념으로써 스포츠는 우리의 삶을 경기장 속에 축소시켜 보여주는 것, 즉 삶의 전 과정을 함축적으로 전개해 가면서 인간사회를 직·간접으로 경험시키 목적을 지닌다. 체육은 신체활동을 통한 또는 신체활동에 의한 교육으로, 일상생활에서 일어나는 활동이라기보다는, 대근육활동을 통해 인간의 생리적, 심리적, 사회적 측면에 변화를 가져오도록 하는 일련의 과정을 의미한다. 결국 두 용어를 해석하고 개념화하는데 있어 체육과 스포츠를 양립시킬 것인가 아니면 통합하여야 하는가 라는 문제가 생길 수 있다. 그러나 체육과 스포츠 모두 활발한 대근육활동을 통한 인간의 신체활동이라 본다면 고대 그리스의 김노스(gymnos, gymnastics)와 physical culture, physical training, 독일의 turnen, physical education, human movement 등의 용어는 모두 체육의 요소이자 스포츠의 한 형태라고 볼 수 있으며, 이러한 모든 용어는 언어의 변천에서 생성된 것이라 할 수 있다(하웅용 외, 2018).

이 책에서는 효율적인 의미전달을 위하여 스포츠(sport)를 모든 신체활동의 총칭적 개념으로 정의하고 의미를 정리하였다. 총칭적 개념으로써 스포츠가 지닌 의미를 설명하면 스포츠는 크게 세 가지 형태로 구분할 수 있다. 각 스포츠의 목적과 특징 등을 비교, 정의하여 표 I-1에 정리하였다.

표 I-1. 스포츠의 형태적 분류

운영주체	여가 Sport	학교 Sport	경기스포츠 (Ama-Sports)	경기스포츠 (Pro-Sports)
구조적 특징	개인적인 차원 친구, 가족이 함께 즐김 (자유의지)	교육학적 차원 조직화 됨 (의무)	자치적 차원 협회 회원형식 (자유의지)	이윤 추구적 차원 스포츠를 상품으로 봄 (스포츠 재화생산, 판매)
Sport 행위의 기본틀	상대적인 기량원칙	상대적 기량원칙	상대적 기량원칙 절대적 기량원칙	절대적인 기량원칙
행위의 목적	유희	신체를 통한 교육	회원들 간의 친목	이윤추구
주체의 목적	최소지출을 통한 스포츠 향유	스포츠를 통하여 교육의 목적달성	연대, 팀의 소속성 명예, 힘	소득, 이윤, 생산성 향상

스포츠(Sport)의 첫 번째 형태는 레크리에이션 성격의 스포츠(leisure sport)이다. 평소의 업무 또는 속박에서 벗어나 기분전환이나 오락을 목적으로 하는 신체활동이다. 통상적으로 놀이(game) 또는 여가(leisure, recreation)라 불리며 특징은 오락적인 성격을 갖고 있다는 점으로 경쟁의 의미는 그다지 중요치 않다. 즉 등산, 낚시, 하이킹 등과 경쟁이나 승부에 집착하지 않는 형태로의 농구, 축구, 야구 등의 스포츠(sports)활동이 여기에 포함된다.

두 번째 스포츠의 형태는 신체를 통해 교육의 목적을 달성하고자 하는 신체활동으로 통상적으로 체육(體育, physical education) 또는 학교 스포츠(school sport)라 불리는 활동이다. 체육을 스포츠와 같은 '모든 신체활동의 총칭적 개념'으로 보는 학자가 있으나(안용규 외, 2012), 이 책에서는 체육을 신체활동을 통해 교육의 목적을 달성하려 하는 활동으로만 한정할 것이다. 즉, 교육의 목표를 인격의 완성이라 볼 때 체육은 신체를 통한 인격의 완성을 추구하는 것이라 할 수 있다.

마지막 스포츠의 형태는 경쟁과 승부를 목적으로 하는 운동경기를 의미하며, 보편적인 스포츠(sports)의 개념이라 할 수 있다. 19세기부터 영국을 중심으로 유럽에서 발전된 경기형태의 스포츠(athletics, 경기스포츠)는 여가나 체육과는 달리 경쟁의 의미가 부각되었다. 영국의 학자 매킨토시(P. C. McIntosh)는 '스포츠는 상대나 자신 혹은 물리적 환경에 도전하며 이에 따른 신체적 한계를 극복하려는 노력에 기초를 두고 행해지는 활동(McIntosh, 1987)'이라고 정의 하였다.

20세기에 들어오면서 경기스포츠는 미국과 영국을 중심으로 발달하였으나 당시 대부분의 경기스포츠 참여자는 상류계층 출신이었다. 이는 **스포츠가 경제적인 이익 수단이 되어서는 안 된다**는 윤리적 사고인 아마추어리즘(amateurism)에서 비롯된 것이었다. 이러한 이유로 시간, 경제적인 여유가 없는 대부분 시민의 경우에는 스포츠에 직접 참여할 수 없는 사회, 문화적 상황이 조성되었다(Young, 1984). 그러나 제2차 세계대전 이후 글로벌 경제성장으로 생활 수준이 향상되고 대중매체가 발달하면서 스포츠는 일부 상류계층의 활동에서 벗어나 일반 대중들도 즐길 수 있는 활동이 되었고, 보다 높은 기량을 관람하려는 사람들의 바램에 의해 스포츠 전문화(Professionalism)가 자연스럽게 확산되었다.

이에 현대사회에서 프로스포츠는 제3차 산업의 주요 부분을 차지하게 되었으며, 아마추어와 프로의 경계도 없어져 프로선수가 올림픽에도 참가할 수 있는 상황이 되었다. 그럼에도 불구하고 여전히 학교나 실업경기단 운동경기는 아마추어 스포츠라 규정되어 있다. 그러나 이들을 아마추어라고 정의하기에는 의미상 문제가 있으며, 개념과 용어의 변화가 필요한 시점이라 할 수 있다. 이상의 세 종류 스포츠 형태는 각각의 목적이 다르므로 그 목적에 상응하게 발전되어야 할 것이다. 이를 위해 우선적으로 스포츠형태의 분류가 명확하게 이루어질 필요가 있다.

02
정책의 개념과 특성

현대사회에서는 정책이란 말을 여러 곳에서 쉽게 접할 수 있다. 그러나 보편적으로 쓰이는 정책이 과연 어떠한 의미를 지니며 어떻게 정의내려질 수 있는가라는 질문에는 쉽게 답하기 어렵다. 영국의 정책학자인 헤클러(Hechler)는 정책이 무엇인가 하는 질문에 대해 **정책은 명백한 용어가 아니다**라고 규정하면서 정책이란 구체적인 행동이기보다는 일련의 행동, 또는 비행동(inaction)의 과정이라고 설명하였다. 커닝햄(Cunningham) 역시도 **정책은 코끼리 같다. 당신은 그것을 봐서 알 수는 있지만, 그것을 정의하는 것은 대단히 어렵다**라고 주장하였다. 이들 학자들의 의견처럼 정책을 정의한다는 것은 쉽지 않지만 여러 학자들의 정책에 대한 정의를 종합하면 서로 상통하는 부분이 있다. 즉 정책은 정부기관에 의해 결정된 미래의 행위지침이라는 성격을 가지며, 정부가 행동하기로 했거나 혹은 행동하지 않기로 한 결정의 모든 것으로, 공적으로 인지된 문제 해결을 위한 정부의 지속적인 의사결정을 의미한다(주운현 외, 2018). 이처럼 정책은 정부가 어떠한 목표의 선택과 그 목표의 달성을 위한 수단에 관한 일련의 상호관련된 결정이라고 정의할 수 있다. 정부는 국민을 위해서 존재해야 하며 국민의 사회생활과 경제활동에 개입하는 이유도 국민을 위해서이다(남궁 근, 2012). 이렇게 볼 때 스포츠정책과 같은 공공정책(public policy)은 정부가 개입하여 국민생활에 영향을 미치는 활동의 총체를 의미한다고 볼 수 있다. 즉 공공정책은 정부가 국민의 일상생활에 개입하는 도구이자 수단이 될 수 있다.

정책은 단일한 결정이기보다는 일련의 상호적 행동결정이라 할 수 있다. 이를 구체적으로 살펴보면 다음과 같다. 첫째, 정책결정 과정에서 때로는 복잡한 의사결정 네트워크(decision network)가 형성된다. 즉 어느 한 사람의 의견이나 결정에 의해 정책이 형성되지는 않는 것이 통상적이다. 둘째, 정책결정 단계에 있어서도 정책은 일반적으로 단일한 결정으로 표현되지 않는다. 정책은 대개 동시에 이루어지는 일련의 결정이며, 이 결정들이 합쳐 정책의 내용을 이룬다. 셋째, 정책은 필연적으로 환경에 따라서 변화한다. 어제의 내용이 오늘에 와서는 달라질 수도 있다는 뜻이다. 정책이란 어떠한 목표를 달성하는 것을 전제로 한다. 현대사회에서 어떤 결과 상황을 예측하여 정책 목표를 세운 뒤, 그것을 달성하기 위해 효과적인 수단, 방법을 선택하는 과정에서 가장 중요시되는 것은 합리성과 효율성이다. 공공정책은 한 국가의 경제, 사회에 직접적인 영향을 미치므로 어떠한 정책이라 할지라도 정치, 사회, 경제의 상호관계를 이해하고 최대한 조화를 이룰 수 있도록 설계되어야 한다.

본 장에서는 정책의 의미를 이해하기 위해 일반적인 정책의 유형에는 어떠한 것들이 있으며, 합리적인 정책을 선택하기 위한 기본적인 과정은 무엇인지 살펴볼 것이다.

1. 정책의 유형

정책의 유형은 다양한 방식으로 분류된 바 있으나 대표적으로 로위(Lowl)의 분류를 살펴보고자 한다. 로위는 정책이 사회에 미치는 영향과 정책의 결정과정에 관여하는 사람간의 관계를 기준으로 분배정책, 재분배정책, 규제정책, 구성정책의 네 가지 정책 유형을 구분하였다(주운현 외, 2018).

우선 **분배정책(distributive policy)**이란 공공서비스, 권리, 혜택 등의 분배를 목적으로 하는 정책이다. 분배정책은 정부가 국민들이 필요로 하는 물건이나 소비에 필요한 노동력을 제공하는 것을 목적으로 한다. 예를 들면, 도로, 항만, 공항, 철도, 공원, 체육관 등의 건설과 같은 사회간접자본(Social Overhead Capital)의 구축이 이에 해당한다. 과거 이명박정부에서는 국가 경제를 활력적으로 조성하기 위해 4대강 사업이라는 사회간접자본 구축 사업을 시도하였다. 4대강 사업에 대해 부정적인 평가도 있지만, 본 사업을 통해 4대강 주변에 스포츠시설들이 대거 건설됨으로써 스포츠인프라를 구축하는 데에는 긍정적 영향을 미쳤다.

규제정책(regulatory policy)이란 공익을 위해 특정한 사회구성원이나 집단에 제재나 통제, 제한을 가하는 정책을 말한다. 환경오염과 관련된 규제, 독과점 규제, 공공요금

규제, 기업 활동 규제 등의 정책이 여기에 속한다. 규제 장치로는 활동 기준 설정, 인가, 허가, 재정통제, 검열, 감사, 가격 및 생산량 통제, 지시, 명령, 조직, 인사 관여 등이 있다. 스포츠와 관련된 예를 들어본다면 환경보호를 위한 골프장 허가 규제, 공공체육시설 가격규제 등이 이에 해당한다고 볼 수 있다.

재분배정책(redistributive policy)은 불균형하게 형성된 재산, 소득, 권리 등을 계층이나 집단 간에 이동시키는 것으로 소득재분배 또는 부의 재분배를 주요 내용으로 한다. 기초생활보장 대상자에 대한 보조금 지급, 사회적 약자에 대한 바우처(voucher)제도 등이 이에 해당된다. 최근에는 일부 지자체에서 스포츠바우처를 통해 배려계층의 스포츠 활동을 장려하는 정책을 집행하고 있다. 재분배정책은 국민에게 직접적인 혜택을 주기 때문에 혜택당사자로부터 강력한 지지를 받으며 집행이 비교적 용이하다. 그런 의미에서 로위는 재분배정책을 선심정책(pork barrel policy: 나무통 barrel에서 절인 돼지고기 salt pork를 노예들에게 나눠주던 남북전쟁 전의 모습에서 유래)으로 규정하기도 했다.

구성정책(constitutional policy)은 정책 결정 체제의 구조 및 운영과 관련된 정책으로 정부기관의 신설이나 변경 및 조정과 관련된 정책이다. 정부의 새로운 기구 설립, 공직자의 보수나 군인 퇴직연금에 관한 책정 등이 있다. 예를 들어 문화체육관광부는 문화정책과 스포츠정책을 함께 다룸으로써 전문성 논란, 과도한 업무 부하 등의 문제를 지적받아 왔으며, 이에 대해 전문적으로 체육과 스포츠를 담당할 주무 부처로 '체육부'이나 '청소년체육부'를 설립한 경험이 있다. 최근에는 스포츠혁신위원회에서 스포츠계의 폭력, 성폭력 등에 관한 신고, 접수, 상담 시스템을 구축하고, 인권침해 예방을 위한 다양한 정책과 프로그램을 시행하기 위해 독립성, 전문성, 신뢰성을 갖춘 별도의 **스포츠 인권기구**를 설립할 것을 권고하였다. 이러한 혁신위원회의 권고안을 받아들여 정부에서 스포츠인권기구를 만드는 것은 구성정책의 한 사례가 될 것이다.

2. 합리적 정책의 선택

정책수립에 있어서 중요한 과정 중 하나는 목적을 달성하기 위한 여러 대안 중에서 합리적인 정책을 선택하는 것이다. **합리적 선택이란 목표를 달성하는데 필요한 대안 중 가장 나은 정책을 선택하는 것**이다. 어떤 조직이든 목적을 달성하기 위한 수많은 방안과 대안들이 있을 수 있다. 대안들 가운데 하나 혹은 몇 가지만을 선택해야 할 경우,

합리적 의사결정이란 원하는 성과를 가장 잘 달성할 수 있다고 판단되는 대안을 선택하는 것이다. 선택 중에서 선행되어야 할 조건은 의사결정과정에서 어떠한 가치와 목적을 근거로 할 것인가 이다. 분명 공공조직이라 해도 전체 조직의 가치와 조직 내 개인들의 가치는 다를 수 있다. 만약 어떤 결정이 조직의 목표에 적합하다면 조직의 입장에서 합리적인 것이고, 만약 그것이 개인의 목표를 지향한다면 개인적 입장에서 합리적인 것이라 할 수 있다. 실제 의사결정은 그렇게 논리적이고 포괄적이며 목적 지향적인 방식으로 이루어지지 않는 경우가 많다.

즉, 의사결정과정에서 모든 대안을 고려한다는 것은 현실적으로 불가능할 뿐만 아니라 각 대안의 결정에 대한 지식 또한 완전하지 않으며 그 결과에 대한 평가 역시 상당히 불확실하다. 실질적인 정책의 선택에 있어서 다수의 선택을 따르는 것 보다 해당 정책에 있어서 충분한 경험이나 지식이 있는 개인의 선택을 따르는 것이 보다 합리적인 경우도 있다. 합리적인 결정행위는 바람직한 결과를 가져올 정책을 선택하는 것이며, 다수의 의견을 따르는 것은 아니다. 즉 정책의 결정에 있어서는 민주주의 방식이 꼭 최선이 아닐 수 있다(아다치 유키오, 1992).

어떠한 정책을 보다 합리적으로 결정하는 방법은 그림 I-1과 같다. 우선 조직의 목표를 구체화하고 그 목표를 달성할 수 있는 대안들을 수립한 뒤 이를 명확히 해야 한다. 다음단계는 모든 대안전략을 나열하여 구성원들로 하여금 각 대안전략이 초래할 모든 결과를 유추하도록 하는 것이다. 마지막 단계에 있어서는 대안의 결과들을 비교 평가한다. 이러한 과정을 통해서 보다 합리적인 정책을 수립할 수 있다.

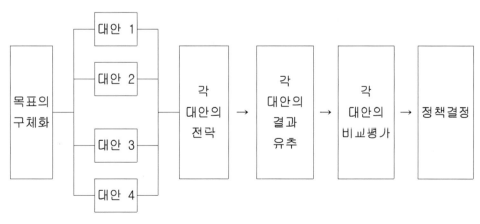

그림 I-1. 정책결정 과정

정부나 문화체육관광부(문체부)에서 학교체육 진흥을 위해 집행하고자 하면 학교체육의 어떠한 부문을 강조하며, 어떠한 목표를 선택할 것인가 정해야 한다. 일반적으로 학교체육은 광범위한 내용을 지니고 있는 것으로 구체적으로 학원 스포츠를 의미하고, 체육과목에 중점을 두어 생활체육을 확산시키는 기반이 된다. 학원스포츠 정책은 장기적으로는 엘리트스포츠를 발전시키는 정책이 될 수 있고, 체육과목의 시수와 올바른 체육시간의 활용에 중점을 둘 경우 학교체육 육성 또는 청소년 신체건강을 향상시키는 정책이 될 수 있다. 또한 학교체육시설을 지역주민을 위해 보다 광범위하게 활용할 수 있는 정책을 수립한다면 이는 생활체육 활성화를 위한 정책이 될 수도 있다. 이렇듯 학교체육 진흥 정책에 대해서도 다양한 정책목표와 많은 정책들을 수립할 수 있다. 다음 단계에서는 긱 정책을 보다 심도있게 연구하여 그 정책이 초래할 수 있는 결과들을 촘촘히 살펴보고 비교한 뒤 목표에 맞는 정책을 선택하여 집행해야 한다. 이렇듯 어떠한 한 정책을 집행하는 데에는 적합한 과정과 정책적 고려가 수반되어야 하며 이를 통해 정책 집행과정에서 과오는 물론 인력과 예산을 절감할 수 있다.

03
스포츠정책의 정의와 범주

현대인에게 스포츠란 신체활동을 통한 또는 신체활동에 의한 교육, 또는 단순한 여가나 놀이일 수도 있고, 다른 차원에서는 스포츠 자체가 인생의 찬란한 꿈이자 파란만장의 드라마가 되기도 한다. 이렇듯 현대사회에서 보편적 언어가 된 스포츠는 개인의 체력과 건강을 유지, 증진함은 물론 사회의 정치, 경제, 문화, 체육 등 여러 측면에 지대한 영향과 활력을 불러일으켜 국가의 발전을 도모하는 역할과 기능을 수행하고 있다. 또한, 국가와 국가 간의 관계를 긴밀하게 연결하게 해 서로 화합하고 협력할 수 있는 바탕을 마련하고 이를 지속시키는 역할도 담당해왔다. 이러한 맥락에서 스포츠는 국가 발전에 활력을 불러일으키는 동시에, 경제 성장에 따른 여가의 욕구를 건전하고 생산적으로 충족시키고, 나아가 국제경기대회를 통해 정치, 경제적 외교와 문화 교류를 증진시키는 창조적 역할을 수행할 수 있다.

그렇기에 스포츠정책을 수립, 집행하기 위해서는 한 국가의 역사, 사회, 정치, 경제 그리고 문화적 요소를 이해해야 한다. 일반적으로 정책은 시대적 배경 특히 정치적 상황에 의해 많은 영향을 받으며 스포츠정책도 예외일 수 없다. 특히 스포츠정책은 시대적 환경에 따라 민감하게 변화하며 정치와도 밀접한 관계를 가지고 있다. 이러한 영향을 받아 국가와 스포츠 관련 단체들은 스포츠를 장려하기 위한 막대한 지원과 다양한 정책들을 수립하고 있다.

정부차원에서 시행하는 스포츠정책을 크게 **대내적과 대외적 정책**으로 나눌 수 있다. 대내적인 스포츠정책은 **국민의 건강을 증진시키고 삶의 질을 향상시키기 위하여 스포츠의 내·외적 환경을 유지하거나 변경시키는 것에 대한 정부의 결정이나 행위**라고 규정할 수 있다. 국내 스포츠정책은 우선 국민의 건강을 증진하고 삶의 질을 향상하기 위하여 학교체육, 생활체육, 엘리트스포츠를 어떻게 지향하고 활성화시킬지 가치 배분을 둘러싼 정치과정적 측면으로 설명할 수 있다. 둘째, 스포츠 내·외적 환경이 국민의 건강을 증진하고 삶의 질을 향상하는데 부적합하여 발생한 문제들을 해결하는 정부의 문제 해결 지향적인 관리활동이다. 셋째, 국민의 건강증진과 삶의 질 향상이라는 가치 지향적인 스포츠 관련 활동으로 설명된다.

정부의 대외적 스포츠정책의 목적은 **체육교류를 통해 세계 각국이 유대를 강화하고 서로 화합하여 국가 발전을 꾀하고, 이러한 바탕 위에 국가간 체육교류와 상호 협력을 통한 국제적 이해를 증진시켜 국제 평화가 유지될 수 있도록 하는 정부의 행위**라고 규정할 수 있다. 체육교류가 세계 평화에 긍정적인 효과를 미친다는 것은 아무리 강조해도 지나치지 않다. 1971년 미국과 중국의 핑퐁외교, 동서독 통일의 밑거름이 된 지속적인 스포츠교류, 1988년 서울올림픽을 통한 동서양진영의 화해와 이에 뒤따른 동구권의 붕괴, 한·소 수교(1990), 한·중 수교(1992), 서울평양올림픽대회 2032년 유치 노력 등은 대외적 스포츠정책의 좋은 예라 할 수 있다. 특히, 남북한이 분단되어 있는 대한민국에 있어 스포츠교류는 향후 통일기반을 조성하는 것은 물론 세계 평화를 유지시키는 데에도 크게 기여할 것이다. 통일 실현을 위한 첫 단계는 남북한의 직접적인 교류와 협력의 증진이며, 스포츠교류는 다른 어떤 분야보다 효과적으로 그 역할을 담당할 수 있다. 엘리트스포츠를 통한 국위선양은 대외적 스포츠정책의 주요 부분으로 민족적 정체성을 확인시켜주고, 국민화합을 제공해 주었다(하웅용외, 2018).

국가스포츠교류란 국가가 스포츠을 통해서 국가의 위상을 국제적으로 높이고, 외교적 수단으로도 사용하는 것을 말한다. 국가가 스포츠를 외교수단으로 사용하는 방법에 대해 스트랭크(Strenk, 1977)는 외교적 승인을 구하거나 거부하는 수단, 정치이념을 전파하는 수단, 국가의 위상을 높이는 수단, 국제이해와 평화를 촉진하는 수단, 저항 수단, 무기 없는 전쟁 수단 등으로 설명하였다. 특정 국가와 친선경기는 물론 국제대회에서 경기를 갖는다는 것도 그 국가를 외교적으로 승인하는 것에 준하는 의미를 갖기 때문에, 특정국가의 팀과 경기를 하거나 또는 거부함으로써 스포츠를 외교적 수단으로 활용할 수 있다.

종합적으로 대내적·대외적 스포츠정책의 목적과 내용을 정리하면 스포츠정책은 **정부가 이룩하고자 하는 국내외적 국가목표를 달성하기 위해 스포츠측면에서 정부가 결정하고 수행하는 활동**이라고 정의할 수 있다. 이러한 스포츠정책의 목적 범주는 크게 국민체육진흥과 국가스포츠교류로 나눌 수 있다. **국민체육진흥**이란, 학교체육과 생활체육, 그리고 엘리트스포츠라는 스포츠 3대 축을 국민체육이라 정의하고, 이들의 조화로운 발전과 상호작용의 극대화를 통하여 국민의 건강을 증진시키고 삶의 질을 향상시키는 것을 의미한다. 구체적인 국민체육진흥 정책의 예를 들어보면, 청소년 건전육성을 위한 학교체육의 정상화, 체육을 통하여 삶의 질을 향상시키고 효율적인 여가선용을 육성하는 생활체육진흥, 국민들의 자긍심을 북돋아 줄 엘리트스포츠 진흥, 공공 체육시설이나 민간 체육시설의 설치 및 공급, 사회복지 구현을 위한 복지체육진흥 등을 들 수 있다.

한편 정부는 스포츠정책을 **경제성장의 수단**으로 추진하기도 하는데, 최근에는 다양한 스포츠콘텐츠를 개발, 활용하는 스포츠정책이 부각되고 있으며, 이는 국제적 추세로 발전하고 있다. 스포츠콘텐츠는 구체적으로 무엇을 의미할까? 일반적으로 스포츠콘텐츠는 우리가 시간을 써서 소비하는 스포츠저작물을 일컬어왔다. 그런데 콘텐츠의 디지털화가 가능해지면서 변화가 생겼다. 거실의 텔레비전 수상기를 통해서만 소비가 가능했던 스포츠 프로그램을 컴퓨터를 통해 시청하고 저장도, 휴대도 하게 되었다. 스포츠콘텐츠 비즈니스에 새로운 길이 열린 것이다. 우리나라 프로야구의 예를 들어보면 프로야구에서 생성되는 콘텐츠로 일방방송, 애니메이션, 게임에서 활용되고 해외수출(2020년 KBO 경기가 미국, 일본으로 수출하였다)도 할 수 있는 황금알이 되는 것이다. 즉 스포츠 자체, 스포츠이벤트가 **OSMU(one source multi use)**가 된다.

또한, 과거에는 스포츠시설이 단순히 운동시설로만 생각되었고 소비시설로 평가되었으나, 근래에 와서는 스포츠시설이 지방자치단체의 중요한 수입원으로 또는 관광자원으로 재평가되고 있다. 지방자치단체들은 운동장 시설에 투자하거나 시설물 설치에 조세감면 등 특혜를 주면서 경기대회를 유치하려고 하는데, 이는 중요한 경기대회의 경우 외부에서 수많은 관중이 몰려들게 하는 중요한 관광자원이 되기 때문이다. 이때 얻어지는 수입은 입장료나 광고료 같은 직접수입보다 오히려 교통비, 숙박비, 식비, 기념품비 등 간접수입이 클 수 있다 또한 지역에 대한 홍부가 이루어지면서 장기적으로 지역발전에 기여하는 긍정적 영향을 미친다. 요즈음은 올림픽대회나 월드컵과 같은 국제경기가 가져다주는 경제적 효과로 국내 뿐만 아니라 국가 간에도 국제적인 경기대회를 유치하기 위한 경쟁이 치열하다.

◎ 연 구 문 제

① 포괄적 의미로서의 스포츠를 설명하라.

② 합리적 정책이란?

③ 정부의 대내적 스포츠정책의 목적을 설명하시오.

④ 정부의 대외적 스포츠정책의 목적을 설명하시오.

※ 참고문헌

남궁근(2012). 정책학. 법문사.

아다치유키오, 김항규옮김(1992). 정책과 가치. 대영문화사.

안용규, 김동규, 권오륜, 송형석, 김홍식(2011). 스포츠 관련 용어 정의 재정립. 한국체육철학회지. 19(4).

주운현, 김형수, 임정빈, 정원회, 최유진(2018). 쉽게 쓴 행정학. 윤성사.

하웅용, 조준호, 김지연, 김지영, 최영금, 김상천, 양현석, 최광근(2018). 스포츠문화사. 한국학술정보.

한석태(2017). 정책학개론. 대영문화사.

McIntosh, P. C.(1987). Sport and Society. London: West London Institute of Higher Education

Strenk, Andrew., (1977), Sport As an International Political and Diplomatic Tool, Arena Newsletter, 1.

Young, David(1984). The Olympic Myth of Greek Amateur Athletics. Ares Publishers

제 2 장

·
·
·

스포츠정책의 결정 과정

제2장에서는 스포츠정책의 결정과정을 단계적으로 논의할 것이다. 정책 결정은 일반적으로 사회적 이슈, 또는 공공의제나 정부의제로 의제를 설정하고, 설정된 의제를 통해 국가목표를 이루기 위한 합리적이고 바람직한 정부의 미래대안을 작성하고 선택하는 과정을 의미한다.

어떠한 스포츠계의 문제나 이슈가 정책의제가 된 후에는 문화체육관광부나 교육부와 같은 정부의 소관부처에서 정책결정 과정을 밟게 된다. 스포츠정책 결정과정이란 스포츠계에서 발생하는 사회문제를 해결하기 위한 가장 바람직한 해결책을 선택하는 과정이다. 어떠한 정책을 통해 얻고자 하는 문제의 해결 정도나 바람직한 사회전반적인 상태의 수준을 정하는 것을 정책목표의 설정이라고 말한다. 이어서 정책 결정이란 정책목표 달성을 위한 효과적인 방안이나 대안들을 도출한 후, 이 중 가장 효과적인 것을 선택하는 과정을 의미한다. 그림 II-1은 이러한 정책 결정과정을 도식화 하였다.

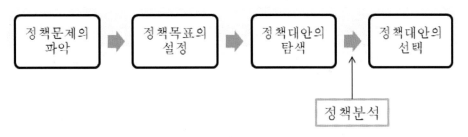

II-1 일반적 정책결정 과정

01
스포츠정책 의제설정

1. 정책의제설정(Agenda-Setting)의 개념

정부가 정책을 추진하려면 자원이 들어간다. 매년 국고와 인적자원 그리고 시스템 자원이 늘어나도 그 자원은 한정적이기 때문에 새로운 정책을 수립하는 데는 우선순위가 있기 마련이다. 그렇다면 정부가 특정 정책을 채택하는 우선순위 혹은 정책 채택의 배경을 먼저 이해하는 것이 무엇보다 중요하다. 국민이 원하고 있더라도 그 정책을 수반하는데 자원이 충분하지 않으면 우선순위가 뒤로 떨어지기 때문이다. 예를 들어 2019년 스포츠혁신위원회는 보편적 기본권으로서 스포츠권의 개념을 명확히 정립하고, 이에 기반을 둔 스포츠 정책 체계(패러다임)의 전환을 이루기 위해 정부와 국회에 스포츠기본법 제정을 권고하였다.

스포츠기본법은 스포츠에 대한 헌법적 권리를 적극적으로 인정하고, 국민이 심신의 건강과 문화적 생활을 영위할 수 있도록 국가의 책무를 규정하는 법이며, 이는 향후 스포츠의 안정적 발전을 위해 중요한 의미를 지니고 있다. 그러나 국회나 정부가 스포츠기본법 제정의 추진을 주저하는 이유는 무엇일까. 어떠한 정책에 대한 찬성 또는 반대 요인들을 식별하고 분석해 볼 필요가 있다. 그 이유는 스포츠기본법 제정에는 수많은 관련 정책이 뒤따라야 하며 특히 예산 수립이 바탕이 되어야하기 때문이다. 즉 스포츠기본법 제정의 필요성은 인식하나 투자 자원대비 우선순위가 떨어진다는 판단 때문일 것이다.[1]

---

1) 선진 복지국가에서는 국민이 스포츠를 향유할 권리를 헌법에 명시하고 있다. 덴마크의 경우 스포츠기본권 보장을 위한 관련 법률이 제정되었으며, 스웨덴 역시 스포츠를 국민기본권으로 인식, 복지사회 구현을 위해 다양한 운동프로그램 개발에 지원

정책의 채택을 **정책의제설정** 또는 **정책형성**이라고도 한다. 이는 정부가 정책적 해결을 위하여 '사회문제를 정책문제로 채택하는 과정 또는 행위, 즉 사회문제가 정책문제로 전환되는 과정이나 행위'를 의미한다. 다시 말해 정부가 사회문제를 정책적으로 해결하기 위해 심각하게 검토를 결정하는 것으로, 수많은 사회문제 중에서도 특별히 '정부가 정책적으로 해결하기 위해 공식적으로 채택한 문제'를 **정책의제**라고 한다. 정부가 사회문제를 해결하려면 먼저 그 문제에 대한 신중한 검토가 진행되어야 함은 물론이다.

2019년 1월 문재인정부의 청와대 수석보좌관회의에서 스포츠계 성범죄 문제와 관련한 철저한 조사와 처벌, 엘리트스포츠 전면 재검토, 학생선수의 학습권보장, 스포츠계의 쇄신책 제시 등을 정책의제로 설정하였고, 이러한 정책의제를 보다 면밀히 검토하고 해결안을 찾기 위해 스포츠혁신위원회가 구성되었다. 이러한 일련의 과정이 바로 정책의제설정을 위한 작업이라 할 수 있다. 이러한 과정을 스포츠혁신위원회는 1차부터 7차까지의 권고안을 발표하였다. 정부는 이 권고안을 근거로 스포츠정책을 수립하고 있고, 새로운 법안들도 추진하고 있다. 예를 들어 제4차 권고안에 스포츠기본법의 권고가 있었고, 정부에서 논의되어 국회의 법안 통과를 앞두고 있다. 정책의제설정은 문제해결의 첫 번째 단계임과 동시에 정책과정의 제1단계가 된다. 정책의제로 채택되지 않았던 문제가 정책의제로 채택되면 그 문제는 해결 가능성이 커지게 된다. 즉 스포츠기본권이 정책의제로 설정되고 정부가 의지를 갖고 국회를 통과한다면 수많은 스포츠관련 문제들이 해결될 수 있는 법적 근거는 물론 예산도 지원받을 수 있다.

2. 정책의제 설정 과정

의제설정 단계에 대해서는 다양한 이론들이 있으나, 일반적으로 갈등관리론의 입장에서 이해하면 비교적 간단하다. 가정에서 직장에서, 지역사회, 국가에 이르기까지 개인 간, 집단 간 끊임없는 갈등이 반복되고 있다. 갈등을 야기하는 원인과 속성이 다양하고 표출되는 양상과 차원이 다양하며 갈등의 기능과 결과도 매우 다양하다. 국가는 이러한 갈등을 객관적으로 측정하고 해결하는 데 관심을 두게 된다(이성록, 2010). 이

을 아끼지 않고 있다. 가까운 일본의 경우에도 스포츠의 중요성을 인지하여 2011년 스포츠기본법을 제정하여 시행하고 있다. 이렇듯 스포츠기본법의 제정은 우리나라 스포츠정책에 많은 긍정적 영향을 미칠 것이다(채우석, 2016).

러한 대규모 갈등은 사회적 이슈라 할 수 있고, 사회적 이슈가 국가가 다루어서 해결해야 할 사항이라고 설정되면 공공의제가 되는 것이다.

사회적 이슈가 공공의제가 되기 위해서는 광범위한 사회적 관심이 있어야 하고, 많은 사람이 해결책을 생각하고 공감해야 하며, 또 그것이 정부가 해결해야 할 문제라는 것에 합의가 이루어져야 한다. 2019년 스포츠계 미투(Me Too movement)로 인해 사회적 관심이 증폭되었으며, 예방책에 대한 국민의 요구가 공감대를 형성하였고, 문체부에서 긴급회의를 통해 대책 마련을 시작하였다. 이어서 청와대회의를 거쳐 스포츠혁신위원회가 구성되었다. 이처럼 사회적 이슈에 대해 인지하여 '무엇이 문제인가'를 명확히 하는 문제 정의와 분명한 정책목표 설정이 필요하다. 객관적으로 아무리 중대한 사회문제가 발생하였더라도 정부가 관여할 문제로서 인지하여야만 정책의제가 될 수 있다.

그림 II-2. 정부의 정책의제 설정과정

스포츠와 관련하여 몇 가지 예를 들 수 있다. 먼저 고령화 문제의 경우 이미 사회적 문제이며, 정부에서도 이를 정책의제로 설정하여 다각적인 정책들을 수립하여 집행하고 있다. 스포츠를 통해 노인들의 건강과 사회화를 도우려는 정책은 바로 고령화 문제에 대한 인지에서 비롯되었다고 할 수 있다. 또한 최근 학생선수의 저학력 문제에 대해 내놓은 교육부의 해결방안을 두고 각계각층에서 다양한 의견을 제시하고 있다. 이 과정을 더욱 자세히 살펴보면, 2016년 정유라 사태[2]로 인해 체육특기자, 즉 국가대표 대학 학생선수의 학습권이 범국가적인 이슈가 되었고, 대한체육회, 문화체육관광부, 한국대학스포츠협의회, 학계, 현장, 학부모 등 학생선수의 학사관리와 학습권 보장을 위한 의견을 제시하였다. 이에 교육부는 2017년 4월 9일 제2의 정유라사태를 예방하기 위해 대학 학생선수의 학습권 보장과 대학 체육특기자 전형 개선 등의 내용을 담은 **체육특기자 제도 개선 방안**을 발표하였다. 내용의 핵심은 수업을 제대로 받지 않을 경우 국가

---

2) 2016년 최순실의 딸이자 승마 선수였던 정유라가 이화여대에 부정 입학하고 학사 코스를 밟는 중에도 교수들로부터 각종 특혜를 받았다는 사실이 밝혀져 입학이 취소된 사건을 말한다.

대표 선수라 할지라도 학점취득이 불가하다는 취지의 방안 또는 정책이었다. 이와 같이 정부는 사회적 문제나 이슈가 발생하면 이를 해결하려고 한다. 정부의 정책의제 설정과정은 다음 4단계로 나누어 설명할 수 있다.

  (1) 사회적 문제(social problem)의 발생 : 사회문제란 개인 문제가 불특정 다수에게 장기간에 걸쳐 반복적으로 일어나면서 불특정 다수가 공동으로 인식하는 문제를 의미한다. 예를 들면 학생선수의 저학력 학습권 보장, 학교체육의 정상화 문제 등이다. 더욱 국가적인 차원의 예로는 생활 수준의 향상과 의료기술 발전 등으로 평균 수명이 연장되고, 저출산으로 인해 노인 인구 비율이 급속도로 증가하는 인구 고령화를 들 수 있다. 이러한 인구고령화는 노인의 정신적, 신체적 건강과 직결될 수 있으며, 이를 위한 다양한 여가, 스포츠 정책이 추진될 수 있다.

  (2) 사회적 이슈(Social Issue): 사회적 이슈란 문제의 성격이나 문제의 해결방안에 대하여 집단 간 의견일치가 어려운 사회문제로, 집단 간 논쟁의 대상이 되어 있는 사회문제를 말한다. 사회문제가 있고 이에 대한 해결책이 필요하다고 주장하는 집단이 있으면 이와 관련하여 반대 관점을 지닌 집단과 논쟁이 발생한다. 예를 들면, 학원스포츠[3]와 관련해서 엘리트스포츠의 발전을 위해 기존의 학원스포츠 시스템이 유지되어야 한다는 집단 의견과 이와 달리 학생선수의 저학력을 해결하고 학습권을 보장하기 위해 학원스포츠의 패러다임이 변화해야한다는 집단 의견이 팽팽하게 맞서면서 많은 논쟁이 있었다. 이러한 논쟁이 일정한 수준에 이르면 사회적 쟁점 내지 이슈가 된다. 모든 사회문제가 사회적 쟁점이 되는 것은 아니며 쟁점화하려는 주도자(initiator)와 점화 장치(triggering device)가 있어야 한다. 학원스포츠와 학생선수의 저학력 문제가 본격적으로 점화되었던 사건이 바로 정유라사태였다. 이를 분석해 보면, 정치적 쟁점으로 시작되었던 사건이 후에 엘리트스포츠 전체로 확산되면서 학생선수의 학습권보장 문제라는 사회적 이슈가 된 것이다. 이에 따라 학생선수의 학습권보장은 공공의제화되고 정부의제로 발전되었다.

---

3) 학원스포츠는 초, 중, 고, 대학교 소속의 운동부를 주축으로 운영하는 개인 또는 단체 운동 경기를 뜻한다. 이는 생활체육의 일환으로 모든 학생들이 참여할 수 있는 스포츠클럽, 스포츠클럽 대회, 경기와는 다르게 정의된다.

(3) 공공의제(Public Agenda): 공공의제란 일반 대중의 주목을 받을만한 가치가 있으며 정부가 문제해결을 하는 것이 정당하다고 인정된 사회문제를 말한다. 사회적 이슈가 공공의제가 되기 위해서는 ① 많은 사람의 관심과 이해, ② 정부의 조치가 필요하다는 인식, ③ 문제해결이 정부의 권한과 대상이라는 인식이 필요하다. 대중매체의 발달로 미디어가 뉴스나 시사프로그램 등을 통해 중요하다고 보도하는 주제가 공공의제화되는 경우가 많기 때문에 메스미디어의 역할이 나날이 부각되고 있다.

예를 들어, 노인인구의 증가에 따라 노인의 건강문제가 사회적문제로 부각됨에 따라 각종 미디어의 주목을 받으면서 구체적인 문제로 대두되고 정부가 마땅히 처리해야 할 사회문제로 인식하여 공공의제화가 된다. 이러한 과정을 거쳐 정부의제로 진입하게 된다. 또한 청소년 비만문제를 예로 들 수 있다. 청소년들의 비만문제는 단순히 비만청소년 본인의 건강이나 외모에 국한된 문제가 아닌 현대사회의 주요 문제이다. 비만한 아동은 정상아동에 비해 공격적인 특성을 나타내며, 나이가 들수록 담배나 약물의존, 우울증, 양극성장애, 불안장애, 사회공포증, 외상 후 스트레스장애, 식이장애 등의 정신적인 문제를 나타낼 가능성이 높은 것으로 보고된다(중앙일보, 2011. 8. 9). 이러한 현상에 대해 언론이나 사회가 문제를 제기하고 정부가 스포츠활동으로 청소년 비만문제를 해결할 수 있다고 인식하면 여러 가지 관련 정책을 수립할 수 있다.

(4) 정부의제(Governmental Agenda): 정부의제란 정부가 공식적인 의사결정을 통해 해결을 위하여 심각히 고려하겠다고 밝힌 사회문제를 말한다. 즉 수많은 사회문제들 중에서 정부가 그것에 대한 정책적 해결을 의도하여 공식적으로 채택한 문제를 의미한다. 예를 들어 스포츠혁신위원회가 그동안 스포츠계에 만연했던 여러 문제들을 다루면서 정부에 해결방안 또는 권고안을 제시한 것도 넓은 의미로 정부의제화가 된 것이라 할 수 있다. 정부의제가 구체적인 정책이 된 것은 그동안의 체육특기자 운영과 진학의 문제를 해결하기 위하여 교육부가 학생선수의 학습권 보장과 대학 체육특기자 전형 개선 등의 내용을 담은 **체육특기자 제도 개선 방안**을 발표한 것을 들 수 있다. 이는 정부가 어떠한 정부의제를 해결하기 위해 내놓은 적극적인 규제정책 중 하나이다. 개선방안의 내용은 체육특기자가 초, 중, 고등학교와 대학까지 운동과 학업을 병행할 수 있도록 종합적으로 지원하는 한편, 체육특기자의 부정 입학을 근절하는 것이다. 이를 통해 학생선수가 기초 학습역량이 부족하여 사회 부적응자로 전락하는 문제점 등을 예방하

고 다양한 진로기회를 가질 수 있도록 하였다.

공공의제가 정부의제로 변하는 과정은 정부의제 설정 이론의 핵심이다. 공공의제들 중에서 어떤 것들은 정부의 영역으로 침투하여 정부의제화되고 어떤 것들은 정부의 영역으로 귀속되지 못하는데, 정책의제 설정 이론에서는 이와 관련된 사항을 다룬다.

3. 정책의제설정의 모형

모든 사회이슈가 정책의제가 될 수는 없다. 어떻게 정책의제로 선택되는지 또는 누구, 어느 집단에 의해서 주도되는지에 따라 외부주도형, 동원형, 내부접근형 등의 모형으로 설명될 수 있다(남궁근, 2021).

(1) 외부주도형(Outside Initiative)

외부주도형이란 외부집단이 주도하여 정책의제채택을 정부에게 강요하는 경우이다. 즉 정부가 아닌 외부집단들에 의해 사회쟁점화 하고 공공의제로 전환시켜 결국 정부의제로 채택되도록 하는 의제설정형태이며, 대부분의 정책의제설정이론이 해당 유형을 따르고 있다.

이 모형은 이익집단이 발달한 민주주의 선진국 정치체제에서 많이 나타난다. 대표적으로 시민사회단체(Civil Society Organization)가 그 예가 될 수 있다. 시민사회단체는 비정부 조직(non governmental organization)이면서 시민사회의 의견과 주장을 상시적으로 대변하는 시민사회조직이다. 실질적인 권력이나 강제력은 갖고 있지 않지만, 공론장에 의견 개진을 통하여 시민사회의 지지자들을 확보하고 이를 통하여 정부나 기업, 언론 등에 영향력을 행사한다. 체육관련 시민사회단체로는 2002년에 창립한 체육시민연대가 있다. 체육시민연대는 한국 최초의 체육분야 전문 시민단체이며 창립 초기 '공부하는 학생선수, 운동하는 일반 학생'이란 슬로건을 내걸고 활동하기도 하였다(주간경향, 2020년 6월 1일).

(2) 동원형(Mobilization)

동원형은 외부주도형과 정반대로 정부 내의 정책결정자들에 의해 정책의제 채택이 주도되는 경우이다. 주로 정치지도자들의 지시에 의하여 사회문제 또는 사회문제라고 생각되는 이슈를 바로 정부의제로 채택하는 경우이다. 이 경우에는 정부가 순조로운 정책의 집행을 위해 홍보활동 추진하여 대중의 지지를 얻어 공공의제가 되기도 한다. 이 모형은 후진국에서 많이 나타나는 모형이나 선진국에서도 종종 나타난다. 우리나라의 가족계획사업이나 새마을운동 등이 대표적인 예라 할 수 있다.

이명박정부 당시 4대강 사업을 추진하면서 국민들의 지지를 이끌기 위해 4대강 수변에 많은 스포츠시설이 건립된 것을 예로 들 수 있다. 당시 정부는 4대강 사업을 추진함에 있어 지역주민의 지지가 필요하였는데, 수변에 스포츠시설을 건립함으로서 주5일 근무와 맞물려 스포츠 및 레저활동에 대한 수요가 급증에 대비하고 이에 따른 지역사회 발전이라는 명분을 활용하였다. 지역주민은 수변 스포츠시설에 많은 관심을 가졌으며, 지역발전에 긍정적인 영향을 미칠 것이라는 정부의 홍보에 지역주민은 사업추진을 지지하게 되었다.

(3) 내부접근형

내부접근형은 정부기관 내의 관료집단 또는 정부기관과 접근이 용이한 외부집단이 주도하여 사회문제를 정부의제화하는 경우를 말한다. 내부접근형은 동원형과 달리 오히려 사회문제가 공공의제화되지 않고 바로 정부의제화되는 것이 특징이며, 일반대중에 알리지 않으려 하므로 '음모형(陰謀形)'이라고도 한다. 후진국의 경우 관료들이 주도하는 경제개발계획에서 흔히 나타난다. 우리나라의 경우에는 무기 구입 계약이나 국방·외교의 정책에서 이러한 사례를 볼 수 있다. 스포츠계에서는 남북스포츠교류를 그 예로 들 수 있다. 물론 스포츠교류는 민간에서도 추진 가능하지만 남북이 대립하고 있는 상황에서 스포츠교류, 또는 남북단일팀 구성과 같은 일들은 정부주도 하에 정부의제화 되는 경향이 있다.

4. 정책의제설정에 영향을 미치는 요인

정책의제설정에 영향을 미치는 요인들로는 주도집단의 영향력, 정치적 사건, 문제의 중요성, 문제의 단순성과 구체성, 선례의 유행성, 극적사건과 위기, 해결책의 유무, 문제의 내용적 특성 등이 있다(남궁근, 2021). .

(1) 주도집단의 영향력 : 정책의제와 관련된 주도집단의 정치적인 영향력이 클수록 의제화가 용이하다. 즉 야당보다는 여당이 관심을 가지는 사회적 문제일수록 의제화 될 가능성이 높다. 배분의 가치를 중요시 하는 진보정당이 여당이 되면 엘리트스포츠 보다는 생활체육관련 정책의제가 많이 추진될 수 있다. 대체로 민주주의체제에서는 외부주도형에 의한 의제설정이 많고 권력주의체제에서는 동원형 또는 내부접근형에 의한 의제설정이 대부분이다.

(2) 정치적 사건 : 선거에 의한 정권교체와 같은 정치적 사건은 사회문제가 새롭게 정책의제화 하는데 중요한 역할을 한다. 김대중정부에서 북한에 대한 햇볕정책의 일환으로 남북한 스포츠교류가 지속되었던 것이 그 사례가 될 수 있을 것이다.

(3) 문제의 중요성 : 사회문제가 중대하고 정부차원에서 해결해야 한다는 여론이 형성되면 정부의제로 채택될 가능성이 크다. 이를 사회적 중요도(social significance)라 부른다. 스포츠계 미투로 인해 정부차원 개입에 관한 여론이 형성되었고, 이로 인해 정부는 성폭력을 비롯한 여타의 문제들에 대해 그 중요성을 인지하여 정부의제로 채택하였다.

(4) 문제의 단순성과 구체성 : 문제의 단순성과 구체성이 높을수록 정책의제가 될 가능성이 크다. 문제가 복잡하다면 이를 해결할 수 있는 정책도 쉽게 나올 수 없다. 정부가 관여하여 문제가 해결되지 못할 문제라면 정책의제설정의 우선순위에서 멀어질 수밖에 없다.

(5) 선례의 유행성 : 비슷한 선례가 있는 문제는 상례화(常例化)된 절차에 따라 쉽게

의제화되고, 입시 비리와 같이 일종의 유행(fashion)처럼 되어 있는 문제도 의제화될 가능성이 크다.

(6) 극적사건(event)과 위기(crisis) : 문제를 극적으로 부각시키는 사건이나 위기 또는 재난은 정치적 사건과 더불어 사회문제를 정부의제화시키는 점화장치이다. 2020년 세계적인 코로나19 사태로 인해 정부 차원에서 국제경기대회 개최나 참가에 대해 취한 결정도 여기에 속할 수 있다. 또한, 정부는 코로나 국내확산을 피하기 위해 국내 프로야구나 축구의 스케줄을 조정하거나 취소를 결정할 수 있다.

(7) 해결책의 유무 : 제기된 문제에 대한 해결책이 있을 때에는 정책의제로 채택될 가능성이 크지만, 해결책이 없으면 아무리 중요한 문제라 할지라도 의제화되기 어렵다. 남북스포츠교류에 있어 북한이 핵문제로 국제적 비난을 받게 되면 정부나 국민이 남북스포츠교류에 대해 지대한 관심을 가지고 추진하고자 하더라도 분명 한계가 있다. 국제적인 문제가 발생할 수 있기 때문에 적극적인 남북스포츠교류 정책을 수행할 수 없게 되는 것이다. 즉 남북스포츠교류는 스포츠계의 노력만으로는 될 수 있는 것이 아니기 때문에 추진할 수 있는 다각적인 방법을 고려해야 한다.

(8) 문제의 내용적 특성 : 어떠한 정책유형과 관련된 사회문제이냐에 따라 의제화 될 가능성이 달라진다. 예를 들어 배분정책은 재화와 서비스를 향유하게 될 특정 수혜자들이 적극적으로 참여하게 되므로, 일반 국민에게까지 호소할 필요 없이 의제화 될 가능성이 높다. 더불어 장애인, 노인, 저소득층 등의 소외계층을 위한 스포츠정책은 의제화 되는 가능성이 높다.

5. 무의사결정(Non-Decision Making)

무의사결정이란 특정 사회문제를 정책의제로서 다루지 않기로 하는 결정을 말한다. 즉 무의사결정은 사회문제가 존재하고 그 해결에 대한 시민의 요구가 강하더라도 소수 지배엘리트에게 불리한 문제는 은폐의제(hidden agenda)로 취급되어 다루지 않기로 하는 결정이다.

정치권력은 두 얼굴을 가지고 있다. 정책문제를 해결하기 위한 정책결정에서 영향력을 행사할 뿐만 아니라 정책결정과정에 선행하는 정책문제 채택과정에도 영향력을 행사한다. 이때 무의사결정은 후자의 영향력과 관련된다. 즉 무의사결정은 권력엘리트가 정책문제의 채택과정에서 자신들에게 불리한 문제는 제기조차 못하게 봉쇄하는 것을 말한다. 무의사결정은 지배적인 기존가치에 대한 도전을 방지하고자 할 때, 또는 정책결정자(관료)의 이익과 상반되는 사항에 대해 발생한다. 또한, 권력엘리트집단이 자신들에게 불리한 사회문제가 이슈화되는 것을 억압하거나, 또는 권력엘리트나 기득권에 대한 과잉충성심이 그 원인이 되기도 한다.

우리나라는 1970년대까지 경제발전제일주의라는 정치이념에 억눌려서 복지문제, 노동문제, 환경문제, 인권문제 등이 정책문제화 되지 못하였다. 1991년 발생한 낙동강 환경문제는 무의사결정의 예가 될 수 있다. 1991년 3월, 낙동강 상수도원에 유해물질인 페놀이 다량 함유되었다는 사실이 알려지면서 강력한 사회적 이슈로 떠올랐다. 정부가 수사를 거쳐 페놀을 유출한 업계의 조업을 잠시 정지시키기도 했으나, 이후 보름도 안 돼 수출 차질을 이유로 조업 정지 처분을 거둬들였다. 그리고 한 달 뒤 다시 낙동강에 페놀 유출사건이 일어났다. 3년 후 1994년 낙동강 유역 시민들은 이번에는 암모니아성 질소로 인한 파동을 다시금 겪어야 했다.

스포츠분야에서는 과거 정부가 이끌었던 엘리트스포츠 주도 성과주의 정책을 예로 들 수 있다. 성과주의 정책으로 인해 체육인들은 정신적, 신체적 자율권을 침해받았고 권리와 자율성을 보장받지 못하는 인권문제를 겪었으나, 많은 부분이 은폐되었다. 스포츠계에 관습적으로 존재해 온 부당한 자율권 침해가 경기력 향상을 위해 불가피하다는 인식은 잘못된 것이다. 스포츠계는 보편적 인권에 바탕을 둔 체육문화가 자리 잡을 수 있도록 더욱 노력해야 할 것이다.

02
스포츠정책 결정

    정부가 국가목표를 달성하기 위해 정책대안의 탐색과 개발, 정책대안의 체제분석, 정책대안의 평가 등의 복잡하고 동적인 과정을 거쳐 합리적이고 바람직한 대안을 선택하는 과정을 정책결정이라고 하며, 정책결정의 주체는 정부(정부기관)이다. 어떠한 정책도 국민 모두가 만족할 수는 없다. 그러므로 정부의 정책 수립에 있어 이해타산이 얽힌 관계자가 정치적인 활동을 통해 정책결정에 영향을 미치게 된다. 정부는 다양한 이해관계자들의 참여, 정치적 투쟁을 전제로 다양한 이익을 정책에 반영한다. 그렇기에 특정정책을 통해 얻고자 하는 목표가 확실해야 국민들의 갈등이 적어질 수 있다. 또한, 실현하고자 하는 특정의 목표를 구현하기 위한 바람직한 대안을 선택하기 위해서는 체계적인 정보의 수집과 분석이 필요하다.

    스포츠정책 결정도 정부의 정책결정 중 한부분이며, 이는 정부가 스포츠의 대내외적인 목표를 달성하기 위해 바람직한 대안을 선택하는 과정을 의미한다. 더욱이 스포츠정책 결정에 있어서는 그 어떤 분야보다도 정치성, 공공성, 복잡성, 목표지향성, 미래지향성이 중시되고 있다.

1. 정책대안의 탐색과 개발

정책대안의 개발이란 일반적으로 각 대안들의 비용, 편익 및 효과 등을 비교분석 하여 정책의 효율성, 실현가능성, 대표성, 윤리성 등을 향상시키려는 일련의 활동을 말한다. 정책개발은 목표설정, 자원활동, 효과성평가 등을 주요활동으로 하며, 정책결정이 정치적 과정으로서 주관적·직관적인 성격이 강한 데 비해 정책개발은 정책결정을 위한 정책대안의 장래결과를 비교하는 과정으로 분석적 성격이 강하기 때문에 정책분석과 본질적으로 유사하다. 그러나 정책개발은 다루는 범위가 정책분석에 비해 더욱 포괄적이며 정책분석, 정책형성, 정책평가를 포함한 총체적인 노력으로 볼 수 있다. 반대로 단순히 대안의 발굴이나 탐색만을 의미할 수도 있다(정정길 외, 2020)..

정책대안 개발의 자원이 될 수 있는 것으로는 과거의 정책, 외국이나 자치단체 등 타 정부의 정책, 전문가의 직관적 개발, 정보자료의 분석에 의한 과학적, 이론적 개발 등을 들 수 있다. 정책개발의 5단계를 자세히 살펴보면 다음과 같다.

① **탐색활동** : 관련 요인들과 요인들 간의 관계를 규명하고 문제해결에 이용할 수 있는 가능한 모든 자료를 탐색하는 단계이다.

② **형성활동** : 관심 사항이나 문제를 규명하고 목표를 명료화하여 분석의 대상을 한정시키는 활동인데 이 단계는 후속되는 과정 전체의 방향과 의의를 결정짓는 가장 중요한 단계이다.

③ **대안개발** : 정책목표를 달성할 수 있는 정책수단으로서의 정책대안을 개발하는 단계이다.

④ **해석활동** : 앞에서 도출된 정보와 분석결과를 토대로 가장 바람직한 대안을 선택하는 활동을 말한다. 이 활동에서는 해당 분야의 전문적 능력이 요청된다.

⑤ **검증활동** : 여기에서는 사회실험과 모의실험(simulation)을 실시하게 되는데 정책을 전면적으로 실시하기 전 여러 가지 조건을 통제한 상황 속에서 실험적으로 저용해 보아 문제점과 성과를 사전에 검토해 보는 것이다.

예를 들어 노령화문제를 해결하기 위해 통계청에서는 매년 노령인구에 대해 조사를 수행하고 있으며, 지속적으로 다른 국가의 노령화 정책을 수집 분석하고 있다. 이를 탐색, 형성 활동이라 볼 수 있다. 2000년 우리나라의 65세 이상 인구는 전체 인구의 7.9%를 기록해 이미 '고령화 사회'의 문턱을 넘어섰으며, 2019년 한국의 고령 인구 비중은 14.9%에서 2067년 46.5%로 예상되어 전 세계에서 가장 빠른 속도로 증가할 것으로 전망하고 있다(연합뉴스, 2019년 9월 2일).

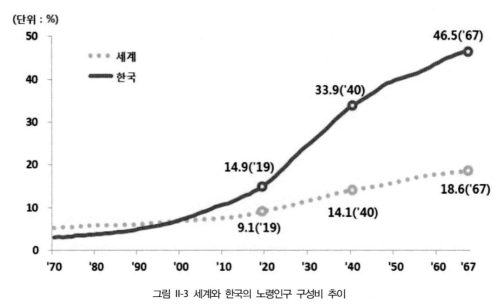

그림 II-3 세계와 한국의 노령인구 구성비 추이

자료출처: 통계청(2019) 세계와 한국의 인구 현황 및 전망.

이렇듯 노령화문제에 대해 인식하게 되면 이러한 문제를 해결하기 위한 대안을 개발하고 그 결과를 예측하여 정책대안들을 비교, 평가하여야 한다. 노령화 문제에서 주요 안건으로 거론되는 것은 소득과 건강일 것이다. 노인들의 경제적인 문제해결을 위해서는 소득 보장과 관련된 정책, 즉 정년 연장이나 노인의 재고용 문제 등이 신중하게 고려돼야 할 것이다. 또한, 노인은 의료적 요구가 특히 높은 인구 집단이기 때문에 이를 고려하여 특별한 의료 서비스 체제의 구축도 필요할 것이다. 또한, 노인이 건강한 삶을 유지하도록 하기 위해 스포츠활동 지원과 여가 시설 및 프로그램 개발 등도 필요하다. 노인의 건강문제를 해결하기 위해 다양한 방안을 추진해야 하며, 보다 효율적인 대책들이 전문가에 의해 개발될 필요가 있다.

2. 정책대안의 체제분석

개발된 정책대안 중에서 어떠한 정책을 추진해야 할지 결정하기에 앞서 개발된 대안들을 체계적으로 분석해야 한다. 이를 정책대안의 체제분석이라고 한다. 의사결정자가 당면하고 있는 문제를 전체적인 관점에서 파악하여 문제해결을 위한 여러 대안을 탐색하고, 가능한 한 분석적 틀을 통하여 각 대안에 소요되는 비용과 편익을 상호 비교하여, 그 중 최적대안을 선택하는 체계적·과학적 접근방법을 말한다. 체제분석의 핵심적인 수단은 비용편익분석(cost-benefit analysis)과 비용효과분석(cost-effectiveness analysis)이다.

비용편익분석은 투입되는 비용과 산출량의 상관관계를 고려하여 편익(便益, 발생되는 산출물의 경제적 가치)이 큰 것을 기준으로 대안선택 여부 혹은 우선순위를 명백히 하는 것을 의미하며, 금액으로 표현하거나 환산 될 수 있는 것을 편익으로서 측정하게 된다. 이때의 금액이나 편익은 대개 현재가치개념으로 표시되는데 사실 행정활동에 있어서 나타나는 산출은 금액으로 표시할 수 없는 것이 대부분이므로 비용과 편익을 대비하는 것은 어려운 작업인 경우가 많다. 스포츠의 경우에도 생활체육의 활성화를 통하여 시민들의 건강한 삶 유지와 증진에 긍정적인 영향이 미친 것은 분명함에도 이를 금액으로 산출하기는 어려운 일이다. 스포츠의 중요성을 강조할 때 많이 인용되는 문구가 있다. 스포츠 활동에 1달러를 투자하면 3.2달러의 의료비 절감효과가 있다는 것이다. 이것은 1999년 우루과이에서 열린 유네스코 제3회 체육장관 및 고위공직자회의(International Conference of Ministers and Senior Officials Responsible for Physical Education and Sport)[4]에서 발표된 내용인데, 사실 이러한 수치가 산출된 것에 대한 과학적 근거는 없다(유네스코 한국위원회 홈페이지).

비용효과분석은 각 대안의 소요비용과 그 효과를 대비하여 대안을 선택하는 것으로, 효과인 목표의 달성도를 물건이나 확률 등 금액 이외의 다른 계량적 척도로 나타내게 된다. 예를 들면 체육활동 활성화를 위하여 스포츠센터를 운영하였을 때, 이를 통해 시민들이 얼마나 만족감을 느끼고 있는지 분석하는 것이다. 목표달성을 고려하기 때문에 비용편익 분석에 비해 더 포괄적인 개념이라 할 수 있지만, 현실 행정에서는 비용편익분석과 동일한 개념으로 통용되는 경우가 많다. 다만 비용효과분석이 비용편익분석보

---

4) 스포츠정책 분야에 있어 글로벌 플랫폼이라 할 수 있으며, 회의 결과는 각국에 실효성 있는 정책으로 시행되는 경우가 많다.

다는 더 포괄적·질적 분석의 성격을 띤다고 볼 수 있다.

3. 정책대안의 평가기준

정책 대안의 평가 기준으로는 소망성(desirability)과 실현가능성(feasibility)이 있다. 소망성은 효과성, 능률성, 형평성 등의 기준에 비추어 대안이 얼마나 바람직한가의 정도를 말하고, 실현가능성은 대안으로 채택된 후 성공적으로 집행될 수 있는 가능성을 말한다. 예를 들어 노령화 사회의 노인건강 문제를 해결하기 위해 정부는 노인복지시설의 스포츠프로그램을 활성화시키는 것을 중요한 방안 중 하나로 인지하고 있다. 그 동안의 많은 선행 연구와 선례를 볼 때 노인대상 스포츠프로그램은 대안평가의 기준인 소망성과 가능성을 충족시키는 정책이 될 수 있다. 다만 다양한 노인대상 스포츠프로그램 중 어떠한 프로그램을 어디에서 어떤 방식으로 추진해야 하는지에 대한 세부 방안에 대해 소망성과 실현가능성을 평가해야 할 것이다(권기헌, 2018).

(1) 소망성(desirability)

소망성이란 정책대안이 얼마나 바람직스러운가 하는 것을 의미하는데, 그것은 정책이 달성하고자 하는 목적이 무엇인지에 따라 달라질 수 있다. 소망성을 판단하는 기준으로 주로 효과성, 능률성, 형평성 등이 활용된다. 이를 간단히 설명하면 다음 그림 II-4과 같다.

능률성 (투입-산출 비율)	효과성(목표의 달성 정도)
•과도함 정책목표를 달성하는데 얼마나 많은 노력이 투입되는가?	•정책이 집행될 경우 의도한 목표를 어느 정도 달성 가능한가?
형평성 (평등한 대우)	적합성 (정책의 가치성 정도)
•정책이 어느 정도 정책수혜집단의 요구, 선호, 가치 등을 반영하는가?	정책의 가치나 비전이 현실적으로 어느 정도 바람직한 규범성을 지니는가?
적정성 (문제의 해결 정도)	대응성(정책집단의 만족도)
• 정책의 실시 결과 당초의 정책문제를 어느 정도 해결할 수 있는가?	•정책이 어느 정도 정책수혜자 집단의 요구, 선호, 가치 등을 반영하는가?

그림 II-4. 정책대안 비교평가기준으로서 소망성

자료출처: 권기헌(2018). 정책학 강의

먼저 **효과성**이란 일반적으로 정책목표의 달성정도를 의미한다. 즉 정책 또는 프로그램을 시작한 때에 설정해 놓은 목표를 달성했는지를 평가하는 것이다. 정부가 노인건강을 위하여 전국 노인복지시설에 일괄적으로 체력단련 프로그램을 개설하였다고 가정해 보자. 노인들의 육체적 활동이 적은 도시에 소재하고 있는 노인복지시설의 체력단련 프로그램은 어느 정도 효과가 있겠지만, 농어촌 노인은 육체적 활동이 기본적으로 많기 때문에 참여도에 문제가 있을 수 있고, 체력단련 프로그램에서 효과를 보기에 힘들며 건강과 관련해서 어느 정도 효과과 있는지 판단하기가 어려울 것이다. 더욱이 결과가 측정가능하고 계량화되어 있을 때에는 문제가 없으나 정신적 건강과 같이 그렇지 않은 경우에는 어려움이 있다. 정책효과는 정책목표를 달성한 결과로 나타내는 직접적 효과도 있고, 부수적으로 나타나는 파급효과도 있으므로 정책효과를 정책목표달성의 결과와 동일시할 수 있으며 대안작성 당시에는 예측하지 못했던 효과가 다른 정책이나 문제 또는 예상 밖의 사람들에게 영향을 미치게 될 수도 있다. 이를 반드시 고려하여야 한다.

다음으로 **능률성**은 대안의 실행에 따른 비용과 편익을 비교하는 것을 의미한다. 정부가 노인들의 건강을 위하여 노인시설에서의 스포츠프로그램 활성화 정책을 추진하는데 다른 정책보다 더 적은 비용을 투입해서 같거나 더 나은 결과가 나올 수 있는가를 비교하는 것이다. 보통 편익을 정책 산출로 보면 능률성이 되고, 정책효과로 보면 효율성이란 개념이 될 수 있다. 비용은 정책대안을 집행하는 데 소요되는 투입으로서 대안의 결과로 나타나는 부정적 산출이 포함된다. 편익은 대안의 결과로 나타나는 긍정적 결과인데 편익의 측정에는 개념적 문제, 비용의 신빙성, 편익의 다양성, 시장기구의 결여 등으로 측정이 용이하지 않다.

능률성을 평가하는 대표적 기준으로 파레토의 원리가 있다. 이탈리아의 사회학자이자 경제학자였던 파레토(Vilfredo Pareto)에 의해, 사회 전체의 복지의 극대화를 판정하기 위한 기준으로 고안된 방식이다. 그에 의하면 어떤 행위, 어떤 정책에 의해 적어도 어느 한 사람의 상태가 이전보다 개선되었는데도 불구하고 다른 모든 사람들이 적어도 이전과 똑같은 정도로 바람직한 상태에 있다면, 그 행위나 정책은 사회적으로 바람직한 것으로 간주한다. 따라서 다른 모든 사람에게 불이익을 가져다주지 않는(이전보다 악화시키지 않는) 범위 내에서 어떤 사람의 처지를 개선하는 정책은 허락된다. 그리고 그 사람의 처지를 개선하는 정도에 따라 정책의 우열이 결정된다. 여기에서 유의해야 할 것은, 이 파레토원리에서는 정책이 개개인에 초래하는 이익, 불이익, 처지의 개선이나 악화가 한결같이 효용의 관점에서 논의되고 있다는 것이다.

하지만 파레토원리를 직접적으로 적용할 경우 극히 소수의 처지를 아주 조금 악화시켰지만 대다수 사람들의 처지를 크게 개선할 수 있는 정책도 효율적이지 않은 것이 되어 버린다. 그럼에도 불구하고 현실적으로 모든 사람들에게 불이익을 주지 않는 정책(파레토 원리를 문자 그대로 배반하지 않는 정책)은 자주 있는 것은 아니다.

칼도와 힉스(Kaldor-Hicks)는 파레토 원리를 보완하기 위해 보상원리를 주장하였다. 어떤 정책의 도입에 의해 이익을 받는 자로부터 손실을 보는 자에게 임시로 보상이 행해졌다 하더라도(만약 보상이 행해지면 그 정책에 의해 이전보다 처지가 악화되는 자는 누구도 없게 된다면) 그럼에도 이전보다 처지가 좋게 되는 자가 한 사람이라도 있으면 그 정책은 효율적인 것이라고 설명하는 것이다. 이렇듯 칼도와 힉스의 보상원리는 파레토원리보다는 지극히 현실적이다. 하지만 그 가치를 잠재적으로 화폐로 따졌다는 단점이 있다. 이 화폐의 가치가 부자에게는 작아지고 가난한 자에게는 한없이 클 수 있기 때문이다. 경제학에서 효용을 숫자로 표현한다는 것은 매우 힘들기 때문에 그 기준이 모호하게 된다.

그 후 또 하나의 중요한 한정이 더해지게 되었다. 보상원리를 만족시키는 정책이라고 해도 그것이 역방향의 보상(그 정책에 의해 불이익 받는 자로부터 이익을 기대할 수 있는 자에게로 보상) 가능성을 허용한다면, 그 정책을 효율적이고 바람직한 것이라고 반드시 말할 수 없다는 것이다. 예상되는 불이익보다 적은 보상으로 일이 완료된다면, 어떤 정책에 의해 보다 큰 불이익을 받게 될 것 같은 사람은 '보상'을 제공함으로써 이익을 기대할 수 있을 것 같은 사람들을 '매수'해서 해당 정책의 도입을 저지할 수 있기 때문이다. 따라서 어떤 정책을 효율적이라고 말할 수 있기 위해서는 그 역방향의 보상은 불가능하다고 하는 조건(시톱스키(T. Scitovskey)기준)이 만족하지 않으면 안 된다.

보상원리 및 시톱스키 기준에 의해 보완된 파레토 원리의 관점에서 볼 때 바람직한 정책은 생산의 정체나 후퇴를 저지하거나 경제적 발전에 이바지할 수 있는 정책(예를 들면, 노동 의욕이나 투자 의욕을 향상하기도 하고, 국제 경쟁력을 강화하게 되는 정책)이 다른 사정이 동일 할 경우 일반적으로 바람직한 것이 된다(아디치 유키오, 1992).

형평성은 공평성, 평등성 또는 정의 등의 용어와 같은 뜻으로 사용되는데 일반적으로 '동일한 경우는 동일하게, 다른 경우는 다르게 취급한다'는 의미를 갖고 있다. 형평성은 수평적(절대적) 형평성과 수직적(상대적) 형평성으로 구분할 수 있다. 수직적 형평성은 주로 사회적 약자에게 보다 많은 혜택을 이전하면서 비용을 적게 부담시키는 정책의 논리(격차원리)이며, 수평적 형평성은 동일한 이용자에게 동일한 이용요금을 부과하는 정책의 논리이다. 체육정책과 관련하여 설명하자면, 각 지역의 체육시설을 이용하는데 사회적 약자에게 이용요금을 적게 책정할 것인가(수직적 형평성), 아니면 사용자 모두에게 똑같은 이용요금을 받을 것인가(수평적 형평성)를 결정하는 정책적 결정에서 활용될 수 있다.

(2) 실현가능성

정책대안의 실현가능성은 정책대안이 정책으로 채택되고 그 내용이 충실히 집행될 가능성을 의미한다. 정책대안의 채택가능성은 정치적, 윤리적 실현가능성을, 정책대안의 집행가능성은 기술적, 경제적 실현가능성을 첨가하기도 하는데 일반적으로 실현가능성이란 정책의 집행기능성을 의미한다. **정치적 실현가능성**이란 정책대안의 채택과 집행에서 정치적 측면의 지원을 받을 수 있는 가능성을 의미한다. 예를 들어 2032년 서울·평양 올림픽 유치를 진행하는 과정에서 남북한 정부의 정치적 지원이 없이는 절대 불가능한 일이다. **경제적 실현가능성**이란 이용 가능한 재원으로서 정책을 실현할 수 있는지를 의미하는데 대개는 예산상의 제약범위를 넘어서면 실현이 곤란해짐을 의미한다. 스포츠혁신위원회가 스포츠계의 혁신을 위해 발표한 1차~7차 권고안의 내용을 행정부가 다 수용한다면 엄청난 예산이 투입되어야 하는데 정부의 확고한 의지가 없다면 실현 가능성이 많이 떨어진다.

기술적 실현가능성이란 정책이 현장의 이용 가능한 기술을 통해 실현가능한가를 의미한다. 코로나19로 인해 학교등교가 어렵게 되고 이로 인해 체육수업을 비대면으로 진행한다면 이를 위한 가상현실(VR)과 증강현실(AR) 등 메타버스 기술과 교육 콘텐츠를 접목한 프로그램이 있어야 효율적인 수업 진행이 가능할 것이다. 때로는 정책목표 달성과 정책대안 사이에 인과관계가 존재하는가 라는 기술적 합리성을 의미하는 경우도 있다. 그 밖에도 정책집행을 위하여 필요한 조직·인력 등에 대한 행정적 실현가능성, 정책대안이나 정책내용이 다른 법률의 내용과 모순되지 않는가 하는 법적 실현가능성, 정책내용의 규범적 성격과의 관계에서 본 윤리적 실현가능성 등도 고려해야 한다.

그렇다면 특정 대안을 선정하기 위하여 소망성과 실현가능성 가운데 어떠한 기준을 먼저 혹은 우선 적용해야 할까? 이는 경우에 따라 달라진다. 우선 합리적 분석을 통해 중요한 정책대안과 이들에 대한 정책 결과가 정확히 예측되었다면 실현가능성을 검토하여 실현이 불가능한 대안을 먼저 배제한 후 실현 가능한 대안 가운데 소망성이 높은 대안을 선택해야 할 것이다. 다만 소망성을 평가하기 위한 기준으로 효과성, 능률성, 형평성 등 가운데 어떠한 것을 적용하여 평가할 것인가는 가치판단의 문제이다.

정책결정자는 이미 작성·평가된 여러 대안 중에서 가장 바람직한 것을 최종 선택한다. 국민의 여론, 정치관계 등의 정무적 판단을 통해 선택하며, 선택 전에 다시 의견을 수렴하고 가급적 부분, 단계적으로 실시하는 전략이 필요하다. 부분적인 실시를 수행해가는 가운데 특정 정책에 있어 문제가 있다면 보안하고 점차적으로 확대해 가는 것이 바람직할 것이다. 정책 결정은 의사결정의 특수한 형태이다. 따라서 정책 결정이든 의사결정이든 목표달성 내지 문제해결을 위하여 여러 대안 중에서 하나의 대안을 선택한다는 점에서 같다. 그러므로 정책결정에 있어서도 기본적으로 의사결정에 관한 일반이론이 적용된다.

4. 정책결정모형

정책결정모형이란 정책대안의 장단점을 분석하여 평가하는 분석적 틀을 의미한다. 주로 정부기관이 복잡하고 동태적인 과정을 통해 장래의 주요행동지침을 결정하게 되며, 이러한 정책결정에 관한 이론모형으로는 기본적으로 합리모형, 만족모형, 점증모형, 혼합모형, 최적모형 등이 있다(김경우, 양승일, 강복화, 2008).

(1) 합리모형(rational model)

합리모형은 인간의 전능성(全能性)을 전제로 사회적 문제와 정책적 목표의 명확한 설정과 최선의 대안선택이 가능하다고 보는 모형이다. 합리모형에서는 의사결정자가 이성과 고도의 합리적 분석에 따라 관련된 모든 대안을 완전무결하고 전지전능하게 파악하고, 그러한 바탕 위에서 합리적인 결정을 할 수 있다고 본다. 합리모형은 인간의 합리적인 능력을 완전히 신뢰하는 모형으로, 정책결정자는 문제와 목표를 명확히 파악하고 문제해결을 위한 모든 대안을 작성하고 대안의 결과를 사전에 예측, 평가하여 합리적인 최적대안을 선택할 수 있다고 본다.

합리모형은 현실성은 부족하나 합리적인 대안의 선택을 추구함으로써 보다 나은 정책결정에 기여할 수 있다는 점에서 중요한 의미를 갖는다. 정치적 타협과정이 취약한 발전도상국에서는 엘리트집단이 주도하여 사업을 추진하기에 합리모형이 중시된다. 그러나 합리모형은 현실성을 무시한 폐쇄적 이론이라는 한계를 갖고 있다. 인간의 능력에는 한계가 있고 전체적으로 합의를 본 사회의 가치나 목표는 있을 수 없으며, 목표가 고정되어있다는 전제하에서 최선의 수단선택을 추구하게 되므로 합리모형은 폐쇄적 특성을 지닌다. 사회현상은 동태적, 유동적이므로 명확한 목표를 설정하기가 쉽지 않다. 지금의 사회적 문제를 해결하기 위해 선택한 정책이 옳다 하더라도 미래에는 옳지 않을 수 있다. 또한, 합리적 정책대안을 선택하려 해도 매몰비용이 큰 경우에는 합리적 선택의 폭이 좁아지게 된다. 현실적으로 보면 보다 나은 새로운 대안이 발견되었다고 하더라도 매몰비용 때문에 과거의 대안을 벗어나지 못하거나 이를 약간 수정하여 사용하는 경우가 많다. 여기에 합리모형의 한계가 있다. 또한 합리모형은 너무 이상적이고 규범적이기 때문에 현실의 의사전달 상황을 제대로 설명하지 못하는 면이 있다.

(2) 만족모형(satisfying model)

만족모형은 합리적 모형을 수정한 것으로 제한된 합리모형(bounded rationality)이라고도 한다. 인간의 능력에는 한계가 있음을 전제로 하여 정책결정권자가 할 수 있는 가장 만족스러운 결정을 한다는 주관적 기준을 내세운 이론이다. 현실성을 강조하는 모형으로 의사결정은 어느 정도 만족할 만한 대안의 선택으로 이루어진다고 본다. 이 모형은 의사결정에서 합리적인 결정이나 최적대안을 선택하는데 여러 가지 현실적 제약이 있기 때문에 어느 정도 동의할 만한 대안을 선택함으로서 제한된 합리성을 찾을 수밖에 없다고 보는 이론모형이다.

만족모형은 실제로 적용하기 쉽지만 일반적, 보편적인 의사결정에 중점을 두기 때문에 정부의 정책결정에서 특수성이 무시될 수 있다. 즉 정치, 행정체제의 특성과 전문가의 의견에 대한 고려가 없으며 정책결정을 일반인의 의사결정과 동일시하고 있다. 만족모형은 어디까지나 개인의 의사결정문제를 설명하기 위한 의도에서 나온 것이기 때문에 이것을 그대로 조직의 집단적 의사결정에 적용시키는 것은 문제가 있다(구인회, 손병돈, 안상훈, 2010).

(3) 점증모형(incremental model)

점증모형에서는 정책결정이 참여자간의 합의, 타협을 통하여 종래의 정책이나 결정보다는 약간 향상된 수준에서 이루어진다고 본다. 이것은 정치행정에 있어서 실제 정책 결정시 언제나 규범적이고 합리적인 결정만을 하는 것이 아니라 기득권이나 현실적 요인의 존재를 긍정하고 그것보다는 약간 향상된 결정에 만족하게는 것이며, 현재의 정치나 행정과 크게 다른 혁신적, 창의적인 결정은 기대하지 않는다. 설사 그러한 결정을 한다 하더라도 현실적으로 채택될 가능성은 적다. 따라서 점증모형에서는 이상적, 경제적 합리성보다는 시민과 정치인의 현실적 지지를 얻을 수 있는 정치적, 사회적 합리성을 중요시한다.

점증모형은 비교적 만족스러운 기존정책이 존재하고, 사회적 안정성과 다원성을 가진 정치적, 사회적 구조가 존재하며, 정책간 상호연관성이 높은 경우와 같은 조건이 구비될 때에만 타당하므로 이러한 조건을 만족시키지 못하는 상황이나 새로운 정책의 토대가 될 과거의 정책이 없는 경우에는 실효성이 낮다. 그러므로 이 모형은 정치적 다원주의가 지배하는 영·미 등 선진사회에서는 적용할 수 있으나, 결정자의 판단이 크게 작용하거나 사회가 다원화되지 못한 상황에서 의도적인 변화와 급속한 국가발전을 도모하고자 하는 국가에서는 적용가능성이 낮다.

(4) 혼합모형(mixed-scanning model)

혼합모형은 정책결정의 규범적, 이상적 접근방법인 합리모형과 현실적, 실증적 접근방법인 점증모형을 절충하여 이를 상호보완적으로 적용함으로써 현실적이면서도 합리적인 결정을 추구하는 것이다. 혼합모형은 합리모형이 요구하는 이상적인 합리성을 현실화시키는 동시에 점증모형이 갖는 보수성을 극복함으로써 단기적 변화에 대처하면서 장기적 안목을 가질 수 있다는 장점을 지닌다. 정책결정자는 기본적인 결정에 대해서는 결정자의 목표를 달성하기 위한 주된 대안을 모색하나 합리모형에서 요구되는 고도의 합리성에 따르는 비현실성을 감소시키기 위하여 전체적, 개괄적 고찰을 할 수 있도록 세부적 사항은 제외한다. 또한, 점증모형의 보수적 경향을 극복하기 위하여 부분적 결정의 테두리 안에서 이루어진다.

혼합모형은 새로운 모형이 아니고 이론적 독창성이 없는 절충혼합모형에 지나지 않으며, 실제 정책결정이 혼합모형에서 제시하는 순서와 접근방법에 따라 이루지기는 어렵다는 비판을 받고 있다. 이는 결국 합리모형과 점증모형의 단점 모두를 극복하지 못함을 의미한다.

(5) 최적모형(optimal model)

최적모형은 의사결정측면보다는 정책결정측면에 관심을 가지며, 정책결정과정을 하나의 체제이론적 관점에서 파악하고 정책결정체제의 성과를 최적화하려고 하는 모형이다. 여기서 최적화란 정책형성체제로부터의 산출이 투입보다 큰 경우를 의미하는데, 이렇게 보면 순수하게 경제적으로 규정된 것처럼 보이지만, 실제로는 정치체제맥락의 질적인 내용을 담고 있다. 최적모형의 주요 특징은 양적이 아니라 질적이고, 합리적 요소와 초합리적 요소를 동시에 고려하며, 상위 정책결정을 중요시하고, 환류작용을 중요시한다는 것 등으로 정리할 수 있다.

최적모형에는 합리성을 증진시키기 위한 노력이 포함되며, 고도의 결정은 사례연구,

감수성훈련5), 브레인스토밍 등과 같은 수단에 의해 증진될 수 있으며, 점증주의에 입각한 정책 결정은 개선되어야 한다고 본다. 경제성을 고려한 합리성, 즉 제한된 인적·물적 자원의 범위 내에서 가장 합리적인 최적안을 선택하는 것을 중요하게 여기며, 정책이란 경제적 합리성과 정치적 합리성의 양자택일의 문제가 아니라 **환류**를 통해서 정책결정자의 결정능력을 최적수준까지 향상하여야 하는 것임을 내용으로 한다.

---

5) 감수성 훈련(sensitivity training)이란 소집단 모임의 상호작용을 통하여 인간관계에 대한 이해와 기술을 향상시키고자 하는 사회성 훈련기법. 감수성 훈련의 기본적인 의도는 훈련 참가자들이 자신들의 감정과 그 감정이 상대방에 미치는 영향, 그리고 집단 상호작용 과정의 역학을 보다 잘 이해하게 만들어 결국 인간관계를 향상시키고자 하는 것이다.

03
스포츠정책 결정의 유형

1. 정형적 결정과 비정형적 결정

정형적 결정(programmed decision)이란 문제해결에 관한 규칙, 선례, 프로그램 등에 입각한 기계적, 반복적 결정을 말한다. 즉 문제해결의 방법이 이미 마련되어 있고 그 방법을 실시했을 경우 발생할 결과도 알고 있기 때문에 기계적, 반복적으로 결정을 내리게 되며, 이는 안정된 선진사회에서 중시된다. 기획재정부에서는 각종 체육단체의 예산을 거의 전년도 예산과 비슷하게 책정하고 승인한다. 물론 물가 변동이나 국제스포츠이벤트를 위한 스포츠시설 건축 등으로 차이가 날 수 있으나, 예산이 매년 비슷한 규모로 책정되어야 각 체육 단체가 이를 근거로 사업을 추진할 수 있기 때문이다.

비정형적 결정(non-programmed decision)이란 문제해결에 있어 창의력, 판단력이 요구되는 선례가 없는 결정이라 할 수 있으며, 새로운 조사, 연구 활동이나 다양한 토론과 판단이 요구되는 결정들이 이에 해당한다. 2019년 스포츠혁신위원회의 권고안 중 스포츠인권위원회 창설의 건이 있었다. 이러한 새로운 조직의 형성에 대해서는 선례가 없기 때문에 많은 조사와 역학관계를 토론하고 숙고한 뒤 조직구성이 이루어져야 할 것이다.

2. 전략적 결정과 전술적 결정

전략적(strategic) 결정이란 포괄적, 거시적 결정을 말하며 무엇(what)을 할 것인가에 관한 결정이다. 일반적으로 정책 결정은 전략적 결정에 관한 것이다. 전술적(tactical) 결정이란 구체적, 일상적, 세부적 결정과 관련된 것으로 전략적 결정을 하기위한 수단 선택에 관한 결정을 말한다. 이는 어떻게(how) 할 것인가에 관한 결정이다. 문재인정부의 스포츠 국정과제는 '모든 국민이 스포츠를 즐기는 활기찬 나라'를 만들기였다. 이를 위해 문화체육관광부와 대한체육회는 스포츠정책 사업의 일환으로 공공스포츠클럽 지원 사업에 역점을 두고 있다. 여기서 국정과제는 전략적 결정이며, 공공스포츠클럽 지원 사업은 전술적 결정이라 볼 수 있다. 공공스포츠클럽은 지역의 체육시설을 거점으로 다계층, 다연령대의 회원에게 다종목, 다수준 프로그램을 저렴한 비용으로 제공하는 지역기반 스포츠클럽이다. 2021년 3월 현재 2013년부터 공모를 통해 선정된 169개 공공스포츠클럽이 전국적으로 운영되고 있다(대한체육회 홈페이지). 또한, 2021년 5월 스포츠클럽법이 국회를 통과함으로서, 스포츠클럽의 지원과 진흥에 필요한 사항을 규정하였고 국민체육 진흥과 스포츠복지 향상 및 지역사회 스포츠발전에 체계적으로 발전할 수 있게 되었다. 이로써, 국민 누구나 일상에서 지역의 스포츠클럽을 통해 체육활동에 참여할 수 있는 기회를 확대할 수 있게 되었다.

3. 가치결정과 사실결정

가치판단을 전제로 하는 윤리적, 질적 의사결정을 **가치결정**이라고 하며 목표선택 성향을 가진다. 이에 비해 **사실결정**은 사실판단(가치중립)을 전제로 경험적 관찰과 검증을 통한 의사결정을 말하며 수단선택과 관련된다. 남북스포츠교류 또는 남북한 공동올림픽개최 등을 예로 들 수 있는데, 한반도 평화와 올림픽이념을 목적으로 하여 남북스포츠사업이 적극적으로 추진되는 경우 이를 가치판단에 의한 결정이라 할 수 있다. 그러나 최근 북한의 핵문제 또는 남북스포츠사업관련 경제성, 실현가능성을 고려하여 남북스포츠교류를 연기 또는 중단한다면 사실결정이 될 것이다.

4. 개인적 결정과 집단적 결정

개인적 결정은 의사결정의 주체가 단수이며 개인이 대안을 선택·결정하는 것으로 독임제(獨任制)조직의 의사결정방식이다. 집단적 결정은 다수의 합의가 요청되는 의사결정으로 의사결정의 주체가 복수이며 위원회와 같은 합의제(合意制)에 의한 의사결정방식을 의미한다.

04
정책대안의 불확실성과 미래예측기법

　어떠한 정책이든 장래의 불확실성이나 위험요소를 최소화시킴으로써 최적의 대안을 찾고자 하는 미래예측을 그 본질로 한다. 하나의 정책대안이 장차 어떤 결과를 가져올 것인가는 아무도 예견하기 어렵다. 거기에는 수많은 불확실한 변수들이 작용하게 되고 정책 결정에 관련된 정보, 지식, 구조, 가치관, 철학, 수혜자, 사회여건 등 모든 것이 유동적이며 불확실하기 때문이다. 불확실성이란 의사결정의 행동노선에 영향을 미치는 요인의 예측 불가능성을 말하는데, 가정적 사실이나 과거, 현재, 미래에 대한 정확한 지식이 부족한 경우이다.

　불확실성을 감소시키기 위한 방안은 불확실한 것을 확실하게 규명하는 적극적인 대처방안과 불확실성을 받아들이고 이에 대응하려는 소극적인 방안으로 구분할 수 있다. 불확실성을 감소시켜 미래를 가급적 정확히 예측하는 일은 의사결정 및 기획의 성패를 좌우한다고 할 수 있는데 정책결정 및 기획과정의 각 단계에서는 다양한 미래예측기법들이 활용된다. 합리적인 의사결정과 과학적인 분석이 가능하려면 다양한 형태의 정보분석과 이를 통한 미래예측이 필요하다.

　미래예측기법은 크게 주관적, 질적 방법과 과학적, 양적 방법으로 구분된다. 전자는 양적인 정보를 구할 수 없거나 불충분할 때 또는 과거의 자료를 이용할 수 없고 새로운 절차, 기술의 도입, 발견이 필요할 때 주로 인간의 판단과 질적 정보에 의해서 장래의 상황을 예측하는 것이며, 후자는 자료의 계량적인 수치를 통하여 장래를 예측하는 것이다.

1. 주관적 · 직관적 방법

주관적 · 직관적 미래예측기법에는 델파이 기법과 브레인스토밍이 있다. **델파이 기법** (delphi technique)이란 특정한 주제에 대하여 축적된 경험이나 숙지된 판단을 체계적으로 유도하고 대조하는 방법이라고 정의할 수 있다. 어떤 문제를 예측, 진단, 결정함에 있어 근접한 의견에 이를 때까지 전문가 집단으로부터의 반응을 체계적으로 도출하여 분석 · 종합하는 전문가의견 조사방법을 말한다. 집단의견을 취합하는 세미나, 위원회 등의 회의방식은 내외적인 환경의 영향을 받아 결론이 왜곡 될 수 있다는 단점을 최소화하기 위하여 고안된 것이다.

델파이 기법은 반복성, 익명성, 통제된 환류, 통계적 처리, 합의의 원칙을 따른다. '반복성'이란 개인들의 판단을 하나로 통합시켜 다시 참가한 모든 전문가들에게 토의하도록 하는 과정을 의미한다. 이러한 과정을 2~3회 이상 반복함으로써 참가자들은 사회학습기회를 얻게 되고 자신의 의견을 수정할 수 있게 된다. 모든 전문가나 지식인은 '익명성'이 엄격히 보장된 물리적으로 독립된 개인일 것을 요구한다. '통제된 환류'란 종합된 의견의 전달이 질문서에 대한 답을 집계하는 형식으로 이루어지는 것을 의미한다. 개개인의 답변 자료는 '통계적으로 처리'되어 집중정도(중위도), 확산정도, 빈도분석(곡선이나 빈도다각형)형식으로 표현된다. 약간의 예외는 있지만 델파이기법의 가장 중요한 목표는 전문가들의 최종적인 합의를 구하는 것이다.

일반적으로 델파이 기법은 응답자들의 익명성이 유지되므로 외부적인 영향력으로 인해 결론이 왜곡되는 것을 방지 할 수 있으며, 통제된 환류과정을 반복함으로써 주제에 대한 관심을 높일 수 있다. 또한 응답의 결과가 통계적으로 처리되어 비교적 객관적인 결론에 도달할 수 있다는 장점이 있다.

브레인스토밍(brainstorming)이란 특정 문제에 대하여 회의형식으로 구성원이 비판을 자제하고 자유로운 토론으로 광범위한 아이디어를 수집하는 집단토의 기법으로 델파이 기법과 함께 대표적인 질적 예측기법의 하나이다. 모든 아이디어를 거르지 않고 수집한 다음 실현 가능성이 없는 의견을 제거하여 결론이나 대안을 마련하게 된다.

2. 과학적·계량적 방법[6]

과학적·계량적 방법에는 선형계획, 민감도 분석, 게임이론, 시계열분석, 회귀분석, 목적계획법, 다단계의사결정모형 등이 있다. **선형계획**(linear programming)은 관리결정의 계량적 기법으로 확실한 상황 하에서 한정된 자원을 경쟁적 활동에 가장 적절한 방법으로 배분하여 생산량을 심플렉스기법을 이용하여 극대화시키려는 의사결정분석기법으로, 사기업체의 경영전략으로 많이 활용되고 있다.

민감도분석(sensitivity analysis)이란 선형계획으로 도출된 결과를 분석하고 해석을 내리는 데 강력한 분석의 수단을 제공해 주고 통찰력을 높여 줄 수 있는 방법으로 사후최적화분석(post optimality analysis)이라고도 한다.

게임이론(theory of games) 란 상충되는 이해관계를 지닌 둘 또는 둘 이상의 복수의 의사결정자가 존재하고 각자가 복수의 대체적인 행동 안을 가지고 있는 상충적 상황(conflict)인 경우, 특정의 행동안의 선택결과가 다른 의사결정자의 행동안 선택에 의해 좌우될 때의 이론적 분석체계를 말한다.

시계열분석(time series analysis)이란 시간의 경과에 따른 어떤 변수의 변화경향을 분석하여 그것을 토대로 미래의 상태를 예측하려는 방법으로 투사법 또는 경향분석이라고 한다. 예를 들면, 돌연적인 사건을 원인으로 하는 것(우연변동 또는 불규칙변동), 해마다 똑같이 되풀이되는 계절변동, 또한 오랜 세월에 걸쳐 추세적으로 나타나는 구조변동, 1년 이상의 장기간에 걸쳐 규칙적으로 반복되는 순환변동 등이 있는데, 이들 변동이 복잡하게 혼합되어 하나의 시계열 데이터를 이루고 있다.

회귀분석(regression analysis)이란 하나의 변수와 다른 변수간의 상관관계를 설정함으로써 하나의 계량적 변숫값을 예측하는 데에 이용하는 통계적 기법의 하나로, 과거의 추세에 관한 시계열 자료를 분석하여 변수간의 함수관계를 나타내는 방정식을 도출한 다음 그 함수식을 이용하여 이미 알고 있는 독립변수에 관한 점만을 토대로 종속변수의 추정치를 예측하는 방법이다.

조직은 여러 하위조직으로 구성되어 있고 이들 하위조직의 목표들은 상충하는 경우가 많다. **목적계획법**(goal programming)은 이러한 경우 상충되는 목표들 간의 우선순

---

[6] 이 부분에서 다루어지는 양적연구 분석내용은 용어정의 정도로 간단히 설명하였다. 이에 보다 구체적인 내용을 파악하기 위해 체육통계나 연구방법 관련 서적을 참조할 것을 권한다. 강상조, 박재현, 강민수(2015). 체육연구방법. 21세기교육사.

위를 밝히기 위하여 복잡한 다중목적 체계에서 여러 목적을 만족시키는 대안을 찾고 많은 하위목적을 포함하는 단일 상위목적뿐만 아니라 여러 하위목적을 포함하는 여러 상위목적을 취급하는 의사결정 문제를 다루는 방법이다.

의사결정에 있어 대안을 선택하기 위한 평가기준은 미래상황의 발생확률에 대한 예측성여부와 밀접히 관련되어 있다. 어떤 사건이나 상황에 대한 확률을 추정하였다 할지라도 새로운 정보나 자료를 얻게 되면 사건의 확률추정은 수정되어야 할 것이다. 불확실한 상황 하에서 확률을 지속적으로 추정하고 새로운 정보입수에 기반하여 확률을 단계적으로 수정해 나가면서 최종적으로는 가장 합리적인 의사결정을 해나가려는 분석기법을 **다단계의사결정**, 축차적 의사결정(sequential analysis)도는 의사결정수이론(decision tree)이라 한다.

05
정책결정의 참여자

오늘날 대의민주주의 체제를 전제로 할 때, 정책과정에 참여하는 행위자는 크게 **공식적인 참여자**와 **비공식적인 참여자**로 나눌 수 있다. 공식적인 참여자는 공공정책의 결정에 관한 법적 권한과 책임을 진 행위자이며, 비공식적 참여자는 그러한 법적 권한을 부여받지 않은 행위자를 의미한다. 즉 공식적 참여자의 결정은 정당한 절차를 거쳤다면 하나의 정책이 되어 모든 국민이 이를 준수해야 할 의무를 갖지만, 비공식적 참여자의 결정은 대외적으로 그러한 강제성과 구속성을 가지는 것은 아니다(한석태, 2013).

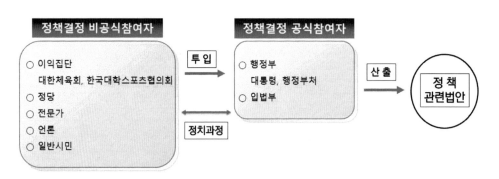

그림 II-5. 스포츠정책 정책결정과 참여자간의 관계

1. 공식적인 참여자

국가 정책의 공식적인 참여자에는 행정부의 행정기관과 행정 수반인 대통령 및 고위 관리, 그리고 입법부가 있다.

(1) 행정부

행정부는 단순히 정책을 집행하는 데 그치지 않고 정책의제설정, 정책 결정 등 정책 과정에 깊이 개입하고 있으며 실질적으로 정책을 좌우하는 경우가 많다. 행정부가 정 책과정에 폭넓게 개입하는 이유로는 정책문제의 복잡성, 법률의 모호성 내지 불명확성, 행정조직의 전문성과 계속성, 위임입법의 확대, 정보화, 전문화 추세에 따른 관료의 영 향력 증대, 행정 수반의 주도적인 정책추진 역할 등을 들 수 있다. 스포츠와 관련된 주 관 중앙부처는 문화체육관광부와 교육부다.

고위공무원은 정책에 관한 전문적 지식 및 경험을 통하여 정보를 수집, 분석하고 대 안을 작성, 평가할 뿐만 아니라 창의적인 아이디어를 최고관리층에 제공함으로써 정책 결정에 광범위하게 참여한다. 우리나라의 경우 직업공무원이 중간관리층을 형성하고 있으며, 이들 고위공무원의 전문성과 경험은 엄중히 요구된다. 이러한 이유로 고도의 전문성을 요하는 전문분야에는 공개채용 또는 특별채용의 방식으로 공무원을 채용하는 경우가 있다.

대통령과 정무관은 행정부의 최고관리층을 형성한다. 정무관은 장관, 차관 등 정책결 정권을 행사하는 공무원을 말한다. 정무관은 자신의 가치관과 의견에 따라 고도의 정 치적 판단력을 가지고 고급공무원이 분석한 대안을 최종적으로 선택한다. 최근 체육부 분에서도 체육인이 그 전문성을 인정받아 차관과 같은 정무관 직책을 맡는 경우가 있 다. 한편 대통령은 정책과정의 전반에 걸쳐 광범위하고도 강력한 권한과 영향력을 행 사하며 정부의 모든 정책에 사실상 최종적인 결정권과 책임을 가진다(권기현, 2018).

(2) 입법부(의회)

국민의 대표로 구성되는 의회는 행정국가 시대를 맞아 상대적으로 그 기능이 약화되었으나, 정책과정에서 여전히 중요한 역할을 담당한다. 의회는 국민을 대표하므로, 국회의원 개개인이 의회에서 성토하고, 비판하고, 고발하고, 요구하고, 직접 정보를 제공하거나 논의하여 결의안, 법안을 제출하고 표결하는 곳이다. 스포츠와 관련된 법안들을 발의하고, 제정하는 것도 바로 의회의 주요역할 중 하나이다. 국회에서의 법제정은 정책을 안정적이고 체계적으로 추진하는데 있어 중요한 역할을 수행한다. 2017년 10월에 시행된 학교체육진흥법은 학교체육 진흥을 위한 전문 법안이며, 학교체육진흥에 있어 많은 영향력이 있다.

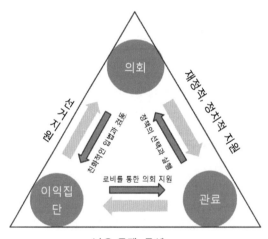

그림 II-6. 철의 삼각

의회는 전체 국민을 정당하게 대표하는 기능을 가져야 하며, 국민의 여론을 존중하고, 자유로운 토론에 의해 의견을 조정, 통합하거나 다수결을 통해 의사를 확정시킨다. 의회의 상임위원회는 관련 행정기관(부처) 및 이익집단과 더불어 이른바 '철의 삼각관계(iron triangle)'를 형성하여 정책결정과정에 영향을 미친다.

특히 정책의제설정단계에서 의회는 여론을 반영하여 사회문제를 정부가 다루어야 하는 정책의제로 형성하는데 주요한 역할을 한다. 그러므로 스포츠를 잘 알고 스포츠 친화적인 국회의원이 다수일 경우 다양한 스포츠정책이 정책의제로 형성될 수 있다. 제

21대 국회에서는 다수의 스포츠계 인사들(안민석, 임오경, 이용 등)이 국회의원으로 선출되어 그러한 임무를 수행하고 있다. 정책결정단계에서 의회는 입법권을 행사하여 법률의 형태로 중요한 정책을 최종적으로 결정하고 예산을 확정한다. 정책집행과 정책평가단계에서 의회는 국정감사, 국정조사, 결산심사 등을 통하여 개입한다.

2. 비공식적 참여자

국가 정책에 있어 비공식 참여자에는 이익집단, 정당, 전문가, 일반시민 및 언론기관 등이 있다.

(1) 이익집단

이익집단이란 특정 문제에 대한 이해관계를 인식하여 결합된 집단으로 자신들의 이익을 적극 표명하여 그 의사를 정책과정에 반영시키고자 한다. 이익집단은 그들의 이익실현을 위해 압력활동을 한다는 점에서 압력단체라고도 부른다. 근래들어 행정국가화 경향에 따라 이익집단의 활동대상도 입법부로부터 행정부로 전환되는 경향이 있다.

이익집단은 정책의제설정단계에서 이익 표출기능을 수행함으로써 특정 사회문제가 정책의제로 채택되도록 또는 기각되도록 압력을 가한다. 또한, 정책결정단계에서도 정보, 자료의 수집이나 제공, 정치적 지원 등을 통하여 그들에게 유리한 정책이 결정되도록 영향력을 행사한다. 아울러 정책집행단계에서는 정책대상 집단으로서 정책집행을 적극적으로 촉진하거나 저지하기 위해 개입하며 정책평가단계에서도 유리한 정책평가에 관심을 둔다. 스포츠계에서는 대한체육회, 각 시·도 체육회, 각 경기단체, 한국대학스포츠협의회 등이 스포츠계 전반적인 이익을 위하여 행정부나 입법부에 여러 루트를 통해 체육계의 의사를 표명하고 있다.

(2) 정 당

정당(政堂)은 이익집단을 비롯한 다양한 사회집단의 요구 또는 일반 국민의 요구를 일반정책대안으로 전환시키는 이익집약기능을 수행하며 선거공약으로 이를 나타낸다.

일반적으로 정당은 정책과정에서 '비공식적 참여자'로 분류된다. 다만 집권여당은 당정협의를 통하여 정책결정과정에 공식적으로 참여하고 있다.

정당은 정책의제설정단계에서 이익집약기능을 수행하며 정책결정단계에서도 정당간부와 정책결정간의 협상, 흥정 등을 통하여 개입한다. 정책집행은 원칙적으로 행정기관의 책임이지만 정당도 개입하여 영향을 미친다. 야당은 특히 국정의 비판, 감사기능을 수행한다. 매년 개최되는 국정감사가 그것이다. 국회에서 열리는 문화체육위원회 국감은 문화체육관광부 소관 공공기관 및 유관기관, 대한체육회, 국민체육진흥공단, 한국체육산업개발(주), 태권도진흥재단, 대한장애인체육회를 대상으로 한다.

스포츠정책은 각 정당이 지향하는 바에 따라 변동될 수 있는데 예를 들면 국가의 경제적 발전을 우선하는 보수정당의 경우 엘리트스포츠에 보다 관심이 많을 것이며, 국민의 경제적 배분이나 복지가 우선순위인 진보정당의 경우 생활체육에 더욱 큰 관심을 가질 것이다.

(3) 전문가

행정의 복잡성과 전문성이 높아짐에 따라 정책결정시 외부전문가가 차지하는 비중이 커지고 있다. 전문가의 참여가 중시되는 이유로는 **정책의 전문성과 공정성을 높이고 행정기관의 정책 활동에 대한 국민의 불신을 불식시켜 정책에 권위를 부여하자는 의미**가 크다.

전문가들은 문제해결을 위한 정책대안을 제시하고 정책대안의 추진결과를 예측하며 정책을 평가하거나 비평하는데 중요한 역할을 한다. 특히 전문가들은 정책공동체(policy community)의 대표적인 구성원이 된다. 정책공동체란 "특정의 정책분야별로 형성되고 정책의 내용에 대해 전문적인 관심을 가진 일종의 공동체"로 대학교수, 연구소 연구원, 공무원, 국회의원, 신문기자 등이 구성원이 된다. 우리나라의 경우 전문가집단이 정부가 출연한 연구기관에 소속되어 구체적인 정책대안을 제시하고 정책을 평가함으로써 많은 영향력을 행사했다. 그러나 정부의 정책을 합리화하는 데 급급하였던 측면이 있었고, 어용적으로 참여했다는 비판도 존재한다. 체육 분야에 있어서는 한국체육학회, 한국스포츠개발원 등이 전문가집단이라 할 수 있다

(4) 일반시민(여론) 및 언론기관

국민은 선거를 통해 또는 여론을 조성함으로써 정책과정에 영향을 미치며, 아울러 언론기관은 대중매체를 통하여 사회문제를 제기하고 각종 정보를 국민에게 알림으로써 여론을 조성하고 정책과정에 큰 영향을 미친다.

과거 노무현정부를 참여정부라고 한다. 이는 시민단체들이 여러 사안에 대한 사회적 관심을 환기시키고 여론을 주도할 뿐만 아니라 정부의 정책의제 설정과 정책결정에 직접 참여했거나 이를 독려했기 때문이다. 시민단체의 영향력이 나날이 커가고 있으며, 민주주의 가치와 시민의식이 함양되고 있다. 이는 개혁적 변화를 가져오는 데에 이바지할 수 있다. 시민은 의사표현을 할 수 있는 권리를 가지며, 집회나 시위를 위해 도로와 공공장소를 합법적으로 사용할 수 있는 권리가 보장되어야 한다. 시민들이 불만과 요구를 표출하지 않으면 정부는 그러한 문제를 검토하거나 해결하려고 하지 않기 때문에 개개인의 시민들이 합심하여 시민단체를 조직하고 의견을 형성하기도 한다. 스포츠계에는 2000년 '장희진 선수 파동7)'이후 한국 스포츠계의 개선이 필요하다는 인식과 체육계 시민운동 단체를 결성하자는 공감대가 형성되었다. 2002년 5월 체육시민연대가 창립되었고, 이후 체육시민연대는 정부와 체육 단체의 정책을 감시, 비판하고 나아가 체육의 저변확대와 새로운 패러다임 제시를 위해 지속적으로 노력해 왔다(체육시민연대 홈페이지).

시민단체의 정치적 위상이 높아지면 자신들의 의견을 정부에 개진할 수 있으나, 그 이면에는 위험한 함정들이 도사리고 있다. 시민단체가 정책 결정에 직접 참여하고자 욕심을 부릴 때 빠질 수 있는 함정은 각 분야의 여러 시민단체가 통일된 의견을 가진 것이 아니라는 점에 있다. 자발적으로 생겨난 시민단체들이 다양한, 때로는 서로 상충되는 입장을 표방할 수 있다. 하지만 시민단체 모두가 동등하게 정책 결정에 참여할 수 있는 것이 아니고 일부만 그런 특권을 향유하게 된다. 특정 성향의 일부 시민단체만 정책 결정에 참여해 그들만의 영향력을 행사한다면 다양성과 균형성이라는 민주주의 국정 수행의 핵심 가치가 훼손될 수도 있음도 분명 고려해야 힐 것이다.

---

7) 시드니올림픽 수영 국가대표로 선발된 장희진 선수는 태릉선수촌과 학교를 오가며 학업과 훈련을 병행하겠다고 요청하였으나, 연맹과 체육회는 대표 자격박탈과 제명이라는 처벌을 내린다. 이 사건을 계기로 많은 체육계 인사들은 장희진 선수 징계 철회와 생활체육 및 학교체육의 근본적인 발전 대책을 요구하는 최초의 서명운동을 전개하였고, 단 이틀 만에 전국 51개 대학 231명의 교수가 여기에 동참하였다.

◎ 연 구 문 제

① 정책의제설정이란 무엇인가?

② 정책결정에 있어서 공식 참여자, 비공식 참여자를 구분하고 설명하라.

③ 정책결정 모형 중에서 혼합모형과 최적모형에 대해 차이점을 설명하라.

※ 참고문헌

강상조, 박재현, 강민수(2015). 체육연구방법. 21세기교육사.

남궁근(2021). 정책학. 법문사.

구인회, 손병돈, 안상훈(2010). 사회복지정책론. 나남출판

권기헌(2018). 정책학 강의. 박영사.

김경우, 양승일, 강복화(2008). 사회복지정책론. 창지사.

대한체육회 홈페이지.

동아일보(2019. 7. 3).

문화체육관광부(2018). 2017년도 문화체육관광부 자체평가 결과보고서.

연합뉴스(2019년 9월2일). 한국, 2045년에 노인비중 세계 최고… "가장 빠르게 고령화".

유네스코 한국위원회 홈페이지

이다치 유키오, 김항규옮김(1992). 정책과 가치. 대영문화사.

이성록(2010). 갈등관리론. 미디어숲.

정정길, 성규탁, 이장, 이윤식(2004). 정책평가. 법영사.

정정길, 이시원, 최종원, 정준금, 권혁주, 김성수, 문명재, 정광호(2020). 정책학원론. 대명출판사.

주간경향(2020년 6. 1.). 체육계 비정상 바로잡는 '체육시민연대'

중앙일보(2011. 8. 9.)

채우석(2016). 일본의 스포츠기본법과 스포츠정책에 관한 일고찰. 스포츠엔터테인먼트와 법. 19(4).

체육시민연대 홈페이지

통계청(2019). 세계와 한국의 인국 현황 및 전망.

한석태(2013). 정책학개론. 대영문화사.

제 3 장

. . .

스포츠정책 집행과 평가

제3장인 '스포츠정책 집행과 평가' 부분은 스포츠정책이 채택되고 결정되는 단계를 거쳐 어떻게 집행, 평가되는가를 파악하는 데에 목적이 있다. 우선 정책집행(policy implementation)은 정책의 내용을 실현하는 과정을 의미한다. 정책의 내용은 정책목표와 정책수단으로 이루어지는데, 정책의 내용을 실현한다는 것의 핵심은 정책수단을 실현한다는 것이다. 예를 들어 노인들의 건강한 노후를 정책목표로 하고 지역사회에 스포츠프로그램 진행을 수단으로 하는 노인건강정책의 경우 지역사회 노인들의 건강상태를 파악하고 개인 신체능력에 맞게 정책수단인 스포츠프로그램을 실현하는 것이며, 이러한 활동들로 정책 내용 실현이 이루어지는 것이다.

　하지만 정책수단이 실현되더라도 정책목표가 달성되는 것은 아니다. 노인들에게 스포츠프로그램이 진행된 후에 노인의 건강이 양호해지는 경우가 다수지만, 무리하게 운동을 수행하다가 건강에 부정적인 영향을 미치는 경우, 또는 노인들이 스포츠프로그램에 흥미가 없어 참여 자체가 낮은 예도 있을 것이다. 정책수단이 실현되었음에도 정책목표가 달성되지 않은 경우는 정책목표와 수단 사이에 처음부터 인과관계가 존재하지 않았거나 정책집행 과정상의 잘못으로 정책효과가 나타나지 않는 경우에 해당한다. 즉 아무리 정책을 충실히 집행하더라도 집행의 산출물(output)이 나오더라도 정책목표가 지향하는 성과(outcome) 또는 정책효과(policy impact)가 없을 수도 있다. 정책은 수행하려는 목표나 내용이 명확하고, 다른 정책과 상충하는 부분이 적으며, 정책이 통제하려는 정도가 크지 않을 때 진행이 순조롭게 이루어질 가능성이 높다(정정길 외, 2012).

　정책평가는 정책이 좋고, 나쁨을 따져보는 가치판단의 활동이다. 좋은 정책인가를 판단하는 핵심은 정책목표 달성 여부이다. 모든 정책은 평가가 이루어지는 것이 바람직하다. 집행한 정책이 목표를 달성했다면 가장 효과적인 정책변수에 관한 정보를 얻어야 하며, 정책이 실패했다면 이에 따른 원인을 알기 위해 평가가 필요하다(한석태,

2017). 예를 들어 농어촌 노인들의 건강을 위해 스포츠프로그램을 지역 학교에 보급한 정책이 있었다면, 집행된 후에 프로그램의 효과성, 효율성, 노인들의 만족도 등을 조사하여 향후 프로그램 향상을 위한 평가가 이루어져야 할 것이다.

01
스포츠정책의 집행

정책집행(policy implementation)은 결정된 정책의도를 구체화하는 모든 행위로 정의될 수 있으나 학자들에 따라 개념 정의가 다양하다. 그러나 일반적으로 정책집행이란 **정책결정에 따른 미리 설정된 목표를 달성하기 위해 구체화한 사업계획이나 정책 등에 효과가 발생하도록 하는 의도적이고 순차적인 활동과정**이라 할 수 있다. 그렇지만 정책 결정 시 세세한 가이드라인이 주어지는 것이 아니므로 정책집행 과정에서는 어느 정도의 재량권이 발생하기도 한다. 레프리와 프랭크린(Repley & Franklin)의 학설에 따르면 정책집행은 다음 4단계를 거쳐 실행된다(Repley & Franklin, 1982).

① **자원 확보의 단계** : 집행을 담당하는 기관이 예산, 인력, 장비 등의 자원을 확보하는 단계이다.

② **해석·기획단계** : 법률의 내용을 토대로 하여 구체적인 지침, 규칙 등을 마련할 뿐만 아니라 계획을 수립하는 단계이다.

③ **조직화 단계**: 정책을 실천하는데 필요한 기구를 설치하고 업무처리 절차를 정형화함으로써 각종 활동을 조직하는 단계이다.

④ **혜택·통제 단계** : 집행담당기관이 수혜집단에게 혜택을 전달하고 대상 집단에게 통제를 가하는 단계이다. 즉 서비스나 혜택과 같은 정책의 목적이나 도구에 해당하는 것을 제공하는 단계이다.

1. 정책집행에 영향을 미치는 요인

대부분 정책결정 단계에서는 세세한 정책 가이드라인이 제시되지 않기 때문에 정책을 집행하는데 상당한 행정재량권이 생긴다. 또 행정적, 경제적 효율성을 검토한 결과, 정책결정에서 제시한 사항들을 그대로 실행하기 어렵다는 행정적 판단이 생기면 정책결정의 일부를 수정해야 하는 재량의 여지도 생긴다. 정책의 집행은 기술적인 과정으로만 볼 수는 없으며, 조직적인 과정이 필요한 단계이다. 제한된 자원으로 효율적으로 일을 수행하기 위해서는 법과 규칙으로 표준화된 절차가 필요하지만, 인간을 다루고 인간의 기본욕구를 충족시키기 위해서는 개인의 욕구에 따라 맞춤형 서비스를 제공하기 위한 전문성과 전문가적 재량이 필요하다(주성수, 2018). 정책집행에서는 규칙과 재량의 딜레마는 보편적으로 나타난다.

(1) 정책집행체제의 내적 요인

정책집행이 원만히 진행되기 위한 조건은 무엇일까? 우선 성공적인 정책집행을 위해서는 해당 정책에 대한 국민의 구체적인 이해와 적극적인 호응이 필요하다. **국민의 정책에 대한 호응의 정도를 순응**이라고 한다. 정책에 대한 순응이 잘 안 될 경우(불응) 그 정책은 실패하기 마련이다. 다음의 정책집행 조건들이 잘 갖추어지는 것이 중요하다(Gerston, 2002).

① 정책목표의 명확성

정책집행부는 정책목표와 내용에 대한 정확한 이해와 해석능력이 필요하다. 이를 위해 선행되어야 할 것은 정책목표가 명확히 정의되어야 하고 내적 일관성을 지녀야 한다는 것이다. 시민들의 건강을 위해 학교체육시설을 개방하고자 하는 정책이 집행되려면, 먼저 학교 교육에 피해가 가지 않도록 학교체육시설의 유휴시간대(방과 후, 휴일) 개방을 통해 시설이용률을 높이고, 지역 주민의 생활체육 참여를 높이기 위한 다양한 프로그램들이 마련되어야 한다.

② 자원

정책집행에 재원(financial resources)이 큰 영향을 미친다는 데에는 이론의 여지가 없다. 정책집행에 영향을 미치는 자원으로는 예산, 시간, 인력, 정보, 권한 등이 있다. 집행에 필요한 인적, 물적 자원이 충분히 지원되어야 한다. 문체부에서 학교체육시설 개방지원 사업을 수행하려 하는데 사업수행에 필요한 자원이 부족할 경우, 불가피하게 관련 기관(대한체육회)으로 예산과 사업 권한을 넘길 수 있다. 또한, 대한체육회에서도 자원이 부족할 경우, 원활한 수행을 위해 다시 외부업체에 사업을 맡길 수 있다. 다만 문체부와 대한체육회에서는 사업을 집행하는 외부업체에 대해 철저한 관리, 감독을 수행해야 할 것이다.

③ 명확한 업무 책임부여

정책집행은 하나의 기관만으로 되는 것이 아니며 많은 기관이 관련되므로 집행기관 상호간의 관계가 정책집행에 큰 영향을 미친다. 여러 집행기관이 관여하게 되고 이로 인해 혼선과 갈등이 발생할 수 있다. 그러므로 제한된 수의 집행기관을 대상으로 명확한 책임이 부여되어야 한다. 학교체육시설 개방사업의 경우, 학교체육시설의 운영과 관리는 교육부의 소관이며, 시설에서 이루어지는 프로그램은 문체부의 소관이 될 것이다. 어디까지가 소관 업무인지를 기관 간에 확실히 구분해야 문제가 생길 때 책임의 여부를 따질 수 있다.

④ 업무의 책무성

집행기관의 행정관료는 정책결정에 대해 업무의 책무성을 가져야 한다. 정책의 집행은 결국 모든 요소를 판단하고 여과하는 관료의 성향에 달려있으므로 관료의 지식, 능력, 가치관 등은 물론 정책목표의 실현을 위해서는 업무처리규정, 즉 표준운영절차의 확립과 그 적용에서의 공정성과 합리성을 동시에 확보해야 한다. 또한, 성공적인 정책집행을 위해서는 적극적 태도와 문제해결 지향적이며 관리 지향적인 공무원이 정책을 내면화할 수 있는 방향으로 각종 교육훈련이 이루어져야 할 것이다.

(2) 정책집행체제의 외적요인

① 사회경제적 여건 및 기술

사회경제적 여건과 기술동원 가능성에 따라 정책집행의 우선순위가 달라질 수 있고 지역 간 여건의 차이도 정책집행에 영향을 미친다. 시민 건강을 위한 스포츠 활성화를 위하여 스포츠프로그램을 지역민에게 제공하는 프로그램 선택 시 사회경제적인 여건을 고려해야 한다.

② 정책집행과 관련된 문제 및 집단의 특성

정책을 출현시킨 사회문제의 성격이 집행체제의 문제해결역량 이상으로 복잡하고 어려우면 집행은 관련된 이익집단의 영향을 받을 수밖에 없는데, 이익집단의 특성 가운데 특히 중요한 것은 이익집단의 집행개입역량을 좌우하는 조직의 상대적 규모와 적극성의 정도, 정책결정 및 집행기관과의 유대관계 정도이다. 정책 대상집단의 구성과 규모, 조직화의 정도 또한 정책집행에 많은 영향을 미친다. 정책의 수혜집단이 희생 집단보다 크면 집행이 쉬워지고 그 반대이면 집행이 곤란해지며, 설사 희생집단의 구성비가 크더라도 조직의 규모나 조직화의 정도가 약하면 상대적으로 집행이 쉽다. 대한체육회의 학교체육시설 개방지원 사업을 통해 스포츠클럽을 조직하고 수혜를 받는 집단도 있지만 이로 인해 같은 시간대에 학교시설을 이용할 수 없는 희생 집단도 있을 수 있다. 그러므로 학교시설을 이용하기 위해서 공평한 시설이용 관리시스템이 필요한 것이다.

③ 문화적 특성

정책집행은 일반사회문화와 집단 및 기관의 조직문화로부터 영향을 받는다. 국내 스포츠클럽 중 가장 많은 비중을 차지하는 종목은 축구이다. 하지만 농어촌지역인 경우 지역주민의 평균연령과 여성 비율이 높기 때문에 축구를 스포츠클럽화하여 운영하는 것에 대한 욕구가 낮을 수 있다. 노인들이 관심이 있는 스포츠활동을 찾아 프로그램을 조성해야 한다.

④ 대중매체의 관심과 여론의 지지

대중매체가 어떤 문제와 그 해결을 필요로 하는 정책에 관하여 지속해서 관심을 표명하느냐, 또는 일반 대중의 의견이 거기에 대한 긍정적인 반응을 나타내느냐에 따라 정책의 성공적인 집행이 좌우된다. 2018년 평창올림픽이 끝난 후 컬링에 대한 대중들의 관심이 커졌다. 이러한 상황에서 컬링경기장이 있는 의정부에 컬링 프로그램을 제공한다면 많은 관심과 참여가 있을 것이다.

⑤ 정책결정기관의 지원

대통령과 국회 같은 정책결정 기관은 정책집행기관에게 업무를 지시하고 집행에 필요한 각종 자원의 배분권한을 소유하고 있다는 점에서 중대한 영향요인이 된다. 우리나라의 경우 대통령의 지원 여부는 거의 결정적이라고 할 만큼 정책집행의 성공 여부와 직결된다.

2. 정책집행의 행정재량이 발생하는 요인

정책을 집행하다 보면 행정 재량이 발생하게 된다. 발생 요인은 다음과 같다. 우선 불명확한 정책의 표명이다. 공식적인 정책결정자가 완벽한 정책을 만들 수는 없기에 집행에 관한 설계와 실행계획을 행정기관에 위임하는 것이 일반적이다. 공식적인 정책결정자라 할지라도 특정 부문의 지식과 전문성이 부족할 수도 있고 시간과 비용의 제약 때문에 명확한 정책 표명이 이루어지지 않는 경우가 많다.

둘째, 모순된 정책 기준이다. 예를 들면 학교체육진흥법의 경우, 정책결정자가 학교체육 시설 및 교원 확충과 국가예산 동결이라는 두 가지 모순된 기준에 따라 학교체육을 진흥하도록 정책결정을 내릴 수 있는데, 이 경우 두 모순된 기준에 대한 절충을 행정기관에 위임하게 된다. 또한, 수도권 인구 억제 정책에 의해 수도권 학교에 대한 스포츠시설확충이 억제될 수 있지만, 보다 많은 시민에게 스포츠기회를 부여하기 위해 인구 밀도가 높은 지역 학교에 스포츠시설확충이 불가피하다고 볼 수 있다. 국회가 이러한 모순된 정책 결정을 내리게 되면 행정부 또한 수도권 인구 억제 정책을 고려하는 동시에 수도권 학교에 스포츠시설의 확충을 추진하도록 결정한다. 결국, 부처 간 협의가 이루어지기 힘들고 정책 결정이 무의미하게 되는 경우가 있다.

셋째, 상충된 지침이다. 정책을 집행하는 책임자는 여러 곳으로부터 상관의 지시를 받거나 협조를 요청하는 압력에 봉착하는 때도 있다. 정책이 특정기관, 특정부서에만 국한된 것이 아니라 여러 부서가 복합적으로 관련된 경우, 각 부처의 책임자들은 자신들에게 유리한 정책집행이 되도록 노력할 것이다.

넷째, 정책집행부 능력의 한계이다. 정책집행에 필수적인 전문성이 결여된 경우 정책집행 기관은 집행을 방치하는 경우가 있다. 과학기술이 급진전함에 따라 고도의 전문성을 요구하는 정책이 등장하고 이는 정책집행에 어려움을 준다. 그 결과 정책결정의 원래 취지를 살리지 못하고 집행이 더 수월한 새로 수정된 정책결정을 요구하는 경우도 있고, 행정 재량에 의해 새로운 정책집행이 이루어지는 경우도 있다. 정부가 노인복지를 위해 2018년부터 국정전략으로 추진하는 '포용적 복지와 지역사회 통합 돌봄 사업'이 그 예가 될 수 있다. 지역사회 통합 돌봄사업을 원활하게 추진하려면 지역사회의 인프라가 먼저 형성되어야 하고 이를 효율적으로 운영할 수 있는 집행기관의 전문성도 갖추어야 한다. 노인의 건강을 유지하기 위해서는 병원과 지역 노인복지관의 프로그램이 유기적으로 연결되고 원활하게 운영되어야 하지만 실제로 충분한 인프라는 아직 구성되어 있지 않다(원시연, 2019년 2월 7일). 노인이 살던 곳에서 개인의 욕구에 맞는 서비스를 누리기 위해서는 지역사회 차원에서 꾸준한 노력이 필요할 것이다.

다섯째, 정책집행 자원의 부족이다. 비교적 흔히 얘기되는 인적, 물적 자원의 부족 때문에 정책집행이 어렵게 되는 상황이다. 이런 상황에서는 추가 지원 결정이 필요하거나, 주어진 예산의 범위 내에서 부분적으로 목표를 달성하지 못하는 정책 왜곡의 결과가 나타날 수 있다. 그러므로 정책결정층과 정책집행층 사이에 간혹 정치적 갈등이 일어날 수 있다. 예를 들어 학교 스포츠시설을 이용하여 시민들의 스포츠참여를 높이려는 정책은 스포츠시설 활용의 어려움과 지도자 수의 불충분으로 인해 계획한 대로 집행되지 않을 수 있다.

3. 정책집행의 상황분석

정책집행 상황은 모호성(ambiguity)과 갈등(conflict)이라는 두 차원의 정도에 따라 다양하게 나타난다. 모호성이란 정책목표와 정책수단 모두에서 발생할 수 있으며, 모호성이 적어야 집행이 성공할 수 있다. 하지만 정책을 명확하게 규정할수록 갈등의 수준이 더 높아질 수 있기에 반드시 긍정적인 영향을 미치는 것은 아니다. 경우에 따라서는 모호성을 높여 다양한 해석을 가능케 함으로써 더욱 많은 정책적 지지를 얻을 수도 있다. 갈등은 명시화된 정책목표에 관련되거나, 구체화된 정책 프로그램 또는 정책수단에 관련된 것도 있다. 모호성과 갈등의 수준이 높고, 낮음의 기준으로 네 가지 집행상황이 설정될 수 있다. 메트랜드(Matland, 1995)는 이러한 네 가지 집행상황을 아래의 그림과 같이 정리하였다.

갈등

		낮음	높음
모호성	낮음	관리적 집행 (Administrative Implementation)	정치적 집행 (Political Implementation)
	높음	실험적 집행 (Experimental Implementation)	상징적 집행 (Symbolic Implementation)

그림 III-1. 정책집행의 상황

자료출처: Matland(1995); 정정길 외(2012).

모호성과 갈등의 수준이 낮은 경우는 관리적 집행, 모두 높은 경우에는 상징적 집행
이 필요할 것이다. 모호성의 수준이 낮지만 갈등 수준이 높은 경우에는 정치적 집행,
이와 반대로 갈등의 수준이 낮지만 모호성의 수준이 높은 경우는 실험적 집행이 필요
하다(정정길 외, 2012).

02
스포츠정책의 평가

정책평가는 정책을 집행한 이후에 정책이 실제로 좋은지 나쁜지를 비판적으로 검토하는 활동이다. 좀 더 구체적으로 정책의 집행과정이나 집행효과에 대해 소기의 목적을 달성하기 위해 잘 작동되고 있는지, 그리고 왜 그렇게 작동하는지를 파악하는 데 필요하다(이화여대 사회과학연구소, 2004). 그러나 대부분의 정책평가 활동들은 성과(output)나 결과(outcome)에만 집중하는 경향이 있었다. 물론 어떤 정책의 성과나 파급효과 등을 잘 분석해서, 해당 정책이 성공적이었는지, 어떤 효과가 있었는지를 판단하는 것은 매우 중요하다. 하지만 더 나아가 정책의 목표가 바람직한지 정책수단은 최선의 것이 선택되었는지도 평가해야 한다. 더욱이 경우에 따라서는 정책결정 과정이나 정책의제 설정과정이 바람직한지도 비판하게 된다. 그러므로 광의적 의미의 정책평가는 정책과정상의 모든 활동이나 모든 산물을 대상으로 수행될 수 있다(정정길 외, 2004).

정책평가의 협의적 의미는 정책이 야기한 능률성, 효과성을 측정하는 것이며 광의적 의미는 정책집행과정 등 정책체제의 여러 측면을 다방면으로 검토하는 것을 뜻한다. 정책평가의 주된 목적은 **"불확실성을 감소시키고, 이해를 증진시키자는 데 있다"**(노화준, 2015: 4)고 할 수 있는 만큼, 정책의 성과를 설명할 수 있어야 한다. 즉 정책평가는 이후 정책수반자가 각 정책과정에서 합리적인 정책결정을 내리기 위해 필요한 지식과 정보를 제공해 주는 데에 그 목적이 있다. 사업계획의 집행인이 자기활동을 새로운 관점에서 파악할 수 있고 관리상 능률을 향상시키며 행정활동의 방법을 개선시킬 수 있다. 정책평가는 정보의 분석을 통하여 사업계획의 수정, 변동과 자원의 재분배를 가능하게 한다. 특히 프로그램의 성공과 실패의 원인을 구체화, 성공을 위한 원칙 발견, 목표달성수단이나 하위목표들의 재규정 등에도 도움을 준다. 또한, 정책평가는 진행되고 있는 정책을 평가하여 존치시킬 것인가 아니면 수정 또는 종결시킬 것인가를 결정하게 하고 앞으로 채택될 정책에 대한 비판적인 안목도 제공한다. 예를 들어 노인들의 체육활동을 적극적으로 진흥시키기 위해 스포츠바우처제도를 실시하였다면 일정 시간이 지난 후 반드시 바우처제도 집행에 있어서의 평가가 진행되어야 한다. 이러한 평가과정을 통해 더욱 나은 정책 개선을 꾀할 수 있다.

정책평가의 기준에 관해서는 학자에 따라 여러 가지 견해가 제시되고 있다. 예를 들어 노력, 성과량, 성취한 일의 적정성, 능률성, 과정에 정책평가의 기준을 두기도 하고, 효과성, 충분성, 형평성, 대응성, 필요성 등을 기준으로 하고 있다. 가장 일반적인 평가기준은 다음과 같다.

① **정책목표의 달성도**(효과성) : 정책목표의 달성도를 평가 기준으로 하여 정책이 의도한 본래의 목표를 달성하였는가를 파악하는 것이다. 결과에 초점을 두며 목표의 명확성이 요구된다.

② **능률성** : 비용과 관련하여 산출의 질과 양을 파악하는 것으로 투입의 최소화에 중점을 둔다.

③ **집단에 대한 대응성** : 선택집단이 정책에 의하여 어떠한 혜택을 받았으며 이러한 혜택은 시민의 인지된 욕구에 어느 정도 반응하고 있는가를 중요시하는 기준이다. 프로그램의 적응성과 신축성이 중요시된다.

④ **체제유지도** : 정책의 목표, 구조, 기능 등이 합리주의에 근거하여 적응력, 활력을 높여 체제를 유지하는 데 어느 정도 이바지하는가 하는 제도적 활성을 기준으로 한다.

(1) 정책평가의 단계

정책평가의 단계는 다음 6단계를 거쳐 이루어진다(박경돈, 2021).

① **목표의 확인** : 정책평가를 하자면 우선 정책의 목표가 확인되어야 하는데, 정책목표의 내용을 확인할 때는 정책대상 집단, 실현시기, 목표의 수, 목표가 기초하고 있는 가치 등에 관하여 관심을 가져야 한다. 정책목표를 파악하는 방법에는 정책목표를 당면목표, 중간목표, 최종목표로 구분해 보는 방법과 정책행위자에게 정책목표가 무엇인지를 기술하게 하는 방법, 그리고 특정 정책의 결정자와 집행자가 함께 정책목표의 내

용을 식별해 내는 방법이 있다.

② 기준의 설정 : 정책목표를 확인하고 나면 목표달성의 정도를 측정하기 위한 기준을 선정하여야 한다. 정책에 의하여 야기된 변화의 판단 기준에는 정책에 내포된 기준이나, 그 정책에 대한 사회적 평가 기준인 정책적 유의성, 야기된 변화가 통계적으로 의미가 있는 것인지를 밝히는 통계적 유의성이 있다고 하겠다.

③ 인과모형의 설정 : 특정 정책이 그 목표를 어느 정도까지 달성하였나를 실증적으로 분석하기 위해서는 정책효과(policy impact)에 관한 인과모형(causal model)을 작성해야 하며 이러한 모형설정은 연구대상이 되는 모형과 관련이 있는 변수들을 선정하고, 변수 간의 관계를 설명하고, 변수 관계의 성격에 관한 명제(가설)의 설정으로 이루어진다.

④ 연구설계의 개발 : 인과모형이 작성되고 그에 따라 가설이 설정되고 나면 필요한 자료를 수집, 측정, 분석, 해석하는 일련의 과정에 대한 체계적인 계획을 수립해야 한다. 즉, 인과모형을 설정하고 가설을 정립하고 나면 그 타당성을 실험하여 검증해야 한다.

⑤ 자료의 수집 : 정책평가를 위한 자료의 수집방법으로는 면접, 설문조사, 관찰, 각종 문헌과 정부 자료 이용 등을 들 수 있다. 사용한 자료의 원천과 사용할 자료수집의 방법은 평가대상이 되는 정책의 성격, 인과모형에 포함된 변수의 종류, 연구설계에 따라 달라진다.

⑥ 자료의 분석과 해석 : 수집된 자료를 분석하는 방법은 평가대상이 되는 정책의 성격, 연구설계, 수집된 자료의 성격 등을 종합적으로 고려하여 결정한다.

(2) 정책평가의 기법

정책평가의 방법은 양적 방법과 질적 방법으로 대변할 수 있다. 질적 방법으로는 일반적으로 심층면접, 단체면접, 참여관찰, 투사법 등이 이용되고 양적 방법에는 사회실험방법이 있는데 이에 진실험, 준실험 등의 실험적 설계방법과 비실험적 설계에 의한 방법이 있다. 평가방법은 평가의 유형에 따라 달라지는데 총괄평가는 양적 방법, 과정평가는 질적 방법을 주로 활용한다.

과정평가는 도중평가, 진행평가라고도 하며 정책집행 및 활동을 분석하여 이를 근거로 더욱 효율적인 집행전략을 수립하거나 정책 내용을 수정, 변경하며 정책의 중단, 축소, 유지, 확대 여부의 결정에 도움을 준다. 또 정책효과나 부작용 등이 발생한 경로를 밝혀서 총괄평가를 보조하는 기능을 수행한다. 이러한 과정 평가는 시간적인 기준에 따라 집행도중에 집행전략이나 집행설계의 수정, 보완을 위해 수행하는 형성평가(formative evaluation)와 사후적인 과정 평가로도 나눌 수 있고, 또 평가의 내용과 목적에 따라 과정 평가와 집행평가로도 분류할 수 있다.

형성평가 또는 집행분석은 정책이 의도했던 대로 집행되었는지를 확인, 점검하는 것이다. 즉, 정책집행 활동을 그 계획에 비추어 점검하되 그 활동에 치명적인 영향을 주는 집행절차와 자원의 투입 적절성 여부, 정책대상자에의 서비스 전달, 정책의 대상영역, 법규준수 여부 등을 계획과 대비하여 점검하는 것으로 집행 활동의 설계상의 약점을 파악, 보완하고 집행담당자의 책임성을 확보하며, 성공적 집행을 위한 보다 효율적인 집행전략을 수립하게 된다. 이는 주로 프로그램을 관찰(monitoring)하는 것으로서 어디에 중점을 두느냐에 따라 세 가지로 구분된다.

첫째, 프로그램 집행 모니터링은 집행과정을 집행계획에 비추어 확인해보는 것이다. 프로그램의 투입이나 활동을 측정하고 사전에 설정한 기준과 비교함으로써 프로그램이 구체적으로 지정된 시간에 지정된 대상 모집단에 도달되고 수행되는지를 평가하는 것이다.

둘째, 프로그램 성과모니터링은 집행 활동의 결과인 산출 또는 성과를 주기적으로 점검하는 것이다. 프로그램의 투입 활동이나 산출물들이 사전에 기대되었던 성과를 나타냈는지를 평가하는 것으로 현재의 상태에 대한 정보를 산출·제공하여 프로그램의 집행과정에서 프로그램의 활동을 분석한다.

셋째, 균형성 모니터링은 관련된 단위 사업 간의 균형적인 추진 여부, 적시 추진 여부, 적합성 등을 평가하는 것이다.

총괄평가는 정책이 집행되고 난 후에 의도한 정책효과가 실제로 발생했는지를 확인하고 검토하는 것이다. 정책의 영향에는 정책이 당초에 의도했던, 그리고 의도하지 않았던 효과와 부작용, 비용, 현재뿐만 아니라 장래에 나타날 효과 등이 포함된다. 이러한 총괄평가에서는 정책실험을 통하여 정책이 미친 영향과 정책이 아닌 다른 요인이 미친 영향을 분리해 내는 방법이 중요하다.

(3) 정책평가의 타당도와 이의 저해요인

정책평가란 특정 정책수단이 어떤 결과를 가져 왔는지에 대한 인과적 추론을 하는 것인데 이를 위하여 정책평가자는 정책효과에 대한 타당성이 높은 정보를 얻어내고자 한다. 타당성이란 측정이나 절차가 그것이 목표로 내세운 것을 제대로 달성했느냐 하는 정도를 나타내는 것이다. 마찬가지로 정책평가의 타당성은 정책평가가 정책의 효과를 얼마나 진실에 가깝게 추정해 내고 있느냐 하는 정도를 나타내는 개념이라 할 수 있다. 정책평가에서의 타당성 문제는 다음과 같이 네 가지로 구분할 수 있다(정정길 외 2020).

첫째, 구성적 타당성(construct validity) : 처리, 결과, 모집단 및 상황들에 대한 이론적 구성요소들이 성공적으로 조작된 정도를 의미한다.

둘째, 통계적 결론의 타당성(statistical conclusion validity) : 만일 정책이 결과가 존재하고 이것이 제대로 조작되었다고 할 때 이에 대한 효과를 찾아낼 만큼 충분히 정밀하고 강력하게 연구 설계가 이루어진 정도를 의미한다.

셋째, 내적 타당성(internal validity) : 조작된 결과에 대하여 찾아낸 효과가 다른 경쟁적인 원인들에 의해서라기보다는 조작된 처리에서 기인한 것이라고 볼 수 있는 정도를 의미한다.

넷째, 외적 타당성(external validity) : 조작된 구성요소들 가운데에서 우리가 관찰한 효과들이 애초의 연구가설에 구체화한 그것들 이외의 다른 이론적 구성요소(theoretical constructs)까지도 일반화될 수 있는 정도를 의미한다.

구성적 타당성과 통계적 결론의 타당성은 주로 통계 및 연구방법론에서 취급되는 내용이므로, 여기에서는 내적 타당성과 외적 타당성에 대해서만 살펴보기로 한다.

① 내적타당성과 이의 저해요인

내적타당성은 처치와 결과 간의 관찰된 관계로부터 도달하게 된 인과적 결론의 적합성 정도를 나타내는 것이다. 내적 타당성을 위태롭게 하는 요소들은 평가연구 수행에 대하여 외재적인 요소들과 평가연구를 수행하는 과정에서 결과에 스며들어 가는 내재적 요소들로 구분될 수 있다.

외재적인 요소란 처치집단과 비교집단을 구성할 때 두 집단에서 서로 다른 개인들을 선발하여 할당함으로써 오게 될지도 모르는 가능한 편견(biases)이다. 이것을 선발요소라고 부르기도 한다. 만일 서로 다른 대상들이 처치집단과 비교집단에 배정될 때 무작위적으로 배정되지 않는 경우, 우리는 처치 효과가 없는 경우에도 결론의 측정에서 두 집단 간 차이가 나타날 것을 기대할 수 있다. 만일 어떤 프로그램에 참여할 것인지 아닌지를 개인 스스로 결정하게 할 때는 이런 선발 효과가 특히 두드러지게 나타나 문제가 된다.

내적 타당성을 위협하는 내재적인 요소들은 외재적인 요소들과는 반대로 처치를 하는 동안에 일어나는 변화이다. 다음에 열거하는 요소들은 인과적 추론의 타당성을 저하시킬 수 있는 주요한 내재적 요소들이다.

첫째, 역사적 요소(history) 또는 사건효과 : 역사적 요소란 연구 기간에 일어나는 사건이 개인이나 집단에 작용하여 대상(target)변수에 큰 영향을 미치는 경우이다. 프로그램을 집행하기 전과 후에 측정하는데, 이때 그 기간이 길면 길수록 역사적 사건이 나타나게 될 확률은 더욱 높아진다.

둘째, 성숙효과(maturation) : 이는 평가에 동원된 집단 구성원들이 정책의 효과와는 관계없이 스스로 성장함으로써 나타날 수 있는 효과이다. 관찰 기간이 길면 길수록 성숙 효과가 나타날 가능성이 크다.

셋째, 상실요소(experimental mortality) : 연구대상들이 연구 기간에 이사, 전보 등으로 변화를 보였을 때 나타난다. 연구대상들이 처치집단과 비교집단에서 서로 다른 성격과 비율로 탈락한다면 이들 두 집단의 구성을 처음과 다르게 함으로써 결과에 대한 잠재적 편견의 원천이 될 수 있다.

넷째, 측정요소(testing) : 측정 그 자체가 연구 과정에 영향을 줄 수 있다. 사람들이 자신이 측정 대상이라는 사실을 감지하게 되면 의도적인 행위나 무의식적인 반응이 수반될 수 있으므로 정확한 측정이 이루어지기 어렵다.

다섯째, 회귀인공요소(regression artifact) : 실험 직전의 측정결과를 토대로 집단을 구성할 때, 평소와는 달리 유별나게 좋거나 나쁜 결과를 얻는 사람들이 선발되는 수가 있다. 이런 사람들은 실험이 진행되는 동안 자신의 원래 상태로 돌아가는 경향을 나타내는데 그렇게 되면 측정결과에 대한 해석이 제대로 될 수 없다.

여섯째, 측정 도구의 변화(instrumentation) : 측정 도구의 변화란 정책이나 프로그램의 집행 전과 집행 후 측정하는 절차나 측정 도구가 변화되는 것을 말한다. 이처럼 평가대상에 대한 측정절차나 측정 도구가 동일하지 않으면 나타난 변화가 정책의 효과에서 기인한 것인지, 아니면 단지 측정도구나 절차가 달라짐에 따라 나타난 것인지 구분이 애매하게 된다.

일곱째, 모방효과 : 통제집단의 구성원이 의식적·무의식적으로 실험집단의 의견, 생각, 형태를 모방하는 것으로 일종의 오염 현상이다. 이 경우 결과가 왜곡될 수밖에 없다.

② 외적타당성과 이의 저해요인

외적 타당성은 어떤 특정한 상황에서 내적 타당성을 확보한 정책평가가 다른 상황에도 그대로 적용될 수 있는 정도를 의미한다. 다시 말하면 특정 시기에, 특정집단을 대상으로, 특정 상황에서 연구한 결과를 다른 대상, 다른 시기, 다른 환경에 일반화시킬 수 있는지를 말하는 것이며 평가결과의 일반이론화와 관련된다. 이러한 외적 타당성을 저하시킬 수 있는 대표적인 요인은 호오돈 효과(Howthorne effect)이다. 이는 실험집단 구성원이 자신이 실험대상이라는 사실을 인지하여 평소와는 다른 행동을 하는 현상을 말하며 이러한 현상이 나타나면 실험결과는 일반화되기 어렵다. 1927년 호오돈 실험 중에 밝혀진 현상이라 하여 호오돈 효과라 부른다.

(4) 정책평가의 한계

정책평가는 정책결정에 비하면 아직 소홀히 취급되고 있고 그 수준도 열악하다. 특히 우리의 경우 평가의 과학적 전문성이나 인력·시설 면에서 매우 취약하며, 평가결과가 실제 정책담당자에 의해 적용되지도 못하고 있다. 일반적으로 정책평가는 기술적으로도 훌륭히 이루어지기 어려우며, 다음과 같은 구체적인 한계를 지닌다.

① 방법론상의 한계 : 공공부문에서는 민주성, 형평성, 대응성, 공익성 등의 추상적 가치를 추구하므로 계량적 평가보다는 규범적 평가를 하게 될 경우가 많다. 방법론상 다른 접근은 성과의 평가에 영향을 미친다. 또한, 평가시점을 언제로 한 것인지에 따라 평가결과가 달라질 수도 있다.

② 인과관계의 입증 곤란 : 공공부문에서는 정책효과의 원인과 결과 간의 인과성 규명이 쉽지 않다. 예를 들어 생활체육의 활성화를 통해 국민의 건강 향상과 평균연령 증진에 긍정적인 영향을 미쳤다고는 볼 수 있으나, 의료기술의 발달, 생활 수준의 향상 등의 다른 요소들도 영향을 미치고 있으므로 생활체육이 국민의 건강에 미친 영향의

정도를 정확하게 평가하기 어렵다.

③ **정책목표의 무형성과 유동성** : 공공부문은 무형적인 복수의 목표를 가진 경우가 많다. 정책목표가 무형적·유동적이거나 불확실할 때 객관적인 평가는 어려워진다.

④ **정책영향의 확산** : 정책의 대상영역이 매우 광범위하여 통제집단의 선정이 어렵고, 애초 대상집단이 아닌 집단에 대한 확산효과 등을 평가하기 어렵다. 예를 들어 서울의 한 구에서 지역 주민을 위해 소공원을 조성하였다면 그 지역구가 아닌 다른 지역 주민들도 이용할 수 있을 것이고, 그러한 효과에 대해 정확하게 평가해 내기 어렵다.

⑤ **관료들의 저항과 비협조** : 평가가 가져올 정치적 결과에 대한 두려움으로 관료들이 자료접근 등을 봉쇄하거나 비협조적인 태도를 보이는 예도 있다.

⑥ **평가결과의 활용 미흡** : 평가 자체에만 집중하고 그 결과를 결정자가 활용하는 문제에 대해서는 소홀히 하며, 평가결과가 이용자 지향적이지 못하다. 따라서 정책평가 결과를 행정관리 도구로 활용하지 못하고 있다.

03
정책의 변동과 환류

정책과정에서는 끊임없이 환류가 일어나게 된다. 과정평가에서 얻은 정보는 바람직한 정책집행전략을 수립하는 데에 활용되나, 총괄평가에서 얻는 결과적 정보는 다음 정책결정과정에 환류된다. 예컨대 총괄평가에서 정책효과가 없는 것으로 밝혀지면 그 정책이나 사업은 종결되는 것이다. 정책체제의 환경이 변동되어 문제의 성격이 변하게 되고, 또 정책집행의 결과로 나타난 정책효과나 기타 영향(impact)이 문제를 변화시킬 수도 있다. 어쨌든 이러한 문제의 변화는 정책결정 중, 정책집행 중, 평가도중 또는 평가 후에 인지, 파악되고 이것이 환류되어 결과적으로 정책의 변동을 일으키게 되는 것이다. 정책의 변동은 그 정책내용의 변동만이 아니라 정책집행방법에 이르기까지, 종결만이 아니라 집행단계에서 일어나는 것도 포함된다. 그러나 정책변동에서의 초점은 역시 정책종결이다(남궁근, 2021).

1. 정책변동의 유형

정책변동의 유형과 원인은 크게 3가지로 나눌 수 있다. 정책종결(policy termination), 정책승계(policy succession), 정책유지(policy maintenance)이다. 여기에 정책혁신(policy innovation)을 합하여 4가지가 정책변동의 전형적 유형이라 할 수 있다. 처음 정책이 만들어지면 환경에 변화가 있어도 정책내용을 변화에 적응시켜 수정, 보완하여 '정책유지'의 형태로 그 기본골격을 유지하다가 변화가 누적되면 '정책승계'로써 정책을 대폭으로 수정, 변경하거나 그것으로 부족하면 정책을 완전히 새로운 것으로 대체하게 된다. 이렇게 승계된 정책은 다시 변화에 적응하면서 유지되어 나간다. 한편 환경의 변화에 따라 필요 없는 정책으로 판단되면 폐지되어 '정책종결'된다.

① **정책혁신(새로운 정책의 결정)** : 이것은 정부가 관여하지 않고 있던 분야에 개입하기 위해 새로운 정책을 결정하는 것을 의미한다. 이제까지 그 분야에 대한 정부의 개입이 없었기 때문에 하나의 정책이 완전히 새로 만들어지는 것이며 엄격하게 보면 정책의 '변동(change)'이 아니라 '새로운 정책을 처음으로 만드는 것'이지만, 다른 변동과 비교하기 위해 논의하는 것이다. 정부에서 과거에는 노인만을 대상으로 하는 생활체육 정책안을 만들지 않았으나, 노령화시대에 접어들고 노인 인구에 대한 정책 수요가 높아지면서 정부 차원에서 노인 생활체육 정책들이 다수 수행되고 있다.

② **정책유지** : 정책의 기본방향 특성을 그대로 존속시키는 것을 말한다. 예산 규모, 집행절차 등 사소한 사항은 변경되어도 정책의 기본노선이 불변한다면 이 경우 역시 정책유지에 포함된다.

③ **정책승계(정책수정)** : 현존하는 정책의 기본적 성격을 바꾸어 수정하는 것으로 정책의 중요한 일부를 없애거나 새로운 부분을 추가하는 경우 또는 기존의 정책을 없애고 완전히 대체하는 경우 등을 포함한다. 어느 경우이거나 기본 정책목표는 변하지 않기 때문에 정책승계라고 부르고, 이 점에서 정책종결이나 정책혁신과는 차이가 있다. 또 정책목표는 변화되지 않지만, 정책수단인 사업이나 사업을 담당하는 조직, 예산 항목에서 중대한 변화가 일어난다는 점에서 정책유지와도 다르다. 정부의 스포츠 패러다임이 변화하면 관련 정책이 함께 변화한다. 과거 국가스포츠정책 중 엘리트스포츠에 대한 비중이 높았고 관련 예산의 비중도 컸으나, 생활체육이나 스포츠복지로 패러다임이 전환되었기에 엘리트스포츠 정책은 어느 정도 유지는 되겠지만, 조직과 예산의 변화에서 변화가 발생할 수 있다.

④ **정책종결** : 정책목표가 완전히 달성되었거나 달성 불가능한 경우 현존하는 정책을 완전히 소멸시키는 것으로 정책수단이 되는 사업이나 이들을 지원하는 인력과 예산이 완전히 소멸하고 이들을 대체할 다른 정책도 결정되지 않는 경우이다. 동·하계 올림픽이나 월드컵대회와 같은 메가 스포츠이벤트를 국내에서 유치하기 위해서는 여러 정책이 수행되고 특별법까지 제정된다. 하지만 경기대회가 끝나면 이러한 정책이나 특별법은 종결하게 된다.

2. 정책변동의 발생원인

합리적으로 정책변동이 이루어진다면 다음과 같은 인과관계가 성립될 것이다. 즉, 문제의 소멸→정책종결, 문제의 변질→정책승계, 문제의 지속→정책유지, 새로운 문제등장→정책혁신이다. 그러나 일반적인 정책변동의 원인은 다음과 같다.

정책환경의 변화는 원래 정치체제에 대한 투입의 변화를 가져오는데, 이 투입에는 두 가지의 경우가 있다.

① **정책문제의 변화와 요구의 변화** : 원래 정책문제의 해결을 목표로 하는 치료적 목표의 경우에는 문제가 변화하면 문제를 해결하기 위한 정책내용도 변화할 것을 관련 집단들에게 요구하게 된다. 문제의 변화는 보통 환경의 변화에서 기인하거나 정책의 효과나 영향에 의한 경우가 대부분이다.

② **자원의 변화와 지지의 변화** : 국민소득 수준이나 경제사정이 나빠지면 정부예산이 축소되고 정책일부의 폐지가 불가피해진다. 또한 대중영합주의(populism)적 정책들은 이를 집행한 정부가 물러나면 소멸하게 된다. 이것이 바로 정책문제를 일으킨 환경의 소멸 즉, 환경적 엔트로피(entropy)다.

논리적으로 보면 정책의 내용이 잘못 결정된 경우에는 당연히 정책은 변동되어야 한다. 선진국에서는 사실 그런 경우가 많다. 또 약간의 잘못이 있는 경우에는 집행과정에서 수정, 보완되는 정책유지의 방법이 사용되며 이 또한 크게 문제가 되지 않는다. 그러나 후진국에서는 흔히 정치적 목적과 결부된 정책이 그 실질적 목적 면에서 타당성에 대한 논란이 있으므로 문제가 발생한다. 일반적으로 후진국에서도 정책의 내용상 오류가 있다 하더라도 그 자체만으로 정책변동이 일어나지는 않지만, 정책환경의 변화와 결합하면 커다란 변동이 일어날 수 있다. 또한, 조직이 지닌 대외적 이미지의 약화나 취약성, 조직지도층의 리더십 약화, 내부적 갈등의 심화 등 정치적 취약성이 그 조직의 정책을 종결 또는 축소하는 데 커다란 영향을 미치게 된다.

3. 정책종결

정책종결(policy termination)이란 기존정책에 대한 의도적인 결정·집행으로, 정책이나 사업의 대체 필요성이 발생할 때 일어나는 기능적 종결과 기구의 제도적인 정비인 구조적 종결을 포함한다.

　정책종결이 정책형성으로서의 성격을 갖는 것과 관련하여 정치적 역동성을 내포한다는 것은 그에 대한 저항의 원인과 대응전략을 모색하는 데 중요한 의미를 지닌다. 정책종결과정은 다양한 관점을 가진 이해관계인이 참여하여 대단히 복잡하고 역동적인 정치과정을 형성하며, 이러한 정치적 역동성은 정책형성과정보다 범위는 좁지만, 그 정도는 훨씬 강하다. 따라서 강력한 저항이 많이 나타나서 효율적인 정책종결의 수행을 어렵게 하는 예도 있다. 정책종결은 소극적이며 부정적으로 여겨지는 정책을 합리성의 관점에서 보아 종식하고, 더욱 바람직한 새 정책으로 수정 또는 대치시키는 정책의 재형성, 대치를 의미한다. 정책문제의 완전한 해결이나 제거가 현실적으로 불가능하므로 정책종결은 정책 재형성 또는 정책 대치의 형태로 나타난다는 점에서 그것은 하나의 순환적 과정이라 할 수 있다(박경돈, 2021).

04
스포츠정책 평가의 사례

정부 각 부처는 정기적으로 정책평가보고서를 발간하여 예산이 얼마나 들었는지, 수급자 현황은 어떠한지, 정책의 효과는 어떠했는지를 밝히고 있다. 이에 2017년 스포츠클럽의 활성화를 위한 정책에 대한 문체부 자체평가를 분석하고자 한다. 다음은 문체부가 2018년 1월에 발행한 '2017년도 문화체육관광부 자체평가 결과보고서'의 내용을 정리한 것이다(문체부, 2018). 문체부는 '학생 스포츠참여 제고'라는 명칭으로 2017년 스포츠정책을 수행하였다. 우선 문체부 자체평가의 총평은 다음과 같다.

초등학교 스포츠강사 배치 지원, 방과 후 스포츠프로그램 운영, 학교스포츠클럽대회 지원 등 사업을 적극적으로 추진하여 정규수업으로 부족한 학생들의 스포츠참여 수요를 맞추고, 학생 건강 체력 증진과 스포츠를 통한 사회성과 협동심 함양으로 활기찬 학교 분위기 조성에 기여하였음(문체부, 2018).

우선 총평에 나타나는 문체부의 자체평가는 긍정적으로 보인다. 이어서 주요 성과들을 제시하였다. 첫째, "전국 초등학교에 스포츠강사(2,020명)를 배치하여 초등학교 체육수업 활성화 및 학생의 체력 증진에 이바지하였으며, 스포츠강사제도의 수혜자인 학생들의 만족도는 96.5점으로 목표치인 92.4점을 웃돌았다"고 적시하였다. 또한, 초등학교 스포츠강사에 대한 계약 기간 연장 등 처우 개선을 추진하여 초등 스포츠강사 고용의 안정을 통한 체육수업 내실화 제고에 이바지하고 있다고 평가하였다. 그러나 스포츠강사제도의 추진속도는 상당히 늦다. 스포츠강사제도는 '체육 보조강사'라는 명칭으로 2008년 9월 문화체육관광부 주관하에 학교체육 활성화 방안으로 시범 도입되었으며, 2009년부터 교육과학기술부와 문화체육관광부의 MOU를 통해 2012년까지 추진하는 것으로 되어 있었다. 이후 본 사업의 효과와 학교체육 활성화의 시대적 요청에 따라, 2010년 9월 30일 '초, 중등 학교체육 활성화 방안'으로 2015년까지 2,500명으로 확대 배치토록 사업계획이 확대되었다. 2011년 7월에는 문체부와 교과부에서 2012년에 전국의 초등학교 5,854개교와 특수학교 150개교, 총 6,004개교에 스포츠강사를 전면 배치하겠다고 언급하였다. 하지만 2011년 10월 발표한 바로는 2012년 스포츠강사의 임금은 2011년과 똑같이 동결된 상황이었다(스포츠둥지, 2012. 2. 1). 이후로도 별다른 변화 없이 추진되었고 2017년도에도 변동이 없었다.

둘째, "토요일을 활용한 '방과 후 스포츠프로그램' 지원을 통해 교내 스포츠프로그램을 다양화하고 학교에서 운영될 수 없는 스포츠 종목인 볼링, 수영, 승마 등에 대한 학생 수혜자의 수요와 호기심을 충족시키고 스포츠활동에 대한 흥미를 끌어냈다"라고 평가하고 있다. 스포츠프로그램은 교내 프로그램으로 초, 중, 고 4,539개교에서 약 180만 명이 참가하였고, 교외 프로그램에는 854개 학교에서 약 33만 명이 참가하였다.

셋째, "일반 학생들의 스포츠클럽 활동 지원을 통해 체육참여 동기부여 및 우수학생의 전문선수 성장기회 제공하였다"라고 평가하였다. 이에 대해 스포츠클럽 지역대회 219종목 대회를 개최하였고 26만여 명 학생이 참가하였다는 결과물을 제시하였다.

문체부가 '학생 스포츠참여 제고' 정책을 집행하면서 지적한 미흡했던 부분과 그 원인분석 결과는 다음과 같다. 첫째, '초등스포츠강사 배치 지원' 사업은 사업 자체에 대한 학생의 만족도는 높으나 시·도교육청의 지방비 확보가 계획 대비 저조하여 애초 목표치인 2,600명보다 낮은 인원 2,020명을 채용하는 데 그쳤다. 이에 대해 교육부 및 시·도 교육청과 지속해서 협의하였으나, 지방 교육 재정 부족으로 강사 인원 확대에 한계가 있었기 때문이었다. 인원의 배치 수도 문제이지만 그것보다 더 심각한 문제는 스포츠강사의 처우 개선일 것이다. 학교에서 교직원이 아닌 비정규직으로 불안한 직업 환경에서 학생들을 지도하고 있다.

이에 따른 개선 보안 및 필요사항은 첫째, 초등학교 스포츠강사 증원은 어려운 상황으로 학교체육 활성화의 안정적 주진을 위해 성규 체육전담인력 충원 검도가 필요한 것으로 평가되었고, 이 사업은 청년 일자리 창출, 취약계층 우선선발이라는 애초 정책적 목표달성에는 분명 한계를 드러났다. 교육직인 스포츠강사와 취약계층 우선선발과 무슨 관련이 있는지 의문이 드는 것도 사실이다.

문체부 자체 평가지표별 평가결과는 표 III-1와 같다. 문체부 자체 평가결과를 평가

항목별로 세부적으로 살펴보도록 하자. 먼저 정책집행 항목에서 평가지수는 집행이행도였으며 평점 근거를 '초등학교 스포츠강사 채용, 배치 등 전반적 사업계획을 원활하게 충실히 추진'하였고 결과는 완수라고 평가하였다. 하지만 언급했듯이 초등학교 스포츠강사는 기존의 채용 목표를 채우지 못했다. 또한, 배치에 있어 학생을 직접 가르치는 교원임에도 불구하고 비정규직은 물론 임금도 거의 동결된 상태였다. 전반적 사업을 원활히 추진하였다는 것 역시 '충실히'라는 평을 받을 수 있는지 의문이다. 이러한 부정적인 정책평가를 보면 더욱 명확해진다. 성과지표, 목표달성도, 적극성의 평가지표에서는 동일종목 중복지원 불가, 지속적 동기부여 부족 등이 나타났다. 이러한 문제점을 차기 연도에 어떻게 해결할 것인가에 대해 아무런 대책이 없기에 정책 환류에도 '우수'라는 평가를 받았다는 것은 왠지 불합리하다고 보인다.

표 III-1. 문체부 '학생 스포츠참여 제고' 정책 평가지표별 평가결과

평가항목	평가지표	결과	평점근거 및 제언
정책집행	집행이행도	완수	○초등학교 스포츠강사 채용, 배치 등 전반적 사업계획을 원활하게 충실히 추진
정책효과	성과지표 목표 달성도, 적극성	보통	○초등학교 스포츠강사 수혜자 만족도 성과지표의 목표치는 목표치를 초과하였으나, 방과 후 스포츠프로그램 수혜자 만족도 성과지표는 동일종목 중복지원 불가, 지속적 동기부여 부족 등의 사유로 일부 미달성
	정책 효과성	보통 우수 우수	○체육수업의 내실화 및 학생들의 체력 증진, 설문조사 결과, 학교 분위기 형성 등에 기여하였을 뿐만 아니라 학생들의 교우관계, 폭력예방, 스트레스 해소, 학업태도 개선 등에도 만족할 만한 효과를 형성하고 있다고 보이며, 또한, 학교체육 활성화 및 여가선용 지원 등을 통해 국정과제와 상위과제의 목표달성에 기여하고 있다고 보임
정책환류	평과결과 환류 노력도	우수	○정책 대상자, 전문가 등 사업 관련 관계자의 의견을 다양한 경로를 통해 수렴한 것으로 판단됨
	환류이행-현장의 견수렴 및 반영	우수	○국정과제인 스포츠강사에 대한 처우개선안 이행을 위해 현장의견수렴을 위한 조치를 하였으며, 협업을 통한 예산확보 노력 등 반영을 위한 조치를 하였음

자료출처: 문체부(2018). 2017년도 문화체육관광부 자체평가 결과보고서

◎ 연 구 문 제

① 정책집행의 일반적인 개념은 무엇인가.

② 정책집행에 행정재량이 발생하는 구체적인 원인에 대하여 설명하라.

③ 정책평가의 6단계에 대하여 설명하라

④ 정책의 종결이란 무엇인가?

※ 참고문헌

권기헌(2018). 정책학 강의. 박영사.

남궁근(2021). 정책학. 법문사.

노화준(2015). 정책평가론. 법문사.

문화체육관광부(2018). 2017년도 문화체육관광부 자체평가 결과보고서.

박경돈(2021). 정책학. 윤영사.

원시연(2019년 2월 7일). 지역사회 통합 돌봄 기본계획 안. 이슈와 논점. 국회입법조사처.

이다치 유키오, 김항규옮김(1992). 정책과 가치. 대영문화사.

이성록(2010). 갈등관리론. 미디어숲.

이화여대 사회과학연구소(2004). 사회과학의 이해. 이화여대 출판부.

정정길, 성규탁, 이장, 이윤식(2004). 정책평가. 법영사.

정정길, 최종원, 이시원, 정준금, 정광호(2012) 정책학원론. 대명출판사

정정길, 이시원, 최종원, 정준금, 권혁주, 김성수, 문명재, 정광호(2020). 정책학원론. 대명출판사.

주성수(2018). 복지국가와 복지정책. 한양대학교 출판부.

한석태(2013). 정책학개론. 대영문화사.

Randall B. Ripley, Grace A. Franklin(1982). Bureaucracy and Policy Implementation. Dorsey Press

Matland, R. E.(1995). Synthesizing the Implementation Literature. Journal of Public Administration Research and Theory. 5(2).

제 4 장

:

스포츠정책 원리의 준거

본 장에서는 정책을 수립하는 데 있어서 준거의 원리와 이에 대한 이론적 배경에 대해 살펴볼 것이다. 어떠한 문제와 상황에 대해 성과 있는 논쟁이 가능하기 위해서는 기본적 수준에서 최소한의 합의나 틀이 논쟁 당사자 사이에 공유되어야 한다. 그러한 공통 이해가 있을 때 비로소 우리는 그것을 거점으로써 한 발자국씩 합의를 이룰 수 있다. 정책의 옳고 그름, 적절함의 정도를 판정하기 위한 공통의 척도가 아무것도 없다면, 정책을 둘러싼 논쟁은 끝없이 진행될 것이다. 그래서 어떠한 스포츠관련 이슈나 문제를 해결하기 위해 다양한 정책들이 제기되었다면 그중에서 바람직한 정책을 판별하기 위한 기준이 있을 것이다. 이러한 기준을 가리켜 '정책 원리'라고 한다. 우리나라와 같은 자유민주주의 국가에서는 정책의 원리에 있어 가장 먼저 고려해야 할 사항은 평등과 개인의 자유일 것이다.

개인의 **자유**는 최대한 존중되어야 하는 가치이다. 기존의 상황이 동일하다면 자유의 보호, 확대에 이바지하는 정책은 일반적으로 그만큼 바람직한 정책이고, 그 반대로 자유를 축소 혹은 침해할 우려가 있는 정책은 그 정도에 따라 바람직하지 않은 정책이라 할 수 있다. 즉 국민 개개인이 자기 삶의 질 향상과 건강을 위하여 자유롭게 스포츠 활동을 즐길 수 있어야 한다. 하지만 실제적으로 정책을 수립에 있어서 개인의 자유과 사회의 이익이 대립되는 경우는 끊임없이 발생한다. 코로나19(COVID-19)로 인하여 몇몇의 스포츠활동이 제한되었던 것을 예를 들 수 있다. 무엇이 우선되어야 하는가는 사안마다 충분한 논의가 필요하다. 또한, 사회 구성원 사이의 부당한 격차(불평등)는 반드시 시정되어야 한다. 따라서 부당한 격차의 시정에 기여하는 **평등** 정책은 그만큼 바람직한 정책이고, 그에 역행하는 정책은 그 정도에 따라 바람직하지 않다고 할 수 있다. 최근 공공스포츠클럽을 확대하는 정책에 있어서 주요한 목적은 바로 '누구나 쉽고 저렴하고 수준 높은 스포츠활동을 즐길 수 있는 환경을 조성'하는 것이다. 즉 평등의 가치를 내세운 스포츠정책이라 할 수 있다.

자유와 평등 외에도 합의된 여러 이념이 오늘날 정책원리로서의 지위를 가지고 있다. 그러한 정치적 이념을 될 수 있는 한 많이 발견하여 체계화하고, 더 나아가 시대 상황의 변화에 따라서 그 목록과 내용에 부단한 재검토를 하는 것이 중요하다. 이러한 정책원리 중에 합의되고 기준이 되는 것이 공익일 것이다. 이외에도 공정으로의 정의도 중요한 기준이며, 동양의 정의 또는 도덕적 덕목인 맹자의 사단도 중요한 정책원리의 기준이 될 것이다.

01
공 익

더욱 나은 사회를 조성하는 데 필요한 대안들을 만들고 이 중에서 어떠한 대안을 정책으로 수립할 것인가를 평가하는 과정에서 대안 간에 대립이 발생한다. 그것을 해결하기 위해 가치 또는 평가기준이 확립되어야 하면, 이를 통해 정당성의 근거를 부여할 수 있을 것이다. 고대 플라톤, 아리스토텔레스 시대 이후, 수많은 철학자나 정치이론가가 정치이론의 평가 기준(정치, 사회의 기본적 틀이나 정책에 관한 모든 주장의 옳고 그름, 적절함의 정도) 그리고 그것이 가능한 궁극의 척도를 탐구하고, 정식화하려고 노력하였다. 19세기 영국에서 벤담(Jeremy Bentham, 1748~1832), 제임스 밀(James Mill, 1773~1836), 존 스튜어트 밀(John Stuart Mill, 1806~1873) 등을 중심으로 전개된 공리주의는 근대사회 정책수립의 바탕을 이루었다. 공리주의를 통해 정책적 가치기준으로 확립된 것이 '공익(public interest)'이며, 이는 현대사회의 정책에 있어서 기본이 되는 가치 기준이다.

국가가 정책을 수립할 때 그 목적은 마땅히 공공성을 지니고 있어야 할 것이며, 그것은 공공정책이 의당 갖게 되는 도덕적 바탕이라 할 것이다. 국민 대다수가 요구하는 것, 즉 공공복리의 증진 즉 공익이라는 목표의 추구는 원칙적으로 공공정책의 전제가 되어야 한다. 일반적으로 공익이라는 개념에는 크게 두 가지 관점이 존재한다. 첫 번째는 '**절차로서의 공익**'이며, 둘째는 '**실체로서의 공익**'이나. 역사적으로 공익에 관한 논의가 지속되고 있지만 두 관점의 대립은 지금도 해소되지 않고 있다. 1950년대의 벤틀리(Arthur F. Bentley)와 트루먼(David B. Truman)은 공익의 개념에 대한 전통적 이해를 흔들어 놓았다. 두 사람은 사적, 특수적 이익으로부터 엄연히 구별되는 사회 전체의 (혹은 사회 구성원 모두에게 공유된) 이익 등은 실제 존재하지 않는 것이며, 공익이 정부의 정책에 있어 평가의 기준이어야 한다는 것은 망상이라고 단정하였다.

벤틀리의 인식은 다음의 인용 부분에 명확히 나타나 있다. "사회 전반의 이익 등으로 칭하는 집단 이익을 우리는 결코 발견하지 못할 것이다. 어떤 집단이든 사회 전반적인 집단은 없으며, 다른 집단에 속하는 사람들의 제반 활동에 저촉하지 않는 정책은 하나도 없다. 이는 사회 그 자체가 여러 집단의 합성물로 구성되기 때문이다." 같은 의미로 트루먼은 모든 사람에게 이익이 갈 수 있는 포괄적인 이익을 고려할 필요가 없다고 했다. 왜냐하면, 이러한 이익은 실제로 존재하지 않기 때문이다. 즉 절차로서의 공익이란 국가를 구성하는 모든 사적인 이익(private interest)의 총합이거나 사익 간 타협의 산물이다. 이는 공익을 공리주의 입장에서 이해하고 있는 것으로, 이와 같은 관점에서는 절대적인 공익이란 있을 수 없으며 국가의 구성원이 가진 사익을 기준으로 공익의 개념을 규정하게 된다.

즉 국가 구성원 개인의 이익을 극대화하는 것이 공익이라고 보는 견해이다(이계만, 안병철, 2011). 이러한 처지에서 볼 때, 사익보다 절대적 우위에 있으며 초월적이고 절대적인 것으로 간주되는 실질적인 공익 개념은 존재하지 않으며, 공익이란 상대적이고 다원적인 것이라 사익과의 경합 시 그 당시의 사회적 가치를 반영하고 다른 가치와 비교했을 때 상대적으로 우월한, 법적으로 실현되어야 할 이익일 뿐 특정한 개념을 갖는 것은 아니라는 의미다. 결국, 국가는 개개인이 모여 공동체를 이루고 법률로서 권한과 의무를 정한 것이므로 공익 또한 이러한 측면에서 이해되어야 한다는 점에서 절차로서의 공익은 타당성을 지니고 있다.

실체로서의 공익은 국가를 구성하는 개인의 이익이나 그 총합을 넘어서서 추구해야 할 절대적인 가치가 존재한다고 보는 관점이다. 즉 진정한 공익이 존재한다고 보는 관점으로, 국가에 존재하는 모든 가치를 포괄하는 절대적인 선이 존재한다고 믿으며 국가정책이 지향해야 하는 최고선이 공익이라고 본다. 이 관점은 사회질서를 개인의 욕망이나 이익추구에 의존할 경우 전체의 이익에 도달하기 어렵기 때문에 제도나 규칙을 통해 이를 통제할 수 있어야 한다고 주장한다(이경원, 김정화, 2011). 실체로서의 공익에서는 공익을 능가하는 사익이란 존재할 수 없기 때문에 실체하는 공익을 보호하는 제도나 규칙이 중요해지는 것이다. 공동체의 안위나 보호, 행복추구 등을 위해 공익과 사익이 충돌할 때 현실에서는 사익을 적절히 통제한다. 이런 점에서 실체로서의 공익 역시 나름의 타당성을 지닌다.

현대사회에 있어 공익은 국민 모두를 위한 이익도 아니고, 정책을 포함한 모든 정부 행위가 공익일 수도 없다. 예를 들면, 오랫동안 차별의 대상이 되었고, 지금도 여전히 열악한 사회, 경제적 여건에 처해 있는 특정 사회집단이나 인종집단을 위해 특별한 배려, 즉 고등 교육기관에의 입학이나 고용상의 우대조치를 추구하려 하는 정부의 정책은 공익, 적어도 여기에 제시된 국민 모두를 위한 공익의 관점에서는 어긋나는 것이다. 그러나 정부가 그러한 정책을 추구해야 하는 것은 공익과는 다른 정치이념, 예를 들면 보상(보상적 정의)이나 평등 등의 원리에 대한 배려에서이다. 예를 들어 농어촌 학생, 장애인 학생들의 입학 특례의 경우이다.

　더욱이 공익에 합치하는 정책이 반드시 바람직하다고 할 수만은 없다. 국익을 위한 일반인 사찰, 국토방위를 명목으로 일부 시민의 전화를 도청하는 일, 여성보호를 위한 상습적 성범죄자 성 충동 약물치료 등에 대해 생각해 보면 그 자체가 얼마나 공익(불특정 다수 시민의 이익)에 이바지하는지, 그것이 일부(때로는 많은) 사람들의 자유나 권리를 극도로 제한하거나 법적 평등을 현저하게 훼손할 우려가 있지는 않은지, 그 정책을 반드시 채용해야 하는지에 대해 심도 있는 논의가 필요할 것이다.

02
정 의

우리가 정의로운 사회에서 생활하려면 국가는 정의로운 정책을 통해 이를 구현해야 한다. 그러면 무엇이 사회에서의 정의인가? 이를테면 소득과 부, 의무와 권리, 권력과 기회 등을 올바르게 분배하는 것이 정의라 할 수 있다. 즉 개인에게 합당한 몫을 나누어 줄 때, 누가 왜 받을 자격이 있는가에 대한 준거의 틀이 있어야 하는 그것이 바로 '정의'이다. 이와 같이 정의는 '공정으로서의 정의'에서 비롯된다. 공정으로서의 정의를 주창한 학자로는 롤스(John Rawls)가 있다. 그는 공정으로서의 정의에서 사회적 실현은 공정한 제도(정책)과 그것을 완전히 준수하는 모든 사람의 행위가 조합됨으로서 결정된다고 하였다. 롤스는 이상적인 제도와 그에 상응하는 이상적인 행위의 조합을 통해 완벽히 공정한 사회에 도달하고자 하였다. 하지만 완벽한 정책과 완벽한 사회가 유지되지 않는다면 안타깝게도 완전한 공정과 이에 따르는 정의가 실현되는 사회는 출현할 수 없을 것이다(Amarya Sen, 2009).

롤스의 이론은 두 개의 원칙으로 보다 명확히 설명될 수 있다. 우선 제1원칙은 **평등한 자유**이다. 민주사회의 정의를 위해 자유권은 실질적인 기능을 할 수 있는 자유권이여야 한다. 그리고 이를 위해선 자유권이 평등해야 한다. 이 원칙에 따르면, 빈곤하게 태어났다는 이유로 스스로의 주체권을 행사할 수 없는 일이 생기지 않도록 기본소득제도 같이 최소한의 인간의 존엄성을 유지할 수 있는 사회보장제도의 발달을 요구한다. 또한, 개개인은 다른 사람의 자유권이 침해받지 않는 선까지의 자유권만이 인정된다(노예계약, 불평등계약 불가). 그리하여 누구나 평등하고 실질적인 자유권 행사가 가능하며 개인이 자유로운 선택에 따라 그 몫을 분배받을 수 있을 때, 그것이 정의의 실현으로 이어진다는 이론이다.

제2원칙은 **기회의 평등**(공정한 기회)이며 이의 기본개념은 자유권과 비슷하다. 과거 왕정시대에는 사람들이 평등하지 못했다. 귀족은 평생 귀족이고, 농민은 평생 농민이다. 그러나 평등권이 확립되면서 계급제도만 없어지면 불평등 문제가 해결될 줄 알았지만 오판이었다. 계급은 없어졌어도 출발선이 다르다 보니 부유한 자본가는 자라서도 자본가이고 가난한 노동자는 노동자에서 벗어나지 못하는 상황이 된 것이다. 현대 자본주의 사회에서는 이름만 바뀌었을 뿐 사회적 계층은 여전히 굳어졌다. 그래서 주장된 것이 제2법칙, **기회의 평등**이다. 롤스는 인간은 누구나 평등하다는 원칙이 실질적으로 적용되려면, 인간에게 주어진 기회가 동등해야 한다고 주장하였다. 롤스의 정의 제2원칙은 사회적, 경제적으로 불평등한 상황에서는 어려운 사람에게 많은 이익을 줘야하며, 기회를 공평하게 주어야 한다는 것이다. 그리고 그는 소수자에게 더 많은 기회를 주고 배려하는 것이 정의라고 주장했다. 사회에서 소수자들을 어떻게 대우하느냐에 따라 공평하거나 또는 불공평한 제도가 생겨난다는 것이다. 또한, 그는 소수자에 대한 배려가 정의의 원칙에 걸맞으므로 역차별이 될 수 없다고 주장했다.

이에 '차등적 평등'이 주장된다. 부자에겐 세금을 많이 걷고 가난한 이는 보조해서 양측의 출발선이 평등에 가까워질 수 있게 하는 것이다. 사회적 약자들도 자신의 선택과 노력에 따라 부와 사회적 지위를 누릴 기회를 줌으로써 계급의 고착화를 피하자는 것이다. 물론 이 경우에도 다른 사람의 기회의 평등을 제한하는 범위 내의 기본권은 제한된다(독점금지법, 차별금지법 등).

이러한 롤스의 정의를 보다 현실적으로 풀어낸 학자가 마이클 샌델(Michael Sandel)이다. 그는 정의란 첫째, 공리나 행복의 극대화, 즉 최대 다수의 최대행복을 추구하는 것, 둘째, 선택의 자유를 존중하는 것이며 이는 시장에서 사람들이 실제로 행하는 선택일 수도 있고(자유지상주의의 견해), 원초적으로 평등한 위치에서 행할 선택(자유주의적 평등주의의 견해)이라고 하였다. 마지막으로 정의란 미덕을 키우고 공동선을 고민하는 것이라고 보았다.

우선 정의의 첫 번째 범주인 공리나 행복의 극대화에서 문제되는 것은 이미 언급하였지만, 정의와 권리의 원칙을 계산적으로 추론한다는 것이며 또한 인간의 행위의 가치를 수적으로 환산해 획일화하면서 그것들이 질적 차이를 무시하는 것이다. 두 번째 범주인 자유이론은 사람들의 기호를 그대로 인정함으로써 우리가 공유하는 삶의 특성과 질은 벗어나게 된다. 의로운 사회는 단순히 공리를 극대화하거나 선택의 자유를 확보하는 것만으로는 만들 수 없다. 샌델은 세 번째 범주인 미덕이 공동의 선(common good)으로서 가장 중요한 정의라고 하였다(Sandel, 이창신 역, 2010).

이러한 사상은 개인의 자유나 권리를 존중하지만, 공동체와 공동선을 더욱 중시하고 있다. 단 이 공동체의 공동선은 개인의 자유나 권리에 대한 의무가 아니다. 그것은 자기와 타자에게 공통적으로 좋은 것으로 인간이 도덕적으로 추구해야 할 목적이다. 국민소득이 일정 수준을 넘어서면 소득 증가가 행복으로 이어지지 못하고 오히려 자살률이 높아지는 현상은 바로 이 시대가 공동체의 공동선이 필요하다는 것을 보여주는 것이다. 이러한 샌델의 정의로서의 미덕을 기본으로 동양의 맹자의 사단(四端)을 접목시켜보면 우리에게 맞는 정책원리로서 준거의 틀이 마련될 수 있을 것으로 보인다.

03

동양의 정의: 맹자의 사단(四端)

맹자에 따르면 인간의 본성은 선하며, 사람은 누구나 짐승과 다른 성정(性情)을 지니고 있는데, 이것이 바로 측은지심, 수오지심, 사양지심, 시비지심의 4단(四端)이다.

맹자는 만약 어떤 사람이 갑자기 어린아이가 우물 속에 빠지려는 것을 보았다면 누구나 **측은지심**(惻隱之心)이 생길 것이라고 했다. 이 마음은 어린아이의 부모와 친분을 맺고 있기 때문이 아니고, 마을의 친구들로부터 칭찬을 받으려고 하는 것도 아니며, 어린아이가 지르는 소리를 싫어해서 그러는 것도 아니다. 사람이라면 당연히 다른 이가 어려운 상황에 부닥쳤다면 측은한 마음을 가지게 되며 도움을 주는 것은 당연한 일이다. 국가가 정책을 수립할 때에도 시민의 어려운 상황을 잘 살피고 이를 예방하고 개선할 수 있도록 정책을 집행하여야 할 것이다.

수오지심(羞惡之心)의 본질은 '부끄러움(恥)'이며 사회질서 유지는 각자가 부끄러움을 아는 데서부터 시작된다. 보통 타인의 잘못에 대해서는 질책하기 쉬우나 자신의 잘못에 대해 부끄러워하는 마음을 갖기란 쉽지가 않다. 오히려 변명과 핑계로 자기 잘못에 대해 정당성을 부여하려고 한다. 마치 내가 하면 로맨스요. 남이하면 불륜이라는 말처럼 스포츠지도자가 훈련을 하다 보면 체벌이 당연한 것이지만 자신이 아닌 타인의 일이라면 폭행이라고 하는 것과 같다. 시민 개개인이 공통의 선을 지키기 위해 잘못을 남이나 사회에 전가하지 않고 스스로 부끄러움을 느끼고 책임질 줄 아는 마음이 선상한 사회의 밑거름이 될 수 있다.

사양지심(辭讓之心)은 자신을 낮추고 남을 위해 자신을 희생하는 것이다. 맹자는 사람의 마음에 이기적(利己的)인 마음과 이타적(利他的) 마음이 있다고 보았으며, 이타적 마음이 더 강하게 작용할 때 참인간답게 사는 것이라고 했다. 즉 국가의 정책도 이타적인 생각을 하고 추진해야 한다. 아담 스미스는 "권력이 있든 없든, 부자이든 가난하든" 사람이라면 누구나 갖고 있는 타자의 처지에 대한 동감과 거기서 비롯되는 책임감을 강조했다.

거론되었던 측은지심, 수오지심, 사양지심이 사회적 인간으로서 가져야 할 도덕적 덕목이라면 **시비지심(是非之心)**은 옳고 그름의 분별력을 의미한다. 맹자는 옳고 그른 것을 분간하는 마음이야말로 앎(智)의 시작이라고 하였다. 역사적으로 정부의 실패를 보면 정치적 오만에서 시작된 경우가 많다. 정치적 오만은 '나는 옳고 너는 틀렸다' 는 인식에서 싹튼다. 정치적, 법률적 저울대는 누구에게든 공정해야 국민은 정부를 믿고 따를 것이다. 국민은 때에 따라 그 무게가 달라지는 저울대를 보고 싶어하지 않는다. 이러한 공정함이야말로 정책의 핵심이다.

04
한국 스포츠정책형성과 정책적 사고

우리나라의 스포츠정책은 합리적인 정책과정이나 체계적인 이론에 의거하여 수립되고 집행되어 왔다고 보기는 어려운 것이 사실이다. 지금까지 역대 정부의 스포츠정책을 보면, 국가적인 주요 스포츠정책조차도 사전에 국민여론을 수렴하거나 전문가의 논의 또는 충분한 연구 없이 소수 엘리트집단의 의견에 따라 좌지우지된 측면이 있다. 한 예로, 김대중 정부 출범 당시 박세리의 US Open 우승과 생활체육 활성화라는 시대적 요구와 맞물려 정부는 골프의 대중화를 지향하였고 골프장 설립을 대거 허용하였다. 그러나 골프 대중화[8] 정책은 특소세 부분이 해결되지 않은 상태에서 대중골프장들이 우후죽순처럼 난립하는 결과를 낳았다.

당시까지는 수많은 절차와 형식 때문에 골프장이 허가를 받는데 어려움이 컸지만, 대통령의 한마디로 전국에 200여개의 골프장들이 생기게 된 것이다. 자연을 있는 그대로 이용하고 되살리려는 녹색운동이 범세계적으로 확산 되는 시점에서 체계적이고 종합적인 대책 없이 세워지고 있는 대중골프장은 자연훼손 등 문제점을 낳고 있다. 지금부터라도 이미 설립된 대중골프장을 활용하는 가운데 골프의 대중화를 위한 적극적인 정책이 논의되어야 할 것이다. 골프 대중화 정책만 보더라도 우리나라의 스포츠정책의 실정을 알 수 있다. 충분한 국민 의견수렴과 전문가 논의나 연구 없이 대통령의 말 한 마디에 의해 결징이 되는 것이 국내 스포츠정책의 현실이나.

스포츠정책은 국민의 다양한 요구를 수용하고 문제점들을 해결할 수 있는 효율적인

---

8) 김대중 대통령은 1999년 제80회 전국체전기간 중에 역대 대통령 중 처음으로 골프 대중화를 역설하였다. 이에 문화관광부는 즉각적으로 국민이 값싼 비용으로 골프를 즐길 수 있도록 9홀 미만의 소규모 골프장 건설 지원대책을 마련하기로 발표하였다(동아일보, 1999년 10월 12일).

스포츠행정 능력을 갖춘 전문가 영입이나 열린 그리고 다양한 방법의 공청회를 통해 국민과 공감대를 이루는 동시에 정부목표에 부합되는 정책을 끌어낼 수 있어야 한다.

1. 정책적 사고의 중요성

현대사회는 조직사회로, 사람들은 조직에 참여하거나 조직을 관리하거나 조직의 영향을 받으면서 살아가고 있다. 사회가 팽창하고 변동 속도가 빨라질수록 조직이 인간 생활에서 점하는 비중은 더욱 커지게 된다. 스포츠분야도 과거와 비교할 수도 없을 정도로 발전하고 그 범위 또한 광대해져서 학교체육, 생활체육, 엘리트스포츠 등을 활성화시키기 위한 많은 조직이 상존하고 있다. 이러한 조직에는 문화체육관광부와 같은 정부의 체육관련 행정조직도 있고, 서울특별시 문화국 체육과와 같은 지방조직도 있다. 또한, 대한체육회, 각 경기단체, 한국대학스포츠협의회와 같은 비영리체육조직도 있으며 각 프로 스포츠구단과 같은 영리를 목적으로 하는 조직도 있다. 스포츠의 중요성이 강조되면 될수록 스포츠조직은 계속적으로 증가할 전망이다. 그러나 이러한 상황에서도 스포츠 분야는 다른 분야에 비해 비효율적인 행정조직의 업무나 기능을 조정하려는 노력을 기울이고 있지만, 스포츠 분야는 이러한 노력이 다른 분야에 비해 미흡한 실정이다.

정부의 체육담당부서로 1982년 3월 체육부가 설치되었다. 이후 1991년 2월 김영삼 정부 때 체육청소년부로 변경되었고, 정부의 조직개편이 있을 때마다 그 기구와 기능이 축소 또는 조정되어 지금은 문화체육관광부의 제2차관 산하 체육국, 6개 과로 구성되어 있다. 이곳에서는 국가체육의 전반적인 행정을 담당한다. 구체적으로 "체육진흥정책의 종합계획 수립, 체육유공자 지원, 국가대표선수 육성, 체육인 복지, 생활체육 활성화, 전국체육대회 개최 지원, 스포츠 산업 활성화, 국제체육 교류, 장애인 체육 환경의 조성 등의 업무(문화체육관광부 홈페이지)"를 담당한다. 이렇듯 국가의 전반적인 스포츠업무를 담당하는 행정기구가 스포츠의 국가적 사회적 중요성을 고려하지 않은 채 축소된 것은 현재 한국체육의 총체적 위기를 몰고 오게 된 가장 큰 요인 중 하나라고도 할 수 있다.

그림 IV-1. 문화체육관광부 산하 체육국 기구도
자료출처: 문체부 홈페이지

　스포츠분야는 지금까지 스포츠조직이나 정책에 관한 구체적인 연구가 미흡하고 외국의 사례마저 체계적으로 정리되어 있지 않아 다른 분야에 비해 자율적인 조정문제에 대해 한목소리를 내기 어려웠다. 스포츠선진국의 경우에도 스포츠정책이 정부주도로 이루어지는 경우가 있는 반면, 민간주도로 이루어지는 경우도 있다. 중앙정부와 지방정부의 관계가 독립적인 나라도 있고 종속적인 나라도 있다. 스포츠에 필요한 재정이 국고에서 대부분 제공되는 나라도 있고 기금이나 다른 다양한 원천을 마련하여 지원하는 나라도 있다. 이처럼 국가마다 다양한 스포츠행정체계와 재원의 흐름, 중점적인 스포츠정책 등에 대한 장단점을 파악하고 이를 우리나라의 상황에 대입하여 바람직한 한국형 스포츠 행정체제와 정책을 구축해 나가는 일은 무엇보다 중요하다.

　한국형 스포츠정책을 구축하기 위해서는 우리의 문화와 정서에 맞는 정책적 사고가 선행되어야 한다. 정책적 사고란 공공정책을 수립, 집행하는 과정에서 유형화된 사고방식으로 목적성, 타당성, 효율성이 내포된 인식을 의미한다. 그밖에 세계화의 흐름도 엄밀히 파악하여 이를 정책에 반영해야 한다. 범세계적인 흐름과 국민의 의견을 외면한 정책은 어떠한 상황에서도 좋은 결과를 얻지 못했다는 것을 역사를 통해서도 알 수 있다. 경제의 발전으로 스포츠의 규모가 커지고 여가 활용 차원에서 스포츠의 입지가 늘어난 현대사회에서 스포츠 정책의 중요성은 나날이 커지고 있다. 스포츠에 있어서 올바른 정책을 알아보고 정책적 사고의 조건을 살펴보고자 한다.

2. 스포츠 정책적 사고와 정치

정책적 사고는 현실적 상황으로부터 많은 영향을 받는다. 정책적 사고는 특정 정책 분야의 사고 집단에 의해 이루어지는 것으로써 그들 간 소통(communication)이 잘 이루어지지 않고 비동조(非同調)세력이 있다면 정책적 영향을 제대로 발휘하기 어렵다. 서울시는 2032년 평양시와 함께 올림픽을 유치하려고 시도했다. 지금의 남북관계에서 상당히 많은 대화와 소통이 기본적으로 가능해야 추진 자체가 가능할 수 있다. 당장 북한이 우리뿐만 아니라 미국, 더 나아가 국제 사회에 어떠한 영향을 미칠지 모르기에 실제 올림픽 유치권을 얻을 수 있을지, 유치권을 얻었다 하더라도 오랜 기간 준비 후 2032년 올림픽 당시 어떠한 일들이 일어날 수 있을지 불확실성이 크다. 향후 북한의 변화를 예측하지 못하고 지금의 국내외적 정치현안만을 고려하여 올림픽유치를 추진할 경우 여러 가지 발생 가능한 부작용들이 우려된다. 이러한 우려 속에 결국, 2021년 7월, 2032년 올림픽은 호주 브리즈번으로 확정되기에 이른다(연합뉴스, 2021년 7월 21일).

이처럼 정책을 결정하는 데 있어서 국내외의 상황을 고려하는 것이 중요하다. 스포츠정책을 결정하는 데 있어 단순히 스포츠분야만 생각하고 결정한다면 많은 시행착오를 겪을 수 있다. 요즘같이 모든 사회구조가 유기적으로 연결된 시대에는 다른 분야에 대한 고려 없이 정책을 수립해서는 안 된다. 역사적으로 볼 때 스포츠와 정치는 밀접한 관련을 맺어왔다. 스포츠 정책을 결정할 때는 국내외 정치적 상황을 고려해야 한다. 이것은 정치적 선전과 선거를 위한 정치에 예속된 스포츠정책이 아닌 국민 모두를 위한 정책을 의미하는 것이다.

스포츠와 정치의 관계 또는 국가가 스포츠에 개입하는 이유로는 정권의 사회질서 유지, 정치이념의 선전, 국민의 사회 통합, 스포츠 공공성 보호, 스포츠를 통한 민족의식 함양, 국가적 외교관계 증진이나 갈등의 조작 등을 들 수 있다. 스포츠가 이러한 국가적, 사회적으로 영향을 미칠 수 있는 이유는 스포츠가 가지고 있는 내재적(內在的)인 특성에서 찾을 수 있다. 즉 스포츠의 내재적 특성인 경쟁성, 공개성, 협동성, 비언어적 전달성 등이 대중을 효율적으로 통치하는데 활용할 수 있는 정치적 요소가 되기 때문이다. 스포츠의 이러한 특성들은 위정자의 의도에 따라 역사적으로 긍정적 또는 부정적으로 정치와 긴밀한 관계를 지니고 있으며, 지금까지 역사에서 볼 수 있듯이 스포츠

특히 올림픽이 단지 스포츠를 위한 이벤트였던 예는 없었다(하웅용외, 2018).

스포츠와 정치가 서로 연관됨으로써 발생하게 되는 결과에는 부정적인 측면과 긍정적인 측면이 있다. 긍정적인 스포츠의 정치적 기능은 먼저 스포츠 보급을 통해 또는 국제대회의 참가를 통하여 스포츠가 국가적이고 민족적인 상징물로 이해되고 이로 인해 국민에게 국가의 중요성이나 민족주의를 강조할 수 있다는 점이다. 또한, 스포츠는 국가 간의 화해와 대화의 촉매적인 외교적 수단으로 활용되기도 한다. 스포츠는 종교, 이념, 정치적 체제를 넘어선 차원에서 국가적인 평화 유지와 상호 이해를 증진시킬 수 있다. 우리의 남북관계에서도 그러한 점을 볼 수 있다. 우리는 이미 1993년 지바세계탁구선수권대회부터 지난 2018년 평창 동계올림픽에서의 단일팀 구성까지 남북 스포츠교류를 통해 정치적 긴장을 완화하고 화해의 분위기를 조성한 경험을 적지 않게 가지고 있다. 이렇듯 스포츠 이벤트는 때로는 상상을 초월하는 힘을 지닌다. 꽉 막힌 정치적 이슈를 스포츠로 풀어간 사례는 수없이 많다. 그 대표적 예가 이른바 '핑퐁 외교'다. 1971년 4월 미국 탁구대표팀이 당시 적대 관계였던 중국을 방문해 친선 경기가 있었다. 이후 양국 관계는 빠른 속도로 개선됐고, 결국 공식 수교를 하였다. 작은 탁구공이 거대한 죽의 장막을 걷어내고, 동서 냉전시대를 종식시키는 매개가 된 것이다(스포츠원, 2019년 1월).

하지만 스포츠의 긍정적인 기능만큼 부정적인 정치적 기능도 적지 않다. 전체주의(Totalitarianism), 파쇼주의(Fascism) 또는 군국주의(Militarism)적 정권들은 스포츠에 대한 국민의 관심을 정치나 사회의 문제에서 전이하는 방편으로 이용하기도 하였다. 국민의 합리적이고 비판적인 판단 의식을 저해하고 권력 독점과 부패를 감추는 데에 스포츠를 이용하는 것이다. 각종 국제대회나 프로 스포츠는 위정자들에 의해 국수주의를 조장하여 권력 체제를 옹호하고 국가가 원하는 방향으로 대중을 이끌어 가기도 한다. 스포츠를 통한 국수주의 조장은 스포츠 경기를 적대 국가 간 대결의 장 혹은 무기 없는 전쟁으로 비추어지게 하며 이는 국제 갈등의 원인과 결과가 되기도 한다.

제2차 세계대전 이후, 급속한 산업의 발달로 대중은 소득의 향상과 시간적인 여유를 가지게 되었지만 사회계급 간 더욱 심각한 소득의 불균형과 상대적 빈곤이 발생하게 되었다. 이러한 불균등한 소득 재분배 현상을 감추기 위해 상류사회의 전유물처럼 인식되었던 스포츠 활동에 대중들이 참여하도록 함으로써 계급이 상승된 것처럼 느끼게 하기도 하였다. 사회 상부구조인 정치권력이나 자본가에게 있어 이러한 스포츠의 역할은 효율적인 대중 의식 조작의 도구가 될 수 있었다.

역사적으로 볼 때 스포츠의 다양한 정치적 기능은 위정자들에게 중요한 의의를 지니며, 스포츠를 정치적 목적으로 이용한 예는 현대는 물론 고대·중세사회에서도 찾아볼 수가 있다. 각 시대적으로 스포츠가 사회에 미친 부정적·긍정적 사례들을 연구하는 역사적 고찰을 통해 스포츠가 지닌 정치적 의미와 체육과 정치의 관계에 대해 이해할 수 있으며 이는 현대사회를 살아가는 우리에게 사회, 정치, 경제적 배경이 체육에 어떠한 영향을 줄 수 있는지 향후 스포츠 발전을 위해 더욱 깊이 이해할 수 있게 해준다(하웅용, 1998).

선진국에서는 정치와 스포츠가 사회 제도적으로 상호 유기적인 관계를 맺고 있다. 이는 스포츠가 건강, 체력단련이나 위락의 수단으로써 뿐만 아니라 정치, 사회, 경제, 종교 등 사회제도 전반에 걸쳐 중요한 기능을 수행하기 때문이다. 1990년 이탈리아 월드컵 때의 일이다. 개막 전날 중계방송 리허설을 위해 한 방송국에서 밀라노의 경기장에 취재를 나갔다. 경기장에는 지난 대회의 우승국인 아르헨티나가 카메룬과의 개막경기를 앞두고 마무리 훈련 중이었다. 아르헨티나 팀에는 의외의 인물인 메넴 아르헨티나 대통령이 선수들과 함께 땀을 흘리고 있었다. 연습이 끝난 직후 메넴 대통령은 전 세계의 보도진들이 지켜보는 가운데 아르헨티나의 국민적 영웅 마라도나에게 '월드컵 대사' 임명장을 주고 선전을 당부했다. 당시 우리의 정서로는 다소 생소한 장면이었다.

우리나라 정치가들은 선거에서 체육에 대한 공약을 제시하는 경우가 거의 없으며, 있다 하더라도 스포츠의 사회, 정치적 역할보다 그 범위가 매우 미약하였으며, 궁극적으로 볼 때 스포츠 발전에 역행하는 공약이 대부분이었다. 정치인 개개인의 경우 스포츠에 대한 올바른 이해와 전문적인 식견이 부족해서 그럴 수 있다 하더라도 국회에서는 스포츠정책에 대해 지속적인 투자와 관심을 가져야 한다. 스포츠는 국민에게 민족주의 정신을 함양케 하는 촉매제 구실을 한다. 또 스포츠마케팅 등은 국가에 엄청난 부가가치를 창출해 주기도 한다. 이와 더불어 외교적 수단, 국위선양, 국제이해 및 평화 메신저의 기능도 커서 정치 선진국들은 스포츠에 대한 지속적인 투자와 정치적 배려, 관심을 집중시키고 있다.

스포츠 정책사고 과정에 있어서 정치의 역할은 중요하다. 예전처럼 국민의 정치 관심을 돌리기 위해 스포츠 정책을 유도하는 때와는 달리 진정으로 국가와 국민을 위하는 사고를 하는 정책을 펼쳐나가야 한다.

3. 스포츠 정책적 사고와 경제

과거 스포츠는 여유가 있는 사람들이 하는 여가활동 정도로 인식되었고 스포츠활동은 직접적으로 경제(돈)와는 상관이 없는 비생산적인 소비(conspicuous consumption)로 인식되어 왔다(Veblen, 1994). 그러나 제2차 세계대전 이후 미국의 영향을 받아 우리나라는 1980년대 이후 스포츠산업이 새로운 산업으로 등장하고 많은 사람이 스포츠마케팅에 관심을 끌게 되었다. 이러한 변화의 물결에는 텔레비전의 역할이 컸다. 1980년대 기술혁신 때문에 위성과 케이블이 텔레비전의 영상을 국경을 넘어 전 세계로 송출하기 시작한 것이다(Lafeber, 2001). 그리고 제4차 산업의 쓰나미가 몰려오는 현재 스포츠는 가장 많은 영향력을 지닌 산업 중 하나라 할 수 있다. 이것은 스포츠를 보는 눈의 변화를 의미하는 것이다. 이제 스포츠는 문화산업으로 인식되어 경제적인 활동으로 받아들여지고 있다. 스포츠경영, 스포츠마케팅, 스포츠스폰서십, 스포츠정보 등 많은 관련 학문과 산업이 새롭게 생성되고 있다.

이제는 스포츠가 단순히 여가 활용의 수단이거나 국민에게 볼거리를 제공하는 것으로 생각하면 큰 오산이다. 스포츠는 하나의 산업으로 성장하였으며 경제에 큰 영향을 미치는 종목이 되었다. 관중 스포츠에서 참여 스포츠로의 전환이 이루어지는 요즘 스포츠용품 산업도 크게 성장하고 있다. 또한, 스타 마케팅과 라이센스 산업을 통해 경제적인 부를 챙기는 스포츠 전문 매니지먼트 회사도 많이 늘어났다. 우리나라에서도 스포츠토토와 같이 승리 팀 알아맞히기가 성행하고 있으며, 인터넷에도 스포츠에 관한 게임, 정보 등을 제공하는 사이트가 엄청나게 증가하였다. 스포츠는 하나의 산업으로 자리 잡아가고 있다.

우리나라의 행정체제가 지방자치제가 되면서 각 지방자치단체는 국제대회 유치에 열정을 쏟고 있다. 그 이유는 지역별로 '지역 발전'이라는 명제 하에 국제도시 이미지를 생성시켜 새로운 돌파구를 마련하기 위한 것이다. 특히 국제대회 유치로 인한 고용창출 등 성세적 파급효과는 중앙정부 재정의존도기 높은 지자체일수록 매력적인 수치이다. 게다가 관람객의 도내 숙박 및 소비 등을 고려한 간접적 경제유발 효과 또한 매우 크다. 하지만 지자체들이 유치전에만 총력을 쓰다 보니 직접투자만 고려해 단기 수익 창출만 홍보하고 장기적 누적적자 등 사후관리에 소홀하다는 지적도 분명 나오고 있다.

특히 민선 지자체 단체장들이 선거 등 정치적 배경을 의식해 무분별하게 개최를 선언하면 중앙정부가 그 뒤를 쫓아가는 모양새가 되다보니 중앙정부의 지원도 적극적으로 이뤄지지 못하고 국가전략에 기반을 둔 치밀한 유치 계획도 부족하다는 비판도 있다. 또 지자체들은 중앙정부로부터 예산을 확보하기 위해 사업비나 시설비를 과다책정하거나 경제성을 부풀리는 등 타당성 분석에 필요한 근거자료를 구체적으로 적시하지 않은 사례도 적지 않았다. 더욱이 대회가 종료된 후, 스포츠시설을 포함한 스포츠인프라의 적절한 활용과 보존은 더욱 큰 문제로 남는다(평창올림픽 그 이후 참조). 스포츠에 대한 정책적 사고시 **경제적인 요건**을 반드시 고려해야 함을 알 수 있다.

스포츠 글로벌화로 인하여 스포츠 팬들에게 있어 자신의 스포츠스타를 직접 볼 수 있고 생생한 체험을 즐길 수 있는 가장 이상적인 형태의 **스포츠관광**도 성행하고 있다. 인류의 역사와 함께 발전하기 시작한 스포츠관광은 20세기 후반 풍요와 여유의 시대를 거치면서 모든 국가 국민에게 중요하게 인식되고 있다. 그리고 산업 사회의 발달, 사회 시스템의 변화 및 현대인의 새로운 가치관과 인식구조의 변혁으로 자유권, 기본권이 크게 신장함에 따라 관광 수요의 증가는 물론 관광과 관련된 레저, 스포츠, 레크리에이션, 각종 문화활동 등 시간적 여유를 가치 있게 활용하려는 생활이 보편화되고 있다. 일본의 경우 노모, 이치로 등 많은 야구선수가 메이저리그에서 활동하게 되자 단순히 보고 그치는 것이 아니라 이를 스포츠 관광으로 연결해 많은 수익을 올리기도 했다.

스포츠 관광정책이 국가의 중요한 정책과제로 부상할 것으로 예상하며, 이것은 바로 국가의 부로도 연결되기 때문에 중요하다. 스포츠정책 또한 국가개발계획의 상위계획으로 전환되어야 할 것이다. 즉 국가경제에 있어서도 여가 및 위락과 더불어 스포츠관광은 관광산업육성 정책으로 국가경제시책을 선도하는 역할을 담당해야 할 것이다. 미국이나 유럽 또는 가까운 중국의 스포츠시설 예를 보면 경기장은 완벽한 시설과 함께 관광객을 위한 갖가지 부대시설을 갖추고 있다. 그 지역의 프로팀 박물관을 비롯해 기념품점, 안락한 휴게시설, 쇼핑센터 등 경기장을 찾는 팬들에게 경기 이상의 기쁨을 선사하고 있다. 올림픽이 열렸던 바르셀로나의 몬주익 스타디움 역시 그러하다. 프랑스 월드컵 결승전이 열렸던 "스타디온 디 프랑스" 경기장은 경기장 건설 과정과 수많은 자료, 용품, 다양한 이벤트로 관광객을 맞을 준비를 철저히 하고 있었다.

국내의 경기장들은 이러한 임무를 수행하지 못하고 있다. 올림픽 주경기장으로 세계에 알려진 잠실 올림픽주경기장조차도 지금 단순히 경기장의 역할만을 하는 현실을 볼 때, 안타까움을 금할 수 없다. 2002 한·일 월드컵이 열린 상암동 월드컵 주경기장은 적어도 경기를 위한 경기장이 아닌 스포츠관광, 산업, 오락시설 등 국민의 편의시설이 골고루 갖춘 경기장이 되어야 함에도 이에 대한 적극적인 정책을 실행하지 못하였다. 21세기에 필요한 스포츠정책은 바로 이러한 종합적인 정책이어야 하며, 한 곳에 정착된 평면적 정책은 배제되어야 한다. 현실적으로 미흡한 부분이 많은 우리의 스포츠정책을 발전시키기 위해서는 외국의 다양한 정책들을 연구하여 우리의 것으로 만들어야 한다. 우리는 이미 조선말 쇄국정책으로 인해 경제발전이 늦어진 역사적 경험이 있다. 이제 다양한 관광 상품을 개발하는 한편 앞선 선진국의 정책을 통해 많은 것을 배워야 한다.

다양한 스포츠정책은 경제적 이익뿐만 아니라 스포츠 전공자들의 고용창출을 가져올 수 있으며, 지금의 경제 한파를 타개하고 경제 상황을 호전시켜 국가 발전의 원동력으로 작용할 수 있을 것이다.

4. 스포츠 정책적 사고와 복지

사회복지란 '개개인과 사회전체의 복지를 증진시키려는 모든 형태의 사회적 노력을 포함하며 사회문제의 치료와 예방, 인적 자원의 개발, 인간 생활의 향상에 직접 관련하는 일체의 정책과 과정'이라 규정할 수 있다. 광범위한 복지개념은 이해가 어려울 수 있으나, 역사적 관점에서 간단히 설명하면 복지란 과거 개인의 삶, 인간적인 삶을 영위하는데 있어 기본적인 요소를 보조해주는 것으로부터 시작되었다. 즉 복지의 발달과정을 볼 때, 처음부터 모든 국민의 삶의 질 향상을 지향해왔다고 말하기는 어렵다. 초기에는 소수 약자들의 생활상 곤란과 문제를 해결하는 것에서 출발하였으나, 현대사회로 접어들면서 그 대상이 국민 전체로 확대되었고 빈곤이라는 경제적 문제의 테두리에서 벗어나 국민의 전반적인 생활상의 욕구 충족, 고차원적인 욕구의 충족까지도 그 대상에 포함해가고 있다. 우리나라에서도 정부가 복지에 관한 관심이 커지면서, 더욱 적극적인 복지 즉 개인이 행복한 삶을 유지하기 위해 복지의 범위가 더욱 확대되고 있다.

한편 스포츠 역시도 과거 신체의 발달, 과시형 소비형태, 신체교육 등 비교적 제한적인 테두리 안에서 이해되고 있었으나 현대인의 삶이 풍족해지면서 스포츠를 통해 사회구성원들의 신체적, 정신적 건강, 삶의 질적 향상을 경험하면서 사회복지의 영역과 중복되어 가고 있다. 스포츠복지도 같은 차원으로 이해해야 할 것이다. 간단하게 설명하면 스포츠복지란 원하는 사람이면 누구나 운동을 손쉽게 할 수 있도록 스포츠 인프라를 조성하는 것이다. 누구나 집 근처에서 간단하게 운동할 수 있는 곳을 쉽게 찾을 수 있다면 스포츠복지의 기본은 갖춰진 것이다. 그러나 우리나라는 아직 스포츠 복지에 한 사회적 인식 수준이 복지의 타분야에 비해 낮은 편이다. 스포츠복지와 관련 해서 개념상의 혼란이 존재하고 스포츠복지정책에 대한 사회적 논의는 초기단계에 머 무르고 있다.

국내외적으로 스포츠복지의 국가정책으로서의 필요성이 대두되고 있는 이유는 다음 과 같다. 첫째, 건강과 행복에 대한 사회적 요구가 증가했다. 100세 시대를 맞이하며 많은 사람들이 노후의 건강을 염려하기 시작했다. 둘째, 복지에 대한 사회적 기대가 확 대되기 시작했다. 단순히 먹고사는 기본적 문제 뿐만 아니라 삶의 질 증진에 대한 요구 가 증가하였다. 마지막으로 스포츠 패러다임의 변화이다. 과거 스포츠는 관중 스포츠가 그 주를 이루었으나 점차적으로 직접 경험 하는 생활스포츠 그리고 삶의 질을 높이는 행복스포츠에 대한 욕구가 증대되고 있다. 스포츠에 직접 참가하기 어려운 계층들에 대한 복지 차원에서의 스포츠접근권 또한 요구되고 있는 실정이다. 국민의 스포츠참여 율은 매년 증가하고 있지만, 한편에서는 계층별, 소득별, 지역별 편차가 여전히 존재하 고 스포츠참여가 어려운 사각지대도 존재하고 있다. 국민을 대상으로 하는 전반적인 스포츠 지원은 지속적으로 확대되고 있지만 일반 국민이 느끼는 스포츠복지 수준은 낮 은 편이다. 선진사회로 진보하는 우리나라도 국민 개인의 건강과 삶의 질 향상을 위해 국가가 복지사회 구현을 정책방향으로 설정하고 모든 국민들의 삶의 질 향상을 추진하 는 과정에서 스포츠복지의 개념과 필요성에 대해 적극적으로 검토해볼 필요가 있다.

스포츠 정책적 사고에 있어 복지를 포함시키려면 우선 스포츠복지 개념에 대한 이해 가 선행되어야 할 것이다. 최근 복지사회 구현에 발맞추어 복지가 국가정책의 중요한 영역으로 인식되면서 스포츠복지라는 용어가 명확한 개념 없이 사용되는 경향이 있다. 스포츠복지의 개념은 크게 두 가지로 구별될 수 있다. 먼저 광의의 스포츠복지는 기본 적으로 행복추구권을 바탕으로 '국민 삶의 질 향상'을 목적으로 하는 보편적 복지정책 의 하나로 정의되어진다. 다양한 스포츠 활동을 복지를 실현하는 하나의 수단으로 활 용하여 모든 국민이 기본적 스포츠 활동에 참여할 기회를 보장받고, 건강과 즐거움을 위해 스포츠를 향유할 수 있도록 하는 것이다. 전 국민을 대상으로 한 스포츠 활동이 보장되어야 하므로 접근성과 선택권이 갖추어져야 한다. 다음은 협의의 스포츠복지로서 선별적 복지개념을 적용하여 스포츠 활동이 특별히 요구되는 대상에게만 스포츠 활동 혜택의 기회를 제공하는 것이다. 정부나 지자체에서 선별한 사회복지 수급대상자 즉, 경제적 소외계층(지역, 재정상황 등에 따라 선별), 장애인(장애인복지법에 따라 선별), 새터민(난민법에 따라 선별), 청소년(청소년 복지법에 따라 선별) 등이 스포츠복지의 대상이 된다.

5. 스포츠 정책적 사고와 운영주체

생활스포츠와 엘리트스포츠는 조화롭게 균형을 갖추어야 한다. 어느 한 영역이 무시되거나 지나치게 강조되는 것은 적절치 않다. 이를 위해서는 무엇보다 정책 입안자의 엘리트스포츠에 대한 균형적 사고정립이 요청된다. 이들의 합리적인 사고에 의해 엘리트스포츠가 올바른 방향으로 나아갈 수 있기 때문이다.

현재 한국의 엘리트스포츠 정책은 문화관광부를 비롯하여 대한체육회와 종목별 경기연맹 등에서 입안하여 주관하고 있다. 그러나 엘리트스포츠의 참가자 대부분이 학생선수들이므로 교육부 또한 직접적인 관련이 있다고 볼 수 있다. 특히 가장 민감한 부분인 상급학교 입학 예정자의 자격기준과 관련한 문제는 교육부 고유의 소관이다. 그럼에도 불구하고 책임부서인 교육부에는 교육전문가는 있어도 엘리트스포츠 현장을 체험한 체육전공자의 참여는 거의 없는 실정이다. 고위 공무원으로서 갖추어야 하는 자격을 현 체제상 체육전공자가 갖추기 어렵기 때문이다. 그래서 스포츠 영역과 관련한 정책 입안 부서의 관료들이 엘리트스포츠 현장의 여러 문제들을 정밀하게 분석하여 이해하고 선진국형 엘리트스포츠의 실천을 추구하려는 사고의 정립이 무엇보다 중요하다.

스포츠정책에 있어 발생하는 부작용 또는 문제들은 비전문가들이 정책 입안을 하는 데에서 상당 부분 비롯된 것임을 인식해야 할 것이다. 이는 매우 당연하고 쉬운 문제 같지만, 우리나라가 해결하지 못하고 있는 중대한 과제이다. 스포츠 문제에 대한 정책을 입안하고 집행하기 위해서는 스포츠에 대해 잘 알고 열정을 지닌 인사가 스포츠정책을 컨트롤 하는 역할을 맡아야 한다. 하지만 국내에서는 여전히 주요한 스포츠 관련 직책 역시 권력의 한 부분으로 인식되고 있는 실정이다. 따라서 스포츠에 대한 진정한 전문적 식견과 이해가 있는 스포츠인이 정책결정 과정에 참여하기란 쉽지 않다.

국제사회에 있어 한 국가의 '스포츠 스타'는 그 국가의 문화적 이미지와 동일시되는 경향이 있으므로 스포츠 스타의 육성과 관리는 스포츠 정책적 과제로 대두되고 있는 실정이다. 브라질의 축구 영웅이자 마라도나와 함께 20세기를 빛낸 축구선수로 뽑힌 펠레는 브라질의 장관에 오르기도 했다. 우리나라에서도 최고의 선수이자 지도자였던 스포츠 인사들이 문화체육관광부 장관 자리에 오를 수 있을까? 편협한 사고에 빠진 인사의 문제는 여전히 우리 스포츠계가 안고 있는 과제이다. 과거 박근혜 정부에서는 문체부 차관에 사격인 박종길 선수촌장이 임명된 바 있으며, 문재인정부에서는 수영인인 최윤희 한국체육산업개발원 원장과 문체부 차관으로 선임되기도 하였다. 운동선수 출신 인사가 행정부 차관 자리에서 부처를 담당한다는 것에 대해 생소하고 부정적인 반응이 있을 수 있겠지만, 반대로 선수 생활의 경험을 통해 스포츠인들의 마음을 이해하고 스포츠 영웅의 자리에서 느꼈던 국민의 바라는 점을 알기 때문에 정책을 입안하고 집행하는 데 있어 유리한 점도 있을 것이다. 중요한 것은 특정 스포츠인이 어떠한 자리에서 임무를 수행하기 위해서는 그에 합당한 역량을 키워야 한다는 사실이다. 스포츠인들이 스포츠행정에서 일익을 담당할 때 스포츠는 더욱 발전할 수 있다고 확신한다. 정책 입안자들의 사고 재정립이 요구되는 때이다.

이상으로 스포츠에 대한 정책적 사고의 조건을 정치, 경제, 복지, 운영주체를 통해 살펴보았다. 이제 스포츠는 전 인류의 생활에 있어 빼놓을 수 없는 중요한 의미로 자리 잡고 있다. 규모의 성장으로 인해 정치와 경제적 측면에서 주고받는 상호 영향이 어느 때 보다도 크다. 이에 스포츠 정책은 국민 모두와 국가 발전을 위해 투명하게 이루어져야 하며 그 분야에 전문적인 지식을 가진 사람들에 의해 운영되어야 한다. 조선 시대에는 정책적 사고 집단의 불협화음으로 인해 당파싸움이 많이 일어났으며, 일본강점기에는 정책적 사고 집단이 없어 국가가 망국의 길로 치달았다. 그만큼 정책적 사고 집단은 중요한 의미를 지닌다. 그들 간 충분한 의사소통을 하는 동시에 국민의 의견을 수렴하여 우리 모두의 정책을 만들어 가야 할 것이다. 국민의 복지와 행복, 국가의 번영을 우선시하고 시대의 흐름에 맞는 정책을 수립하고자 노력해야 한다.

스포츠의 긍정적인 발전을 위해서는 스포츠 본질 자체만을 인정하고 고집해서는 안 된다. 이러한 일차원적 시각은 다변화된 현대사회에서 스포츠를 정치 혹은 경제적 목적을 위한 하부구조로 인식하게 하는 오류를 범할 수 있다. 스포츠 그 자체가 바로 정치활동이자 경제활동이며 문화 활동임을 인식하여야 한다.

◎ 연 구 문 제

① 정책결정에 있어 정책의 정당성과 당위성의 근거가 되는 공익(public interest)이란 무엇인가.

② 스포츠정책에 있어서 정의란 무엇을 의미하는지 개인의 생각을 피력하시오.

③ 정책적 사고란 무엇인가?

④ 현대사회에서 스포츠와 정치는 어떠한 관계에 있는가?

⑤ 스포츠경제라는 용어가 생길 정도로 스포츠는 경제에 지대한 영향을 미치고 있다. 이러한 현상이 앞으로도 계속될 것이라고 보는가? 그러면 한국에서의 스포츠산업을 어떻게 전망하는가.

⑥ 전체 복지측면에서의 스포츠의 중요성을 설명하고, 향후 스포츠복지에 대한 자신의 의견을 피력하시오.

※ 참고문헌

동아일보. 1999년 10월 12일.

문화체육관광부 홈페이지.

스포츠 원(2019년 1월). 한반도 데탕트의 숨은 주역, 스포츠.

연합뉴스. 2021년 7월 21일.

이경원·김정화. (2011). 공공갈등과 공익의 재검토: 제주해군기지 건설 사례. 경제와 사회. 89.

이계만, 안병철(2011). 정채결정과정에서 NGO의 영향력 요인. 한국정책과학학회보 15(2).

하웅용(1998). 스포츠사에 있어서 정치적 역할의 고. 한국체육사학회지. 3.

하웅용, 조준호, 김지연, 김지영, 최영금, 김상천, 양현석, 최광근(2018). 스포츠문화사. 한국학술정보.

Amartya Sen(2009). A Theory of Justice. Allen Lane & Harvard University Press.

Lafeber, W.(2001). 이정엽 옮김. 마이클조단, 나이키, 지구 자본주의. 문학과지성사

Sendel. M. 이창신 역 (2010). 정의란 무엇인가. 김영사.

Veblen. T.(1994). The Theory of the Leisure Class. Dover Publications.

제 5 장

⋮

한국스포츠와 스포츠정책

본 장에서는 스포츠정책의 분석과 향후 정책의 방향제시를 위하여 한국스포츠의 역사적 맥락을 이해하고자 하였다. 이에 한국스포츠 역사를 낯섦, 저항, 희망, 도전, 환희, 평화와 같은 핵심어로 가름하였다. 다음은 한국의 정치적, 경제적, 사회적, 문화적 환경과 함께하였던 한국스포츠를 시대 분할하였고, 당시 주요 엘리트스포츠, 학교체육, 생활체육, 시설 등 스포츠정책을 중심으로 간략히 분석하였다. 다만 각 정부의 스포츠정책을 자세히 다루기에는 한계가 있음을 밝힌다. 다만 정부의 스포츠정책 분석의 한 예로서 제6장에서 김대중 정부의 스포츠정책에 대해서는 자세하게 다루었다. 마지막으로 한국스포츠의 한국스포츠를 이해하는데 주요한 스포츠민족주의에 대해서 정리하였다.

01

땀의 기억, 한국스포츠⁹⁾

스포츠는 이 땅에 들어오고 나서 지금까지 꾸준히 상승곡선을 그리며 발전했다. 스포츠는 근대의 표상으로 이해되었고, 탄압받았던 민족의 자존심으로, 선도적인 모습으로 국가발전의 세계에 알렸으며, 경제성장으로 선진국으로 발돋움하는데 선도적인 역할을 다해왔다. 굴곡의 근현대 한국사에서 스포츠의 역할은 스포츠 그 자체로 기억되기보다는 당시의 정치적, 경제적, 사회적, 문화적 환경과 그 맥을 함께하면서 '땀의 역사'로 자리 잡고 있다. 이러한 땀의 기억들을 연결하여 의미를 부여하고자 당대에 걸맞은 상징어(象徵語, signified word)를 찾아보았고, 이를 통해 우리의 근현대 스포츠 역사를 꿰어보았다.

1. 낯선 신체문화, 스포츠

한국스포츠의 첫 상징어는 '낯섦'이었다. 19세기 말, 개화기 유입되기 시작한 근대스포츠는 우리의 전통문화와는 상당한 거리감이 있었다. 외교관들이 테니스경기를 즐기는 장면을 보고 "저런 땀 흘리는 일을 하인배에게나 시킬 것이지"라고 말하며 서양놀이에 냉담했던 우리의 낯섦, 이화학당에서 여학생이 발을 번쩍 드는 체조수업을 중단하라 했던 우리의 낯섦의 기억이다(하웅용, 조준호, 이인철, 2011). 그러했던 것이 1895년에는 고종의 교육조서 공포를 통해 체육의 중요성을 인식하고 근대스포츠를 보급하

---

9) 이 부분은 저자가 2019년 스포츠사이언스에 게재한 학술논문을 재정리하였다.

는 계기가 마련되었다. 이로 인해 스포츠축제인 운동회가 삼천리 방방곡곡에서 개최되기 시작하였다. 운동회는 남녀노소를 막론하고 수많은 군중이 모여 함께 즐기는 장의 임무를 수행하였다(하웅용, 2002).

2. 저항의 신체문화, 스포츠

일제강점기를 대표하는 스포츠 상징어는 '저항'이었다. 1920년, 당시 우리 민족은 일본인이 조직했던 조선체육협회에 대응할 단체가 필요하다는 취지 아래 1920년 7월 조선체육회를 창립했고, 11월에는 서울에서 제1회 전조선야구대회(全朝鮮野球大會)가 열렸다. 향후 이 대회는 종합대회로 발전하였고 우리 민족의 자긍심을 고취시키고 화합을 이루는데 큰 역할을 수행하였다. 이것이 전국체육대회의 기원으로, 이후 몇 번 중단된 적도 있지만(조선체육회 해체, 총독부 금지령, 6·25 전쟁 등) 지금까지 계속되어 2019년에는 제100회 전국체육대회가 서울에서 개최되었다. 이 100년의 전국체육대회의 역사는 바로 한국스포츠의 역사와 그 맥을 함께하고 있다. 물론 1936년 베를린 올림픽에서 금메달을 획득한 손기정선수, 이와 함께 발생한 일장기말소사건 또한 대표적인 '저항'의 스토리임은 말할 필요도 없다(하웅용외, 2018).

3. 신생독립국의 희망, 스포츠

광복이후 한국스포츠는 다양한 모습으로 기억될 수 있다. 그 시작은 신생독립국 대한민국을 알리려는 '희망'이었다. 서윤복은 한국인 최초로 태극기를 달고 1947년 제51회 보스턴마라톤대회에 참가하여 세계신기록을 세우며 동양인 최초 우승을 달성하였으며, 이를 통해 신생국 대한민국의 희망을 세계에 알렸다. 또한, 1947년 대한민국 정부가 수립되기 이전 한반도 유일의 올림픽위원회인 KOC로 IOC회원이 되었고, 코리아라는 국명으로 1948년 생모리츠 동계올림픽에 3명, 런던올림픽에 50명의 선수를 출전시켜 신생국인 대한민국에 희망의 불씨를 지폈다. 올림픽 주경기장에 입장하는 한국 대표선수들의 눈동자는 불타오르고 있었으며, 다른 어느 국가 선수들보다도 절실하게 메달을 꿈꾸었다. 우리선수들의 꿈, 열정은 비단 그들의 것만이 아니었다. 바로 신생국 코리아의 꿈과 희망이었다(하웅용, 2017).

4. 세계로의 도전, 스포츠

'도전'은 1960년 이후 한동안 한국스포츠계를 상징하는 단어였다. 약소국 대한민국은 엘리트스포츠를 통해 존재를 알리고, 국력을 과시하고자 하였다. 정부는 경기력 강화를 위해 태릉선수촌을 건립하고 체육연금제도와 같은 정책을 통해 엘리트스포츠를 전폭적으로 지원하였으며, 이로 인해 한국의 엘리트스포츠는 비약적으로 성장할 수 있었다. 1966년 문을 연 태릉선수촌은 정부의 전폭적인 지원 속에 현대식 종합훈련시설로 자리 잡았고, 체계적이고 집중적으로 선수를 육성함으로써 단기간에 우리나라를 세계적인 스포츠강국으로 성장시키는 밑거름이 되었다. 당시 운동선수들에게 경기장은 전쟁터였으며, 메달 획득은 바로 애국의 길이었다. 많은 '도전'의 스포츠기억 중 첫 페이지는 장창선의 1964년 동경올림픽 은메달과 1966년 세계선수권대회 금메달 달성이었다. 이는 장창선이라는 한 운동선수의 노력과 집념으로 이룩한 성과일 뿐만 아니라 약소국 한국이 이루어낸 도전의 결과였다. 뒤이어 1967년에는 한국 여자농구팀이 세계대회 결승에 진출하여 준우승을 차지하는 체코의 기적을 만들었다. 전쟁을 겪은 가난한 나라 코리아가 세계로 뻗어 나가는 출발점에는 1960년대 여자 농구팀의 신화가 있었다. 이와 같은 한국 여성스포츠의 신화는 1973년 사라예보에서 세계정상을 정복한 한국 여자탁구로 이어졌다(하웅용, 최영금, 2012). 뒤이어 1976년 레슬링 양정모는 우리의 염원이었던 올림픽 금메달 도전에 성공하며, 1936년 손기정의 일장기에 맺힌 한을 풀어주었다.

5. 환희의 한류, 스포츠

'환희'는 지금 우리 세대가 한국스포츠를 기억하는 대표적인 상징어이다. 아시아의 신흥대국으로 우뚝 선 대한민국은 1986년 서울아시안게임에서 중국과 1개의 금메달 차이로 종합 2위를 차지하였다. 그리고 역사적 숙적인 일본을 국제스포츠 경쟁에서 누르며 우리나라는 스포츠대국의 자리에 올랐다. 1988년 서울올림픽은 스포츠가 우리에게 얼마나 큰 즐거움과 열정을 줄 수 있는지 확인하는 기회가 되었다. 서울올림픽에서 우리나라는 종합 4위를 차지하여 스포츠강국으로서의 자긍심과 승리를 마음껏 누리고 환희할 수 있었다. 1990년대 들어오면서, 급속한 사회, 정치적 변화는 체육문화의 전반적인 변화를 가져왔다. 엘리트스포츠 패러다임에서 모두가 '함께하는 체육' 더 나아가서 '즐기는 체육'인 생활체육으로의 변화를 목격하였다(하웅용, 2002). 과거에 비해 시간적, 경제적 여유 속에서 국민은 체육활동을 통해 삶의 질의 향상과 여유를 갖게 되었다. 그러나 우리에게 현대사의 굴곡은 경제위기라는 다소 생소한 이름으로 찾아왔다. 1998년 IMF 경제위기로 모든 국민이 힘들어할 때, 박세리의 US Open 우승, LA다저스 박찬호의 선전은 스포츠가 우리에게 무엇을 선사할 수 있는지 보여주었다. 이후 2002년 한일월드컵에서 이루어낸 4강 신화는 지금도 우리의 심장을 뛰게 하는 환희의 순간으로 기억된다. 한국 축구, 한국스포츠의 역사를 새롭게 창조했을 뿐만 아니라 한국의 폭발적인 국민 에너지를 전 세계에 과시할 수 있었다.

초대 WBC 4강에 이어, 2회 대회 2등, 올림픽 전경기 우승이라는 야구의 역사 또한 중요한 환희의 기억이다. 그 밖에도 2010년 밴쿠버동계올림픽에서 피겨의 김연아는 한국은 물론 세계 스포츠팬들을 열광시켰고, 우리에게 멀게만 보였던 스피드스케이팅 종목에서 모태범, 이승훈, 이상화가 금메달을 획득함으로써 스포츠 코리아의 힘을 다시 세계만방에 떨쳤다. 이렇게 우리는 스포츠를 통해 마음껏 환희했다(하웅용외, 2018). 하늘의 별처럼 수많은 스포츠스타들이 있지만 이를 다 거론하기에는 지면과 시간이 부족하다. 이들 모두는 우리 국민에게 국민화합과 벅찬 환희를 선사하였으며, 대한민국 대표선수라는 이름으로 기억될 것이다. 2018년에는 강원도 평창에서 선진국의 전유물처럼 여겨졌던 동계올림픽이 개최되었다. 이는 세계에 과거 신생 독립국이며 한국전쟁으로 폐허였던 아시아의 약소국 대한민국이 세계적 강대국이 되었음을 알리는 신호탄이었다.

6. 평화, 스포츠

　세계 유일의 분단국가인 우리나라에서 남북한 스포츠교류는 '평화'라는 상징어를 낳았다. 남, 북간 스포츠교류는 그 어떤 분야보다도 최전방에서 활발히 이루어졌다. 남북한은 1963년 IOC 로잔회의를 시작으로 스포츠분야에서 지속적으로 교류한 결과, 1991년에는 역사적인 남북단일팀이 탄생하여 지바탁구선수권대회 우승, 포르투갈 세계청소년축구대회 8강이라는 결실을 낳았다. 이러한 코리아단일팀은 민족적 통합의 저력과 가능성을 보여주었다(하웅용, 2000). 특히 지바탁구선수권대회에서의 우승은 탁구를 통해 남북이 하나가 될 수 있음을 보여주었고, 당시 경기장을 가득 메운 한민족의 환희는 한국스포츠 무형의 유산으로 남아있다(하웅용, 최영금, 2014). 김대중대통령의 햇볕 정책 일환으로 활성화된 남북체육교류는 2000년 시드니올림픽 개막식 동시입장을 이루어내어 세계에 올림픽평화의 이념을 알렸다. 이렇듯 남북체육교류는 국민에게 통일의 꿈을 가시적으로 보여주는 사례가 되었다(하웅용, 2005). 남북한 스포츠교류가 지속된 결과 2018 평창동계올림픽에서 북한의 참가는 물론 여자아이스하키 올림픽단일팀 구성, 남북한 공동입장 등이 이루어졌다. 이는 인류 평화와 화합이라는 올림픽정신을 가장 효과적으로 반영한 대회로 평가받고 있다. 아직도 국내외적 정치 상황에 따라 남북스포츠가 영향을 받고 있기에 답답한 감도 없진 않지만, 그럼에도 불구하고 남북한 교류에 있어서 스포츠는 평화라는 이름으로 선도적인 위치를 점하고 있음은 누구도 부인할 수 없을 것이다.

　이렇듯 우리에게 '낯섦'으로 시작되었던 한국스포츠사는 일제강점기에는 '저항'으로 광복이후에는 '희망', '도전', '환희' 그리고 '평화'의 기억들로 우리와 함께 해왔다. 우리는 땀으로 쓴 스포츠의 소중한 기억들을 사랑하고 감동한다. 그 소중한 기억의 하나하나가 우리에게는 각본 없는 드라마였고, 어려웠던 과거의 순간을 이겨낼 수 있게 해주는 원동력이 되었다. 과거에도 그러하였지만, 대한민국 스포츠는 땀으로 쓴 역사이며 우리 국민의 기억 속에 자리 잡아 소중한 DNA로 남아 있을 것이다. 그리고 이 땀의 역사는 현재진행형이며, 아주 먼 훗날에도 계속될 것이다.

02
한국스포츠와 주요 스포츠정책

광복은 새로운 국가의 시작이었다. 하지만 홀로서기가 쉽지는 않았으니 이는 36년간의 일본식민지로 인해 사회 어느 분야도 능동적인 대처가 어려웠다. 그래도 한국정부도 수립 전부터 'KOREA'라는 국명을 갖고 스포츠의 경우는 국제 활동을 본격적으로 시작했다. 어느 사회분야 보다도 빠르게 자리를 잡혀가던 한국스포츠는 다시 한국전쟁 겪으면서 수많은 시련을 경험해야 했다. 한국전쟁이후 한국스포츠는 한국전쟁부터 1960년 4.19사태까지, 1961년부터 1979년까지, 1080년부터 1988년, 1989년부터 지금까지 크게 4단계로 나눌 수 있다. 한국전쟁 이후 1960년 4.19사태까지는 경제적으로 저(底)발전의 문제들과 정치적으로 민간 권위주의 문제에 사회가 대립 된 시기이다. 전쟁의 폐허 속에서 심화된 절대빈곤과 이식된 민주주의의 문제들, 즉 부패와 권력남용, 부정선거 등과 투쟁하여야 했다. 1961년 군사정변이후 1987년 6월항쟁까지는 산업발전화의 시기이지만 정치적 독재의 시기이기도 했다 사회 전체적으로 저발전의 모순에서 군부 정권이 주도하는 발전된 국가를 향한 정부주도적인 동원체제의 모순과 싸워야 하는 상황에 놓이게 된다. 즉 한국경제가 압축형 고도성장을 경험했다면 사회적으로는 반(反)독재 민주화운동 속에서 압축형 성장을 경험한 시기였다.

1980년대 전두환정부에서는 국민의 민주화 요구는 더욱 강해졌으며, 이에 1987년 6월항쟁온 우리 사회가 군부정권시대에서 본격직인 민주주의 이행의 레노로 신입케 하는 계기가 되었다. 민주사회를 지향하는 과정에서 한국에서 부각, 제시된 문제들은 바로 민주사회로 불안전한 이행에서 제기된 과제들과 맞서게 되었다. 환경, 교통, 경제력 집중, 부패, 지역주의, 지방자치 등이 그 사례들이다. 이러한 문제는 그동안 가려져 있었지만 민주화이후 쟁점화함으로써 국민의 주목을 받았다. 김대중정부의 출범과 국제

통화기금(IMF)지원체제로의 이중적 전환은 한국사회의 다른 변화는 요구하였고, 국민의 힘으로 이를 이겨내며 한국은 경제적 발전과 사회적 발전을 동시에 이루고 이젠 선진국 대열에 서 있다.

1. 신생독립국 대한민국과 스포츠외교 정책[10]

광복 후의 우리사회는 국토양단의 비극을 맞이하면서부터 미군정에서 정부수립, 북한의 남침으로 인한 한국전쟁, 그 후에 이어진 4.19 혁명과 5.16 군사정변 등 격동과 혼란의 연속이었다. 급변하는 내외정세와 시대적 환경은 우리체육에 대한 국민적 여망의 다변화, 다양화 현상을 초래하게 되어 그 진로와 지표설정의 초점조차 찾기 어려운 시절이었다. 1945년 9월 8일 미군정이 실시되자 교육행정은 미군의 직제에 편제되었으며 광복이후 문교행정 기구가 여러 번 개편되면서 스포츠 행정기구도 그때마다 바뀌었다. 건국과 함께 스포츠의 목적도 교육이념과 함께 민주적인 국민을 육성하는 데 중점을 두었다. 스포츠의 목적은 **원만한 환경 밑에 신체활동을 통하여 신체 각부를 고르고, 튼튼하게 발달시키고, 굳세고 아름다운 정신과 건전한 사회적 성격을 기르며, 위생생활을 습관화하여 민주적 사회생활에 자기의 최선을 다 발휘할 수 있는 능력을 갖추게 한다.**

광복직후 사회는 각 분야에서 일본의 억압으로 중단되었던 활동을 재개했고 강제로 해산 당했던 단체는 재건하기에 힘썼고, 말살상태에 놓여 있던 분야에서는 새로운 조직을 서두르는 등 각 분야에서는 희망과 기대를 안고 의욕에 넘치는 활동을 전개했다. 특히 일제와의 투쟁을 지속해온 체육계는 그 어느 분야보다도 더욱 돋보이는 활동이 전개되었다. 조선체육회가 일제의 탄압에 의하여 해체되었으나 광복과 함께 대한체육회로 재건되었다. 대한체육회는 경기력 향상을 주도하여 올림픽대회에 참가하여 국위를 선양하고 해외와의 스포츠교류에 중점을 두어 실상의 한국 스포츠행정의 전반을 주도하였다. 하지만 임시단체로 시작한 대한체육회는 사회·경제적으로 스포츠 발전을 수행하기에는 여건이 충분치 못하였다. 1954년에 사단법인체로 변환을 했으나 정부의 지원 등이 없는 상태로 있었기에 한국스포츠를 이끌어 나아가는 민간단체로 충분한 역

---

10) 이 부분은 저자의 스포츠역사관련 서적을 정리하여 작성하였다. 관련서적으로는 하웅용(2016). 한국체육사. 골든네트워크. 한국체육사학회(2015). 한국체육사. 대한미디어. 하웅용외 7인(2018). 스포츠문화사. 한국학술정보.

량을 발휘하지 못하는 실정이었다.

당시 한국정부는 신생 대한민국이 자주적 독립 국가임을 세계만방에 알리는 일이 무엇보다도 시급하고 중대한 과제였다. 1947년 서윤복선수가 보스톤 마라톤대회에서 우승하고 개선했을 때 재미교포로서 독립운동에 헌신한 바 있는 전경무씨는 환영사를 통해 자기가 40여 년 동안 민간외교 활동을 했으나 서선수는 2시간 30여분 동안 더 많은 민간 외교적 효과를 거두었다 하며 극찬했다. 이러한 관점에서 체육계는 사회 각 분야가 혼란의 도가니에 휘말려 있을 무렵부터 내부정돈에 힘쓰는 한편 시선을 국제무대로 돌렸다. 이보다 앞서 체육계는 이미 1946년에 국제 스포츠사회에 정통한 이상백과 탁월한 외교사업가로 미주사회에 저명한 전경무씨를 중심으로 올림픽 대책위원회를 조직하여 1948년에 있을 런던 올림픽대회에 참가하기 위한 운동을 전개했다.

이렇게 출발한 올림픽 참가운동은 우리 체육이 일제하에서 민족체육으로 쌓아 올린 고투의 실적에 힘입어 순조롭게 진행되어 다음해인 1947년, 제40차 IOC총회에서 대한민국이 정식으로 IOC 회원 자격을 얻게 되었고 이에 1948년 런던 올림픽대회에 코리아(Korea)라는 국명으로 태극기를 앞세우고 세계열강과 어깨를 함께 하게 되었다. 런던올림픽이 개막된 1948년 7월 29일은 대한민국 정부수립 이전으로 실상 한국선수단은 미군정(美軍政)하에서 출전한 것이다. 우리선수단이 이러한 정치적인 환경에서도 한국이라는 이름과 태극기를 앞세우고 당당히 출전할 수 있었던 것은 일제 36년 동안 맺혔던 한과 신생국민의 의지가 모인 결과로 볼 수 있다. 그동안 혹독한 식민통치아래서도 한국의 기개는 면면히 이어져 이제 독립된 나라로써 세계를 향해 발돋움하게 됐다는 사실을 세계만방에 알리는 계기로 삼았던 것이다.

그러나 우리 민족은 또 하나의 시련에 부딪히게 되었다. 한국전쟁으로 동족상쟁의 비극을 맞아야 했으며, 따라서 체육계는 급격한 환경변화로 인한 격동기를 맞게 되었다. 북한은 한국과 별도로 국제스포츠 사회에 진출하려 했으며 이러한 태도는 코리아(Korea)라는 이름 아래 한국과 함께 국제무대에 서지 않겠다는 차원을 넘어 한국이 코리아를 대표할 수 없다고 주장하였다. 북한은 독자적으로 IOC가입운동을 추진하는 한편 기타 국제기구인 아시아스포츠평의회, 국제농구협회 가입 등, 기타 몇몇 아시아 연맹 가입에는 우리보다 앞서게 되었다. 북한의 국제 진출운동은 중국 및 소련과 때를 같이하여 노골화되었는데 그 양상은 1952년 헬싱키 올림픽부터 현저하게 나타났다.

남·북한 간의 대결 현상은 올림픽대회나 아시아대회 같은 세계적인 대회는 물론 각종 공식국제대회, 기타 제3국과 비공식 교환경기에 있어서도 한국교민이 살고 있는 지역에 있어서는 예외 없이 좌익 계열의 방해공작이 있었다. 이런 상황은 한인사회 뿐만도 아니었다. 거의 같은 시대에 중국과 대만과의 대결상도 심하였기에 좌익단체나 조직이 있는 지역에 있어서는 제3국 좌익계의 방해 책동까지 가세했다.

2. 체육은 국력 (1961~1980년)

1961년 군사정변이후 1987년 6월항쟁까지는 산업발전화의 시기이자 발전을 위한 독재의 시기였다. 사회 전체적으로 저발전의 모순에서 군부 정권이 주도하는 발전된 국가를 향한 정부주도적인 동원체제의 모순과 싸워야 하는 상황에 놓이게 된다. 즉 한국경제가 압축형 고도성장을 경험했다면 사회적으로는 반(反)독재 민주화운동 속에서 압축형 성장을 경험한 시기였다.

1961년 군사정변으로 정권을 잡은 박정희정부는 사회 각 분야에 걸쳐 강력한 주도력을 발휘하였으며, '체력은 국력'이라는 슬러건 아래 스포츠분야에도 대폭적인 지원이 시작되었다. 정부는 대한체육회의 경제적 지원과 함께 스포츠행정에도 근본적인 개편을 시작하였다. 정부의 체육조직도 문교부 문화국산하 체육과를 체육국으로 독립, 승격하였다. 또한, 정부는 한국스포츠 발전의 기틀인 국민체육진흥법을 1962년에는 재정 공포하였다. 이 법은 정부 차원에서의 강력한 시행을 위하여 1966년에 시행령이 제정 공포됨으로써 체육의 날과 체육주간이 실시되는 등 현재까지도 체육 발전 정책의 기본법이 되고 있다. 또한 엘리트스포츠의 전문적 훈련을 위해 1966년 6월에 태릉선수촌과 영재교육을 위한 체육중·고등학교 등을 설립하였고, 각종 체육시설의 확충 및 지도자 양성과 과학적 연구기구의 설치, 체육진흥재단조성, 기타 경기자에 대한 특례와 포상제도 등 갖가지 정책을 펴나간 것이다.

한국의 스포츠분야의 괄목할만한 발전을 가져오게 요인에는 제3공화국(1963년~1972년)에 이루었던 기적적인 경제성장이 빼놓을 수 없는 주요 요인이었으며 따라서 1960년대 후반부터 도약의 발판이 구축되었다고 볼 수 있다. 이에 정부는 정책지원차원에서 주도하여 국민체육향상과 스포츠 진흥정책을 추진하였다. 5·16 군사정변 전에는 대한체육회를 중심으로 경기기술을 향상하여 주로 올림픽대회에 참가해 국위를 선양하고 해외와의 스포츠교류에 중점을 두어 사실상 민간위주로 스포츠 행정이 집행되었다. 정부행정기구 역시도 문교부(교육부)에서 체육분야를 관장하였고 담당부서인 문화국 체육과에서 주로 교육적 차원의 체육행정을 수행하고 있었다. 이러한 상황에서 스포츠시설은 1960년 아시아 축구선수권대회를 개최하기 위해 1960년 준공된 효창운동장, 장충체육관과 동대문운동장 야구장(1959년)뿐이었다. 때문에, 국민의 관심 속에 이루어질 수 있는 스포츠의 대중화는 기대하기가 어려웠으며 이에 대한 정부지원도 극히 미약할 수밖에 없었다.

그러나 5·16이후 스포츠행정의 강화정책 일환으로 1961년 10월 2일 스포츠행정의 조직은 문교부산하 문화국-체육과에서 문교부산하 체육국으로 승격하여 인원은 4~5명에서 20명으로 증원되었고 예산규모도 3천만원에서 1억원으로 증액되었다. 그리고 국민체위 향상과 체육진흥정책을 법률적으로 뒷받침하기 위하여 1962년 9월 17일 국가재건최고회의에서 국민체육진흥법이 제정, 공포되었다. 실제로 이 법을 뒷받침할 수 있는 국가예산의 책정이나 스포츠시설 등 환경조성에는 미흡하였지만, 스포츠 정책 전개의 기본틀을 확립한 것으로 그 의미는 결코 과소평가 될 수 없다. 국민체육진흥법은 헌법 제2조의 **모든 국민은 문화적 생활의 차별을 받지 않고**라는 조항과, 헌법 제31조 **보건에 관하여 국가의 보호를 받게 되어있다**는 조항에 따라 제정된 것으로 정부의 스포츠정책에 대한 기본 방향을 설정하였다.

국민체육진흥법의 내용은 체육의 날과 체육주간의 설정, 지방스포츠의 진흥, 학교 및 직장체육의 진흥, 직장운동경기지부의 설치, 국립종합 경기장의 설치, 선수의 보호 및 육성, 체육 용구의 생산 장려 및 면세조치, 체육행사를 주관하는 지방자치단체에 대한 보조 등의 조항을 담고 있어 스포츠행정은 법적으로 비약적인 발전을 기할 수 있는 기반을 구축하였다. 또한, 1970년 3월에는 국무총리를 위원장으로 하는 국민체육심의위원회를 구성하여 사회체육(생활체육), 학교체육, 스포츠시설, 체육기금, 운동용구 및 기타 체육진흥에 필요한 사항을 심의하도록 하여 국가정책에 반영하도록 하였다.

박정희정권은 체력은 국력이라는 구호를 앞세워 교육정책을 개혁하여 전 국민의 체위향상을 위한 체육활동에 참가할 것을 권장하였다. 당시 국민의 스포츠 활동에 큰 영향을 미친 두 가지 정책은 체육시간의 필수화와 체력검정제도 였다. 정부는 초등학교(초등학교)부터 대학에 이르기까지 체육시간을 대폭 증가시키고 필수과목으로 지정했으며, 대학에서는 전 학년에 걸쳐 체육시간을 배당하였다. 특히 고등학교 입시와 대학

입시전형에도 체력검정제도(체력장)를 부과하여 학교체육 교육을 강화하였다.

제18회 동경 올림픽대회에 출전하는 남북단일팀의 구성논의를 위해 1963년 스위스 로잔에서 최초로 개최된 남·북한체육회담이 성과를 얻지 못한 채 결렬되고, 북한이 국제스포츠 활동에 적극적으로 참여하자 정부의 스포츠분야에 대한 행정지원은 더욱 강화되었다. 이 시기에 남북한의 스포츠 경쟁은 단순한 스포츠 차원을 넘어서서 국력을 과시하는 척도로 인식되어 남북한 모두 스포츠 경쟁에 힘썼다. 더욱이 올림픽대회나 아시안게임 등 국제대회에서 세계 각국은 대회 본래의 목적인 우의 증진보다는 자극의 국력을 과시하는 수단으로 여겨 메달 경쟁에서 우위를 차지하려고 경기력 향상에 지원을 아끼지 않았다.

1970년대로 들어오면서 선진국들은 경제적 성장과 함께 늘어가는 여가시간과 생활환경에 변화에 따른 건강문제의 위기에 대처하기 위하여 국민의 건강과 복지향상을 목적으로 하는 새로운 방향의 스포츠정책을 추구하였는바 Sport for All의 영국, 미국의 Fitness, 독일의 Trimm, 호주의 Life be in it, 캐나다의 Participation 등 명칭은 각기 다르지만 일련의 국민 건강 캠페인이 급속하게 전개되기 시작하였다.

이러한 추세와 함께 제4공화국(1972~1981년)에 들어와서 스포츠를 통한 국민생활의 질적 향상과 경기력 향상을 위해 정부 지원을 강력히 추진됐다. 특히 1972년 뮌헨 올림픽에서 북한은 금메달 1개 은메달 1개 동메달 3개를 따낸 데 반해 우리나라는 은메달 1개에 그침에 따라 올림픽을 포함한 국제대회에서 좋은 성적을 거둔 선수에게 연금 지급을 결정했다. 또한, 병역 특혜를 주는 제도와 체육특기자 제도 등이 시행됐다. 그 결과 1976년 몬트리올올림픽에서 양정모가 건국 이래 최초의 올림픽 금메달을 획득하는 쾌거를 거두었다. 국제 스포츠교류를 위해 각종 국제선수권대회에 선수를 파견하여 우수선수들의 경기력 향상에 지지기반이 되었으며 제42회 세계사격선수권대회, 세계유도선수권대회 등 각종 국제수준급의 경기대회가 국내에서 개최되어 국제스포츠 교류에 더욱 활기를 불어 넣었다. 1972년 제53회 전국체육대회부터 스포츠인재 육성을 위해 중학생이하의 경기를 전국 체육대회에서 분리하여 전국소년체육대회를 시·도별로 순회하면서 개최하기 시작하였다. 전국소년체육대회의 개최는 무엇보다도 우수선수 조기발굴의 산실로서 우수한 꿈나무 선수들을 배출하는 기틀을 마련하였다.

국민의 일상생활에서 여가를 선용하고 건강증진을 위한 스포츠를 1970년대에 들어 정책적으로 추진하였으나 스포츠를 즐기기에는 당시 경제적 여건이 미흡하였으며, 스포츠는 국민건강보다는 국력 과시를 위한 수단으로 여기는 당시의 상황으로 그 결과는 미비하였다. 그러나 86, 88 양대회의 개최와 생활체육의 비약적인 발전을 이룩한 1980년대 한국스포츠의 도약은 박정희정권이 스포츠 정책 방향을 설정하고 국민과 진정한 요구와 조화를 이룩한 기초위에서 가능하였다.

3. 스포츠공화국(1980~1990년)

제5공화국은 유신정권 붕괴 후 정치, 사회적 혼란과 권력의 공백기에 정권을 장악함으로써 정통성이 취약하였으며, 학생은 물론 각계로부터 거센 저항이 있었다. 이러한 사회적 환경에서 제5공화국 정부는 군사정권을 정당화하고 국제적인 비판으로부터 탈출하려는 돌파구를 모색하였다. 이에 군사정권은 정치적 정당성을 확보하기 위해 폭력적 통제와 다양한 문화정책을 구사하였다. 즉, 정부는 의도적인 문화육성정책을 구사하였는데 그 대표적인 예가 대규모 문화행사의 빈번한 개최와 유치였다. 1980년 광주민주화운동의 충격이 가시시도 전에 서울에서 벌어졌던 미스 유니버스대회를 비롯해 1981년의 '국풍81' 그리고 86, 88 양대회의 유치가 대표적이다.

이 가운데 서울에서 개최된 86아시안게임과 88올림픽은 1980년대 내내 대중의 일상과 의식을 얽어매온 정치적 통치수단으로 그 기능을 하였다. 전두환 정부는 올림픽개최는 곧 선진국이라는 모토를 내세워 질서와 화합이라는 명목아래 강력한 통합과 억제의 수단으로 이를 이용하였다. 이렇듯 제5공화국은 스포츠를 중요 국가정책으로 편입시키는 동시에 정책적으로 국내 대기업의 주도로 프로스포츠를 도입하였다. 1982년 시작된 프로야구는 범국민적인 인기를 얻는데 성공하였다. 프로야구는 정치권력과 사회적 불만이 있던 대중에게 불만 욕구를 통쾌한 홈런 한 방으로 배출시키는 장으로 자리잡았다. 프로야구는 종래의 소수정예의 선수 기량을 올림픽이나 아시안게임에 참여하여 메달획득에 국한되던 엘리트스포츠의 범주에서 벗어나게 하였다.

야구부터 시작된 프로스포츠는 국민이 단순히 보는 스포츠인 관중스포츠에서 보다 체계적으로 스포츠를 즐길 수 있게 만들었다. 이러한 변화는 국내 스포츠 분야에 실로 획기적인 영향을 끼쳤다. 프로야구에 뒤이어 1984년에는 축구 슈퍼리그가 출범하였다. 야구, 축구뿐만 아니라 1984년도에 시작된 농구대잔치와 대통령배 배구로 인해 연중 관중 스포츠가 활성화되었다. 프로스포츠의 열기는 올림픽과 함께 대기업들의 새로운 상품시장 개척에 일익을 담당하게 되는데 운동화를 시작으로 스포츠, 레저용품 시장과 산업이 급속한 성장을 거듭하였다.

1980년대에 들어오면서 한국스포츠에 급속한 발전에는 1960년대와 1970년대의 경제성장이 바탕이 되었다. 그리고 경제적 보릿고개를 갓 넘긴 정부는 그 동안 선진국의 전유물로 인식되었던 올림픽대회를 유치한 것이다. 올림픽대회를 유치한 것은 과욕이라는 지적도 있었으나, 올림픽개최의 확정은 한국스포츠가 세계 속의 스포츠로 발전하는 기회가 되었다. 올림픽유치는 1980년대의 **스포츠공화국**을 예견하는 신호탄이었다. 정부는 1982년 3월 20일 정부조직법 개정에 따라 국민 스포츠의 체계적 진흥과 스포츠 저변확대로 국민단합의 분위기를 조성하고 1986년 아시안게임과 1988년 올림픽대회 유치로 성공적인 양 대회를 치를 수 있도록 체육부를 발족하였다. 스포츠행정은 그 전까지는 문교부(교육부) 체육부에서 교육차원에서 담당하였고, 엘리트스포츠는 대한체육회가 주체가 되어 주도하였는데, 1982년 개정된 정부조직법에 따라, 체육부가 신설됨으로써 과거 문교행정의 일부로 다루어졌던 스포츠행정을 보다 정부 차원에서 추진할 수 있는 조직적 기반을 갖추게 되었다. 체육부의 발족은 실로 근대 한국스포츠의 가장 획기적인 분수령이라고 할 수 있다.

1982년 노태우 초대 체육부장관은 취임 첫 기자회견에서 **86년 아시안게임, 88년 올림픽 준비에 만전을 기하고, 체육입국의 획기적 계기를 마련하기 위하여 체육부를 신설하였다고 설명하고, 이를 위해 앞으로 우수선수의 확보와 양성, 스포츠의 과학화, 낙후된 체육시설의 확장, 대한체육회와 가맹단체의 조직 강화, 학교, 사회 및 군(軍)스포츠의 강화에 힘쓰겠다**고 체육정책의 기본 방향을 제시하였다. 체육부 출범 당시 편제는 장·차관, 1실, 3국, 10과 6담당관으로 편성되었다. 체육부는 표면상으로 종래의 선수 중심 엘리트스포츠에서 벗어나 국민복지차원의 사회체육 기반조성에 주력한다고 하였다. 이를 위하여 체육부는 5대 정책목표(스포츠 붐 조성과 국민체육의 진흥, 스포츠과학의 진흥, 우수선수의 발굴과 육성, 국제체육활동의 강화, 86과 88대회 준비업무의 지원)를 설정하였다. 당시 체육부를 지배한 실제적 정책가치는 스포츠를 통한 국민화합과 국력의 과시였다(하웅용, 2018).

당시 전두환정부는 작은 정부를 지향하면서 정부기구의 축소와 조정을 단행한 것에 비추어 체육부의 신설은 86, 88게임을 차질 없이 수행하려는 의지에서 예외적으로 취한 조치이었다. 체육부의 역대 장관들만 보아도 정부의 체육의 지대한 관심을 볼 수 있다. 1988년까지 역대장관은 총 6명으로, 장성출신 2명, 정치인 2명, 행정가 1명, 체육계 출신 1명이었으며 노태우, 박세직과 같은 5공화국의 핵심인물이었다. 각 시와 도에는 86과 88 대회 준비를 지원하기 위하여 1983년 1월에 내무부의 시, 도 체육지원전담기구를 설치하였고 체육행정기구로 중앙에 국민체육진흥심의위원회와 지방에 지역체육진흥협의회가 설립되었다.

국내 스포츠행정을 관장하는 중앙행정기관으로써의 체육부가 발족되면서, 스포츠 업무에 대한 국가의 책임 및 업무 전반에 대하여 규정한 국민체육진흥법을 1982년 12월 31일 전면 개정하였다. 전면 개정한 국민체육진흥법에서는 체육의 목적을 "**국민의 체력을 증진하고 건전한 정신을 함양하여 명랑한 국민생활을 영위하게 하며, 나아가 체육을 통한 국위선양에 이바지함…**"을 전문에 명기하였다(국민체육진흥법, 1982). 이는 이전에 체육진흥의 목적 외에 체육을 통한 국위선양이라는 새로운 목표 즉, 스포츠의 수단적 가치를 강조하였다. 1962년도 문교부에서 법규만 제정하고 시행이 제대로 되지 않아 유명무실하게 운영되어오던 국민체육진흥법을 우리나라 실정에 부합하고 시대적인 조류에 맞도록 내용을 대폭 보완하였다. 특히 직장인의 스포츠 활동에 대한 참여를 장려하고 이들의 복지와 생산성 향상 및 경영합리화에 스포츠 활동이 미치는 중요성을 인식하여 과거 운동부 중심의 직장 스포츠에서 벗어나 직장 종업원 전체가 참여하도록 했다. 구체적으로 종업원 100인 이상인 직장은 직장체육진흥관리위원회를 두도록 규정하는 등 국민체육진흥법은 직장 스포츠의 진흥을 위한 제반 규정을 강화하였다.

정부의 다각도적 스포츠 부양정책은 급속한 스포츠 재정의 증가를 가져왔다. 체육부가 발족하던 1982년에는 127억원으로 정부예산의 약 0.1%를 차지하던 것이, 매년 급격하게 증가하여 1985년에는 433억으로 정부예산의 0.3%정도를 차지하였다. 이러한 체육부 예산은 국민총생산(GNP)와의 비율을 보면 1982년에 0.03%에서 1985년에는 0.06%로 2배가 증가한 셈이다.

표 IV-1. 체육부 예산내역 및 구성비 (단위: 백만원 · %)

	체육부예산	체육진흥	체육시설	국제교류	체육과학 선수양성	체육정책
1982	12,664	2,957 (23.3%)	2,500 (19.7%)	3,539 (27.9%)	1,372 (10.8%)	2,296 (18.1%)
1983	24,423	1,724 (7.1%)	8,565 (35.1%)	6,053 (24.8%)	7,030 (28.8%)	1,051 (4.3%)
1984	33,182	1.937 (5.8%)	16,739 (50.4%)	3,216 (9.7%)	9,895 (30.3%)	1,395 (4.2%)
1985	44,454	8,606 (19.4%)	17,500 (39.4%)	3,707 (8.3%)	13,473 (30.3%)	1,168 (2.6%)
1986	40,074	7.047 (17.6%)	11,000 (27.5%)	4,876 (12.2%)	15,780 (39.4%)	1,371 (3.4%)
1987	43,313	5,554 (12.8%)	16,460 (38.0%)	3,976 (9.2%)	15,945 (36.8%)	1,381 (3.2%)

체육 재정의 대부분이 1986년 아시안게임과 1988년 올림픽 행사를 위한 시설투자와 우수선수를 발굴, 육성하는데 사용되었다. 이러한 엘리트체육에 대한 투자에 비해 생활체육이나 학교체육에 대한 투자는 미비하였다. 생활체육 부문의 예산은 1983년에 8천 6백만원으로 체육부예산의 0.4%를 차지하였다가 1985년에는 5천 3백만원으로 체육부 예산의 0.1%가 줄었다. 1987년에는 또 1억 5천만원으로 다시 0.4%가 되었다. 학교체육의 예산은 1983년에는 4억 6천만으로 체육부 예산의 1.9%를 차지하였으나 1987년에는 5억원으로 체육부 예산의 1.2%로 그 비율이 낮아졌다(정동구, 하웅용, 2001).

또한, 체육부는 체육진흥을 위한 예산확보와 미래의 스포츠 재정자립기반을 조성하기 위해 1972년도에 설치된 국민체육진흥기금을 1982년도에 국민체육진흥법을 개정하여 국민체육진흥기금의 관리, 운영을 전담할 국민체육진흥재단을 설립하여 정부 출연금, 담뱃갑 광고수입, 경기장입장료 부가 모금 등의 사업을 확장하여 기금을 조성하였다. 각종 주요 국제대회에서 좋은 성적을 거둔 우수선수와 지도자의 복지향상을 위하여 국민주택 특별분양과 연금 등으로 지원되었다.

체육부 설립 이후 집행했던 주요 정책을 분석하면 먼저 다양한 국민적 요구에 부응하고자 스포츠 행정영역을 대폭 확대하여 학교체육시설 확충과 지방스포츠시설의 기틀을 다지기 위해 모든 시·군에 1운동장, 1체육관 및 1수영장 확보를 주요 정책목표로 설정하였다. 그리고 전국체전시설, 소년체전시설 및 동계시설 등 총 139개소에 1,250억원의 국고를 지원하여 스포츠 시설공간 확보에 심혈을 기울인 결과 1991년도까지 전국의 시·군이 운동장은 59%, 체육관은 51%를 확충하게 되었다. 따라서 확보된 스포츠시설 공간을 적극 활용하고 생활체육진흥을 위하여 13개의 국민경기종목을 개발하여 전국에 보급하였다. 1986년에는 국민체육진흥실태를 최초로 조사하고 각계계층에 적합하며 다양한 생활 스포츠 프로그램을 만들어 보급하는 등 정책지원을 강화하였고, 직장 스포츠동호인 조직을 통해 이를 활성화하고 모든 직장은 년 2회 이상의 체육대회 개최와 체육주간 및 체육의 날 행사를 반드시 갖도록 법으로 규정하여 적극 권장하였다. 학교체육 운영의 내실화를 위해 체육부는 교육부와 함께 체육활동을 강화하였고 체력장제도와 아울러 1인 1기 및 1교 1기 운동을 전개하는 한편 성장기 아동의 체위, 체력향상을 국민식생활 개선에 이바지하고자 표준식단을 개발하는 등 학교급식을 확대 지원하였다(이범철, 1989).

체육부가 엘리트스포츠 진흥을 위해 추진했던 대표적 정책으로는 86아시안 게임과 88서울올림픽을 대비하고자 신인 선수 발굴사업을 펼쳤다. 체육부는 전국 600만명을 대상으로 2단계 선발작업을 거쳐 1983년도부터는 최종 선발된 4,359명의 후보선수(꿈나무 선수)들에게 해외전지훈련, 유능한 외국인코치의 초빙 등 체계적인 훈련으로 통해 경기력 향상을 지원하였다. 1984년에는 후보선수를 육성하기 위하여 우리에게 적합하고, 전통적으로 경기력이 강하여 메달 획득이 유망한 종목을 중심으로 육성대학을 지정 운영하기 시작하였고, 각종 선발전을 거쳐 정예화된 국가대표선수들에게 국내강화훈련, 해외전지훈련, 외국인코치 초청, 지도자 해외연수, 훈련여건의 개선과 스포츠 과학의 현장 적용을 통해 체계적이고 효과적으로 훈련지원을 하였다. 이러한 엘리트스포츠 진흥정책의 결과 우리나라는 1984년 LA올림픽에서 종합성적 10위에 오르는 쾌거를 이룩하였으며, 86아시안게임에서도 일본을 누르고 중국과 비슷한 실력을 보이면서 2위를 차지하였고, 뒤이어 88 서울올림픽에서는 금 12, 은 10, 동 11개를 획득하며 세계 4위를 기록, 엘리트 스포츠 분야에서 한국스포츠 사상 최고 성적을 거두었다(문화체육관광부, 2020).

86·88 대회를 유지한 후 스포츠외교적인 측면에서 국제스포츠교육에 대한 정책의 중요성이 증대되면서 공산권을 포함한 미수교국과의 적극적인 스포츠교류를 추진하는 한편 국제스포츠관계 유력인사와 유대강화, 순회홍보 실시, 해외스포츠 지원, 그리고 각종 주요 국제경기대회 및 회의에 참가하여 국제스포츠계에서 우리나라 지위향상과 스포츠를 통한 국제우호 증진에 많은 노력을 경주하여 88서울올림픽대회에는 역대 올

림픽 사상 최다수국가인 160개 국가에서 13,000여명의 선수단이 참여하는 스포츠외교의 성과를 이룩하였다.

1980년대 우리나라의 스포츠를 이끌었던 체육부는 한국을 세계 속에 스포츠강국으로 자리 잡는데 있어 중추적 역할을 하였다. 정부는 체육부를 중심으로 86·88 대회를 준비를 1980년대 스포츠 정책의 최우선 목표로 삼았으며, 국가의 모든 역량을 총 집결하였다. 올림픽 전담조직인 서울올림픽조직위원회와 아시안게임조직위원회는 1981년 올림픽 대회 유치직후인 1981년 11월 2일에 설립되어 정부, 국회, 기존의 각종 경기단체 및 민간조직과 지원, 협조체제를 구축하여 체육부와 함께 양 대회의 전반적인 기획, 사업업무를 총관하는 구심점이 되었다. 체육부는 양 대회 조직위원회와 서울시가 추진한 경기장시설, 경기운영, 환경정비 등 제반 준비사항은 물론 정부 각 부처에서는 대회를 위한 환경·교통·관광·숙박·통신 등의 여건조성사업의 효과적인 종합 및 조정을 통하여 모든 사업이 원활히 추진하도록 정부 각 기관간의 협조체제를 강화하였다.

그리고 분야별로 준비 상황을 점검하고 지원방법을 협의하는 정부지원위원회와 지원실무위원회를 준비 기간 중 총 51회를 개최하였다. 또한, 국무총리실 특별점검반과 감사원·체육부 합동으로 올림픽 저해요인에 대한 대책을 강구하여 미진한 부분을 점검, 보완하였다. 이러한 빈틈없는 대회 준비의 결과로 86·88 대회의 성공적인 개최를 통하여 우리 민족의 역량을 과시하여 민족적 자긍심을 고취하였다. 그뿐만 아니라 우리나라는 선진국으로 도약할 수 있는 중요한 계기를 마련하는 한편, 동·서간 냉전의 벽을 허물고 세계가 하나로 화합되는 큰 변혁의 계기를 마련하였으며 우리민족의 염원인 남북통일의 전망도 밝게 하였다. 위와 같은 발전과정을 통해서 체육부가 1982년도 창설되어 88 서울올림픽 개최준비에 이르기까지 우리나라의 체육행정은 양적 및 질적인 면에 비약적인 성장을 거듭하였다.

체육부를 중심으로 한 중앙주도 행정시스템을 통해 한국의 엘리트스포츠는 괄목할만한 발전을 이룩하여 세계 10위권의 스포츠경기력으로 성장하는데 주요 역할을 다하였다. 하지만 제3공화국이후 특히 제5공화국에 이르기까지 집권한 군사정권은 자신들의 정치적 정통성을 확보를 위해 체육을 정책적 도구로 이용하여 국민체육의 목적을 훼손하고 변질시킨 부분이 없지 않았다. 즉 군사정부는 국민통합을 유도하려는 의도를 앞세워 대규모 국내외 스포츠행사를 치러졌고 이러한 과정에서 정부의존도 심화와 재정이나 시설 면에서도 편중 현상을 가져왔다. 더욱이 체육부의 주요 업무가 89아시안게임과 88서울올림픽 성공적 개최에 집중되었기에 국가 체육정책의 기본인 학교체육은 상대적으로 등안 시 되는 현상을 낳기도 하였다.

4. 1990년 이후 한국스포츠 정책

1980년대를 한국스포츠의 황금기라고 할 수 있으며, 이러한 황금기를 구가할 수 있었던 것은 우리나라의 스포츠 정책과 행정체제가 1960년대 이후 엘리트스포츠 패러다임에 의해 주도되었기 때문이었다. 이러한 패러다임이 가능하였던 이유는 크게 3가지로 설명할 수 있다. 우선 엘리트스포츠를 통한 **국가 이미지 향상**이었다. 우리나라는 근대화에 있어 세계 어느 나라보다도 힘든 과정을 겪었다. 일제강점기와 한국전쟁을 겪어야 했던 우리는 국제무대에 있어 잘 알려지지도 않았고, 경제 후진국이라는 부정적인 이미지만이 남아있었다. 이러할 때에 엘리트스포츠는 국위선양에 지대한 기여를 하였다. 당시 스포츠는 민간외교로써의 가장 적합한 방법으로 인식되어져 왔던 것도 사실이었다.

둘째, 엘리트스포츠를 통한 **국민의 화합**이었다. 스포츠를 통한 국민화합과 사회통제는 고대로부터 위정자들에 의해 종종 시도되었던 일이었으며, 특히 국민의 지지기반과 정통성이 취약했던 군부정권 시절에 국민의 관심을 모으고 정치적 무관심을 유도하는 데 스포츠는 효과적으로 활용되었다. 스포츠는 정치적 무관심을 유도함으로써 결국 88 올림픽 준비과정에서 보여 지듯 정치적 안정에 기여한 바 있다.

셋째, 스포츠를 통하여 **정치체제 우월성**의 증명이었다. 제2차 세계대전이후의 민주진영과 공산진영의 이념적 냉전은 갖가지 수단으로 그 체제의 우월성을 증명하고자하였고, 국제 스포츠무대에서의 승패는 곧 체제의 우열로 인식되었다. 즉 많은 역사적 사건 등이 증명하듯이 엘리트스포츠를 통한 체제 경쟁은 무기 없는 전쟁으로 인식되었다. 특히 남북한이 첨예하게 대립하였던 우리에겐 국세 스포츠무대에서의 경쟁은 곧 전쟁과도 같았다.

1990년대에 이르러서는 이러한 엘리트스포츠 패러다임은 여러 국내외적 환경으로 인하여 위협받기 시작하였다. 즉 엘리트스포츠의 발전 배경이 되었던 세 가지 주요 요인들이 점차로 중요성을 잃어 가고 있었다. 86 · 88 양 대회를 개최하면서 스포츠를 통한 국가이미지 향상은 이미 최고점에 이르렀고, 과거 정권은 권력의 정당성을 확보하고 국민 정서를 통합하기 위한 수단으로 엘리트스포츠에 대폭적인 지지를 하였으나, 정치적 정통성을 인정받은 문민정부부터는 그 필요성이 약화되었다. 또한, 소련과 동구권의 붕괴로부터 온 냉전의 종말은 스포츠를 통한 체제대립이 불필요하였다. 물론 남북한 분단체제는 아직 변함없으나, 남북한은 화합과 평화공존이라는 모토아래 서로의 벽을 허물고 있었기에 스포츠를 통한 대립은 이전 같은 정치적 의미를 주지 못하였다. 2000년 시드니 올림픽 개막식에 있었던 동시 입장이 그 좋은 예라 할 수 있다. 이러한 이유로 인하여 엘리트스포츠의 중요성은 1990년대 이후 감소 되고 있었다.

서울 올림픽대회를 성공적으로 개최 후, 체육업무가 상대적으로 축소되자, 정부는 1990년 12월 체육부내 청소년 업무를 확대하여 체육부의 명칭을 체육청소년부로 개칭하였다. 이는 스포츠 및 청소년업무에 대한 행정을 보다 일관성 있고 효과적으로 추진할 수 있는 기틀을 만들기 위함이었지만 스포츠업무 특히 엘리트스포츠 부문은 축소되었다. 체육청소년부는 모든 국민이 건강하고 건전한 생활을 영위하도록 하는 스포츠 생활화를 위한 시책에 더욱 비중을 두고 중점적으로 추진하여 1990년 3월에는 국민생활체육진흥종합계획 일명 '호돌이계획'을 수립하여 모든 국민이 참여하는 생활스포츠 정책기반을 조성하였다.

김영삼 정부(1993~1998)가 들어서면서 엘리트스포츠 정책의 비중이 현저히 줄어들기 시작한다. 문민정부의 출범과 함께 정부 행정조직이 개편되면서 1993년 3월 문화부와 체육청소년부가 통합되어 문화체육부가 되었다. 문화체육부는 1995년 1월까지 1차관보, 3실, 6국, 30과, 10담당관, 13소속기관의 직제를 두고 문화・체육・예술 및 청소년에 관한 행정업무를 관장하였다. 김영삼 정부는 생활체육과 엘리트스포츠의 균형적 성장을 목표로 하였으며, 엘리트스포츠 중심이었던 스포츠정책을 생활체육으로 전환하는 차원에서 범국민적 체력증진과 여가선용을 위한 생활체육 확산에 역점을 두었다. 결과적으로 김영삼 정부를 거치면서 대한체육회, 국민생활체육협의회와 같은 민간체육단체의 위상이 강화되었으며, 양적으로 성장하였다. 제1차 국민체육진흥 5개년계획(1993~1997)을 정리하면 국민체육증과과 여가선용, 세계10위권 국제경기력 유지, 국제체육 협력 증진 및 민족화합 등이 국정 목표였다. 특히 생활체육부분을 집중적으로 육성하여 국민체육활동 참여율을 50%대로 제고하였고, 동계종목을 중점 육성하였다 (문체부, 2020).

김대중 정부 출범 이후, 2002년 월드컵과 부산아시안게임과 같은 국제 대회의 준비가 필요함에도 불구하고 중앙행정기구의 스포츠 담당기구는 더욱 축소되었다. 1998년에는 문화체육부가 문화관광부로 개편되었다. 2002년 월드컵축구대회와 부산아시안게임과 같은 메가톤급 국제대회를 앞두고 스포츠담당 중앙행정기구를 축소하였다는 것은 스포츠 행정 수요를 외면하는 행정이었다. 다만 IMF 경제위기로 인해 작은 정부를 추구하였던 당시의 국가정책 기조에 따른 것이며, 이에 따라 민간체육단체의 역할이 더욱 확대되는 결과를 낳았다. 김대중 정부의 햇볕정책의 일환으로 남북스포츠교류가 추진되어 스포츠가 한반도 평화무드에 일익을 담당하기도 하였다(하웅용, 2005).

2003년도에 출범한 노무현정부의 체육정책 기조는 제3차 국민체육진흥5개년계획(2003~2007)을 통해 엿볼 수 있다. 이 계획은 참여, 분권, 자율이라는 참여정부의 정책방향을 토대로 수립되었다. 현재의 체육시설 공급수준이 체육활동의 수요에 비해 절대적으로 부족하다는 구체적 지표가 제시되었으며, 국민의 체육활동수요에 효율적 대응을 위해 생활권내에서 손쉽게 이용할 수 있는 생활체육시설의 지속적 확충과 지역특성에 맞는 다목적 체육활동 공간조성을 추진방향으로 설정하였다. 노무현정부는 스포츠 저변확대 정책의 일환으로 대한장애인체육회를 설립하였다. 대한장애인체육회는 장애인의 건강증진과 건전한 여가생활 진작과 장애인 우수경기인을 육성하여 국위선양을 이끌기 위해 2005년 11월 25일에 설립하였다(대한장애인체육회 홈페이지).

이명박 정부(2008~2013)는 주5일제 근무 시행으로 국민은 스포츠와 여가에 대한 요구가 급격히 늘어났다. 이에 정부는 문화, 예술, 관광과 더불어 스포츠부문을 함께 연계하여 주요정책들을 추진하였다. 당시 정부의 '문화비전 2008~2012'의 내용을 살펴보면 '스포츠로 신명나는 나라'라는 모토로 15분 프로젝트와 학교체육 정상화를 이끌기 위해 체육 친화적 교육환경, 교육 친화적 체육환경을 조성하기 위해 주요정책으로 다루어졌다(문화체육관광부, 2008).

박근혜정부의 스포츠정책은 '스포츠비전 2018'을 통해 엿볼 수 있다. 스포츠비전 2018을 다음의 네 가지 진략으로 요약할 수 있다.

첫째, 생활체육참여율이 점점 증가하고 있지만 운동에 전혀 참여하지 않는 국민이 절반 이상인 점을 감안, '손에 닿는 스포츠'를 만들어 국민 모두가 습관처럼 스포츠에 참여하는 환경을 조성하여 2013년 43%인 생활체육참여율을 2017년까지는 60%까지 올리고자 하였다.[11]

둘째, 출산율 저하로 인한 선수 자원의 감소, 역피라미드형 선수 구조, 우수한 경기력에 못 미치는 국제스포츠계 영향력 등과 같은 문제를 해결하여 '뿌리가 튼튼한 스포츠'를 만들고, 이를 통해 우리 스포츠의 글로벌 경쟁력 강화 및 국가 브랜드 제고를 달성하고자 하였다.

셋째, 스포츠 산업의 시장경쟁력이 낮은 상황에서 융·복합 시장 창출 및 스포츠 창업 지원 등을 통해 '경제를 살리는 스포츠'를 만들고, 이를 통해 스포츠산업 규모를 37조에서 53조로 끌어올리고 일자리 4만 개를 창출하고자 하였다.

마지막으로, 이 모든 정책을 추진하기 위해, 체육·경기단체와 지역생활체육회 등 스포츠행정의 근간을 개선하고, '스포츠공정위원회' 설치 등, 공정성 확보를 위한 근본적 해결책을 마련하여 스포츠를 바꾸고, 스포츠로 사회와 국격과 미래를 바꿈으로써, 국가 발전에 동력이 되고자 하였다(문화체육관광부, 2013).

---

11) 2013년도 43%의 생활체육 참여율은 주2회 이상을 기준으로 하였다. 2017년도 주 2회 이상 생활체육 참여율은 48.2%로 정부의 기대치에 못 미친 것으로 판단된다(문화체육관광부, 2020).

03

한국의 스포츠민족주의

우리나라의 스포츠는 민족주의 이념과 함께 발전해 왔다. 실상 조선인에 의해 설립된 최초 스포츠단체가 바로 민족주의를 근거로 해서 조성되었기 때문이다. 조선체육회는 1920년 7월 3일 일본에 주도에 의해 먼저 창립된 조선체육협회에 반하고자 창립되었다. 이렇듯 조선체육회는 그 출발부터 단순한 스포츠 단체이기보다는 스포츠를 통해 항일운동을 주도한 민족운동 단체로써의 성격이 짙었다. 70여명의 발기인에는 동아일보 주필 장덕수를 비롯한 훗날의 부통령 김성수, 참의원 의장 백낙준, 국무총리 최두선, 그리고 동경조선인기독협회회장 신흥우 등 민족 지도자급 인사들이 주축이 되었다(하웅용 외, 2018).

일제강점기, 어느 경기종목을 막론하고 선수든, 관중이든 단순한 경기가 아니라 나라를 빼 앗긴 울분을 표출시키는 현장이었다. 우리선수들은 일본과의 대결에서 투지를 불태웠고, 축구, 농구, 권투 등 인기종목에서는 언제나 일본 선수들을 크게 압도했다. 코치 역시 작전을 지시할 때마다 **지금은 경기를 하는 것이 아니다. 우리 민족을 대표해서 독립운동을 하는 것이다**라고 선수들을 격려했다(이학래, 1998).

1936년 베를린 올림픽에서 당당히 금메달을 획득한 손기정이 태극기 대신 일장기, 애국가 대신 기미가요, 그리고 손기정이란 이름 대신 '기테이 손'이라는 이름이 오르는 시상대에서 '다시는 이런 욕된 세계무대에 서지 않겠다'라고 결심한 것도 스스로 한 사람의 마라톤 선수이자 독립투사라고 믿었기 때문이다. 동아일보 이길용 기자가 주도한 일장기 말소사건도 그 일환이었다. 그런가 하면 일본의 스포츠 작가인 가마다는 그의 저서 일장기와 마라톤에서 "조선 선수들이 주먹 힘을 키운 것은 불리한 판정을 피하고 KO로 이기기 위한 뜻도 있었지만, 관중이 보는 앞에서 일본인을 공공연히 두들겨 패서 코피를 흘리도록 만들고 쓰러질 때까지 때려 주는 데에도 목적이 있었다"라고 적고 있을 정도였다(이학래, 1998).. 이렇듯 과거 국내 스포츠발전과 스포츠정책을 수반하는 데 중심적 패러다임이 바로 민족주의였다.

막스 베버 (Max Weber)는 민족이란 타집단과 직면했을 때 특수한 연대감정(a specific sentiment of solidarity)을 갖는 집단이라고 하여 민족의식을 특수한 연대 감정으로 이해하고 민족 형성에서 중요성을 강조하였다. 민족의식이란 한 민족의 성원들이 다른 민족들로부터 구별되는 통일적 공동체로서의 자기 민족의 독자성과 주체성을 집단적으로 자각하는 것이다. 이러한 민족의식과 스포츠가 어떻게 결합할 수 있는가는 먼저 스포츠와 민족은 비슷한 특성을 인식해야 한다. 스포츠는 그 자체가 개인과 집단의 정체성을 확인하고 강화하는 속성을 가지고 있다. 정체성은 주어진 고정된 실체가 아니라 사회적 관계 속에서 구성되며 나, 우리가 아닌 너 또는 타자의 존재를 기본으로 하는 것이다. 즉 너, 타자와의 구별을 통해서 나와 우리의 동일시가 생기면서 공통된 존재 즉 정체성이 형성된다. 이런 공통된 정체성이 바로 스포츠에서는 팀이며 국가로 볼 때 민족인 것이다. 너와 타인에 대한 구별이 확연히 드러날 때 정체성 은 집단에의 소속감이 강하게 드러난다. 타민족에게 지배를 받거나 전쟁이 발발하면 국내의 갈등은 소멸되고 국민 하나가 되어 집단의식으로 합치되는 것은 우리의 역사를 보아도 확인할 수 있다.

스포츠 역시도 경쟁이라는 기본적 속성이 있기에 나, 우리의 정체성을 가지며 경기에서 반드시 이겨야 하다는 것은 민족의 정체성과 통하는 면이 있다. 즉 스포츠경기에 참여하는 선수는 작게는 팀이지만, 더욱 큰 의미로는 학교, 직장, 지역사회, 국가로 집단을 대표하기 집단의 정체성을 갖고 있다. 따라서 우리는 일본 제국주의에 36년간의 식민지 통치를 받을 때 우리의 민족주의가 형성되었고 당시 스포츠활동은 바로 민족주의 스포츠의 색채가 강하게 드러났던 것이었다.

일제강점기를 거처 광복을 이루었지만 남북한의 체제적 대립과 국민통합의 강력한 구심점을 조성하기 위하여 스포츠를 활용하였는데 스포츠는 이러한 기대를 충족시키는 효과적인 수단이었다.

스포츠에서의 일본과의 대결, 남북대결 또는 경쟁은 시작부터 과열 양상을 보였다. 한국사회 스포츠문화에서 일본과 북한이라는 나라는 물리쳐야 할 대상으로 국가적으로 스포츠 대립구도를 형성하였다. 또한 우리나라 선수가 서구 강대국 선수를 제압할 때도 비슷한 스포츠민족주의는 발현되기도 하는데 이는 당시 한국이 약소국으로 강대국과 경쟁하여 승리할 수도 있다는 것을 가시적으로 보여줄 수 있었기 때문이었다. 이렇듯 스포츠에서의 승리가 국내외 선전과 홍보에 활용할 수 있었다. 박정희정부에서 스포츠에서 우수한 성적은 곧 국력이라는 관점을 형성하였으며, 이를 위해 정부 주도로 운동팀 및 선수를 관리하는 체계를 도입하였다. 당시 정부는 스포츠를 통해 한국사회를 대내외에 알리고자 하였다. 최소한 국제사회에서 어깨를 나란히 할 파트너로 인정되길 희망했다. 1966년 설립된 태릉선수촌은 국가주도적 관리형 스포츠를 집약적으로 드러내는 예이다.

이렇듯 정부가 중심이 되어 국가발전을 주도하였기에 한국사회에서는 스포츠에서도 민족주의(Nationalism)와 국가주의(Statism)가 중심이념으로 성장할 수 있었다. 민족주의와 국가주의는 한국사회 스포츠 문화의 배경으로서 한국적 스포츠민족주의는 국가를 중심으로 생산되었으며, 국민은 애국이라는 이념과 동급으로 스포츠민족주의를 이해하고 소비하였다. 그동안 국내에서 개최된 동·하계 올림픽, 월드컵 등 국제 스포츠이벤트를 개최하면서 스포츠민족주의는 더욱 중심이념으로 자리 잡았다(배재윤, 2013).

스포츠 현장에서의 승리를 활용하여 사회 계몽이랄지 국가 위기극복에 활용하기도 하는 데 예를 들어 박세리가 LPGA의 경기에서 우승하는 장면을 담은 광고이다. 이 광고는 한 국가가 민족주의를 강조하기 위하여 스포츠를 이용한 대표적인 예라 하겠다. 광고는 양희은의 엄숙하고도 비장한 목소리가 배어있는 '상록수'가 배경음악으로 흐르고 박세리가 US오픈대회 연장 라운드에서 결전을 벌이는 장면이 스크린에 등장한다. 연장 마지막 라운드에서 친 샷이 페어웨이를 벗어나 워터 해저드 바로 옆 풀 속으로 들어가자 박세리는 양말을 벗고 물속으로 들어가 멋진 샷으로 위기를 모면한다. 공익광고의 마지막 장면은 박세리가 재연장 홀에서 마지막 버디 퍼팅이 성공하고 승리의 기쁨을 만끽하면서 아버지와 포옹하는 장면이 상록수의 마지막 대사인 '헤치고 나가 끝내 이기리라'와 오버랩이 되면서 끝을 맺는다. 박세리의 개인적인 우승의 드라마를 의미화되고, 현실의 IMF체제를 극복하려는 국가적인 과제를 호소하는데 매개체가 된 것이다.

우리나라는 스포츠민족주의라 할 수 있는 스포츠이념을 단적으로 보여줄 수 있는 대표적인 국가이다. 국내에서 스포츠민족주의는 우리나라 역사에 있어서 일본 제국주의에 대한 저항, 북한과의 이념대립에서의 반공의 의미, 국가건설과 민족의 통합의 수단으로 구축되었다. 과거 국민의 생활체육보다는, 엘리트스포츠 정책이 주도해온 현황에서 '대한건아', '태극마크', '국위선양' 같은 수사는 한국 스포츠의 강력한 패러다임이었다. 이러한 스포츠민족주의 이념은 국가주도의 스포츠정책을 수행하는데 배경이 되었다.

◎ 연 구 문 제

① 일제하에서 스포츠는 어떠한 의미가 있었는가.

② 군사정권이 스포츠에 미쳤던 영향을 설명하시오.

③ 1980년대에 한국이 스포츠의 황금기를 구가하였던 사회·정치·문화의 배경은 무엇인가.

④ 김대중 정부에 이르러 스포츠 정부기구가 대폭 축소되었다. 이러한 변화가 한국 스포츠에 어떠한 영향을 주는가.

⑤ 21세기에 있어 생활체육, 학교체육, 엘리트스포츠 중 어디에 중점을 두고 스포츠 정책을 수립해야 하며, 그 이유는 무엇인가.

※ 참고문헌

국민생활체육회. 홈페이지.

국민체육진흥공단. 홈페이지.

국민체육진흥법(1982).

대한체육회(2010). 대한체육회 90년사. 대한체육회.

대한체육회. 홈페이지.

대한장애인체육회. 홈페이지

문화관광부(2007). 장애인체육백서. 문화관광부.

문화관광부(2008). 문화비전 2012: 문화국가 100년을 내다보는 정책을 펴겠습니다. 문화관광부.

문화체육관광부(2013). 스포츠비전 2018. 문화체육관광부.

문화체육관광부(2020). 체육백서 2018. 문화체육관광부.

배재윤(2013). 기획된 문화, 만들어진 스포츠. 한국사회학회 대회 논문집. 6.

이범철(1989). 체육시설이용 및 관리제도 개선. 올림픽이후의 체육정책에 관한 공청회.

이학래(1998). 스포츠와 인간승리. 사람과 사람.

이학래(2000). 한국체육백년사. 한국체육학회.

정동구, 하웅용(2001). 스포츠정책사론. 한림문화사.

하남길 외(2007). 체육과 스포츠의 역사. 한국체육사학회.

하웅용(2005). 김대중정부의 체육정책. 한국체육학회지. 44(5).

하웅용(2002). 근・현대 한국 체육문화 변천사. 한국체육사학회지. 7(1).

하웅용(2017). 국립체육박물관 전시프로그램 구성방안. 체육박물관추진단.

하웅용, 조준호, 김지연, 김지영, 최영금, 김상천, 양현석, 최광근(2018). 스포츠문화사. 한국학술정보.

하웅용, 조준호, 이인철(2011). 사진으로 보는 한국체육 100년사. 체육인재육성재단.

하웅용, 최영금(2012). 제2페미니즘 시기에 나타난 한국 여성 엘리트스포츠의 사회이론적 해석. 한국체육학회지. 51(6).

제 6 장

⋮

김대중정부의 체육정책

1998년 출범한 김대중정부는 '제2의 건국운동'이라는 국가개혁, 사회개혁운동과 개혁정책을 적극적으로 수행할 수 있었으며 이를 가능케 했던 배경은 첫째, IMF경제체제로 불리는 경제위기는 사회의 총체적 개혁을 강제할 수 있는 외적 요인을 형성하였기 때문이다. 둘째, 대내적으로 최초의 여·야간 정권교체에 의한 김대중정부의 출범은 범국민적 지지가 확인되었기 때문에 역대 어느 정부보다도 광범위하고도 실질적인 개혁정책을 추진할 수 있었다. 김대중정부의 업적은 다급한 IMF사태 극복을 위한 경제정책들을 고강도로 추진하여 위환 위기를 극복하였고, 남·북한 관계에 대해서는 햇볕정책이라고 하는 대북포용정책을 꾸준히 추진하여 성과를 이루었다는데 있다. 그러나 여러 개혁영역에서 실효를 거두지 못하고 형식주의·과시주의로 흘렀으며, 개혁을 뒷받침해 줄 인프라를 생각하지 못하고 단발적, 과잉적, 불균형적 개혁을 추진하였다. 또한 작은 정부 구현에 실패한 일, 무리한 개혁정책의 강행으로 갈등과 낭비를 빚은 일 등은 개혁의 흠절로 남았다.

그러면 김대중정부의 스포츠정책은 어떠했는가? 역대정부에서의 스포츠는 정치적 과제를 해결하기 위한 방편으로 이해되었으나, 김대중정부는 상대적으로 이러한 정치적 부담감이 적었던 이유로 국가주도 정책에서 벗어나 시장주도로 전환코자 시도하였다. 그러나 스포츠영역의 시장주도 역시도 실효를 거두지 못한 체, 2000년 이후부터 다시 국가주도로 전환 체육정책을 수행하게 되었다. 그럼에도 불구하고 김대중정부는 2002 한·일 월드컵대회를 성공적 개최하였고, 햇볕정책과 맞물려 부산아시안게임에서는 북한 선수단과 응원단의 참가라는 역사적 성과를 이루었다.

01
중앙정부차원에서의 체육정책

김대중정부의 스포츠정책은 제2차 국민체육5개년계획을 기본 틀로 추진되었으며, 중앙 정부차원의 체육정책은 체육관련 중앙부처관련 업무와 체육재원으로 크게 나누어 분석할 수 있다. 제2차 국민체육5개년계획에 제시된 정부의 체육의 목적은 크게 3부분으로 나눌 수 있다. 첫째로, **스포츠복지사회 실현을** 위한 체육정책을 목표로 제시했다. 21세기 '건강한 복지사회 건설'에 체육활동의 중요성을 강조하였다. 둘째로 **스포츠부문 간에 연계**발전으로 행정의 효율성 추구를 목표로 하였다. 국민 개개인이 건강과 스포츠, 여가활동에 대한 관심이 증가되고 있어 정부는 스포츠 진흥을 위한 각 요소 간에 긴밀한 연계가 필수적이며 이를 정부에서 조정하려는 목적이 있었다. 셋째, 생활체육 일상화를 위한 **스포츠 활동여건 체계화**를 목표로 하였는데 이는 국민의 체력과 비만관리 등 국민 건강증진, 다양한 생활체육활동의 기회 부여, 여가활동 등 건강한 체육복지 사회구현을 위하여 정부가 종합적이고 체계적인 정책을 수반하고자하는 목적이었다(문화관광부, 1998). 김대중정부의 제2차 국민체육5개년계획은 실제적으로 김영삼정부에서 세웠던 제1차 국민체육5개년계획과 비교하여 집행상의 국가지원이 차이가 없다. 김대중정부의 중대한 정책적 과오는 과거 정부와 대동소이한 스포츠 목표를 수립하였지만, 이를 감독, 조정, 협의할 수 있는 스포츠행정기구를 축소하였다는 것이다.

우리나라의 정부 스포츠 행정조직은 김영삼정부부터 행정조직 개혁 과정에서 구조조정 우선순위로 전락하여 축소될 때로 축소되었다. 1998년 김대중정부의 출범이후 문화체육부가 문화관광부로 개칭되면서 정부행정조직에서 스포츠관련 전문부처는 없어졌고, 1999년에는 정부조직 구조조정에서 스포츠행정은 1국 4과로 축소되었다. 이는 정부 스포츠행정 기능의 퇴보를 가져왔으며, 리더십 부재를 가져왔다. 생활체육, 학교체육, 엘리트스포츠와 국제스포츠교류 등 방대한 스포츠분야의 업무를 1국에서 감당한다는 것은 스포츠 정책의 마비를 가져와 국가 스포츠 인프라의 전반적인 위기를 가져왔다(정동구, 1999). 이러한 중앙 스포츠행정 기구의 축소는 김대중정부가 내세운 '신공공관리론'에 의한 개혁이었다. 그러나 전반적인 행정조직상의 실질적인 인력감축의 효과에는 부정적이다. 먼저 인력감축이 정부의 기능 재정립에 의한 것이라기보다는 가시적인 효과를 위해 혹은 민간부문의 형평성을 고려하여 이루어진 다분히 물량주의적 감원이었다(이명석, 2001 :314). 이러한 가시적이고 물량주의적 감축에 스포츠 중앙조직이 축소되었고, 국가차원의 스포츠 업무는 중앙정부, 지방자치단체 및 스포츠단체가 업무의 성격과 전문 분야에 따라 역할을 분담하고 왔으나, 중앙정부의 스포츠구조의 축소화는 정부차원의 정책수립 및 조정업무를 부분적 포기해야만 했다.

당시 스포츠계에서는 '체육청'이나 '체육위원회' 설치를 요구하였으나(이학래, 2000), '작은정부'를 지향하는 김대중정부의 의지(김판석, 2000)에 역행하기에 뜻을 이루지 못하였다. 국가적인 차원의 스포츠 기능과 역할의 중요성과 학교체육 담당 중앙부처도 부재했던 당시 상황으로 볼 때 스포츠계의 주장은 합당했다. 그러나 김대중정부의 이러한 홀대 속에서도 스포츠가 이룩한 업적은 기대 이상이었다. 김대중정부의 업적으로 평가되는 햇볕정책에 있어서 선두에 앞장서 이끌었던 것이 바로 스포츠교류이었으며, 또한 김대중정부에서 이룩코자했던 국민단합은 2002 한·일 월드컵대회에서 그 실효를 거두었으며, 이는 국내뿐만 아니라 국외적으로 역동적 한국을 보여주었던 기회였다. 김대중정부가 결국 개혁영역에서 실효를 거두지 못했고, 작은정부 구현에 실패한 일, 무리한 개혁정책의 강행으로 갈등과 낭비를 빚은 일 등으로 볼 때 당시 스포츠계의 의견을 받아들여 스포츠 전문중앙기구를 설치했더라면 긍정적인 효과를 볼 수도 있었을 것이다.

정부국고에서의 스포츠예산을 살펴보면, 김영삼정부 마지막 해인 1997년에 1,514억원으로 전체정부예산의 0.21%였고, 1998년에는 2,316억원의 국고대비 0.29%로 증가하였던 것이 1999년에는 크게 줄어 1,572억이었으며, 2000년에는 1,799억원 2001년에는 1,639억원, 2002년에는 1,639억원으로 점차적으로 줄어들었다. 2002년 한·일 월드컵과 부산아시안게임 준비에 있어 많은 스포츠시설을 확보했음에도 불구하고 이렇듯 감소추이를 나타낸 것은 정부의 중요시책에 있어 체육이 등한시되었음을 시사하고 있다. 김대중정부의 스포츠예산을 보면 표 VI-1과 같다.

표 VI-1. 김대중정부 정부예산대비 체육예산 (단위: 억원)

연도	정부예산	문화관광부	체육예산	체육예산비율
1997	714,006	6,531	1,514	0.21%
1998	807,629	7,574	2,316	0.29%
1999	884,854	8,563	1,572	0.18%
2000	949,199	11,707	1,799	0.19%
2001	1,002,246	12,431	1,639	0.16%
2002	1,119,762	13,985	1,589	0.15%

출처: 박영옥, 2003.

정부국고에서의 스포츠예산과 더불어 우리나라 스포츠계의 살림에 중요한 자원은 국민체육진흥기금이다. 국민체육진흥기금은 1989년 발족한 국민체육진흥공단이 올림픽잉여금을 근간으로 하여 일반기금으로 통합되기 전인 2000년까지 관리, 운영하였던 기금이다. 국민체육진흥기금에서의 체육지원규모는 1998년 703억원에서 지속적으로 늘어나 2002년에는 1,243억원이었다. 이는 176%의 증가폭이 이었다. 국고지원과 국민체육진흥기금을 합한 전체 체육재원은 김대중정부가 김영삼정부와 비교해서 많으나 증가된 예산 대부분이 월드컵 준비에 쓰인 것으로 보인다. 다음 표2는 국가 체육재원규모와 국고 및 국민체육진흥기금의 재원부담비율을 나타낸 것이다.

표 VI-2. 국가체육재원규모와 국고 및 국민체육진흥기금 재원비율(단위: 억원, %)

연도	국고		기금		국가체육재원
	예산	비율(%)	예산	비율(%)	
1997	1,514	71.9	593	28.1	2,107
1998	2,316	76.7	703	23.3	3,019
1999	1,572	61.8	972	38.2	2,544
2000	1,799	39.9	2,708	60.1	4,507
2001	1,639	61.4	1,031	38.6	2,670
2002	1,588	56.1	1,243	43.9	2,831
누계	10,428	61.30	7,250	38.70	17,678

출처: 박영옥, 2003.

표 8-2에서 나타난 것과 같이 국민체육진흥기금은 국가체육재원에 있어서 절반 가까운 비율(42.62%)로써 한국체육 발전에 중추적인 역할을 하고 있는 재원이다. 이렇듯

중요한 기금에도 불구하고 김대중정부는 2000년 국민체육진흥기금을 일반기금으로 통합하여 체육계의 재정적 자립의욕을 꺾는 결과를 가져왔다. 국민체육진흥기금의 일반기금화 반대 이유를 3가지로 정리하면 다음과 같다. 첫째, 국민체육진흥기금은 올림픽잉여금을 근간으로 하여 국민체육진흥 사업의 재원을 목적으로 조성된 기금이 일반기금화 됨으로써 체육인들이 허탈감과 김대중정부에 대한 반감을 갖게 되었다는 것이다. 두 번째, 국민체육진흥기금은 체육진흥에 필요한 국고의 부족분을 보전하고 증가하는 생활체육 수요를 충족시키기 위한 기금으로써 이를 일반기금으로 만들기 보다는 기금을 확충했어야만 했다. 세 번째, 기금 집행의 적절성과 공정성에 관한 문제다. 체육진흥기금은 체육진흥을 위하여 사용되어야 하는데 일반기금화로 인하여 그 예산집행이 원활히 이루어지지 않는다는 것이다. 안정된 체육재정을 바탕으로 민간위주의 자립적, 안정적 체육발전을 꾀하던 체육계는 국민체육기금의 일반기금화로 인하여 민간주도의 체육발전은 요원해 진 것이다(이한규, 1999: 20). 또한 IMF경제위기 이후 경제계의 지원금도 상당히 적어진 것을 상기할 때 국민체육기금의 일반기금화는 체육계의 커다란 타격이었다.

분야별로 국가체육재원의 쓰임을 보면 국제체육분야의 비중이 크다. 국제체육은 국제대회 개최 및 체육교류에 사용된 예산으로 한·일 월드컵대회와 부산아시안게임 지원과 체육시설 건축으로 많은 예산이 소요된 것으로 보여 진다. 김대중정부에 있어 특이한 것은 생활체육의 비중이 커진 것이다. 이는 김대중정부가 국정100대 과제 중에 생활체육의 활성화를 채택한 만큼 비중을 높게 평가했기 때문이다. 이러한 정부의 정책에 발맞추어 공단도 1998년 195억원이었던 생활체육 지원금이 1999년도에는 167%를 증액한 521억원에 달했다. 국민체육진흥기금에서도 2001년도 지원금 집행을 보면 생활체육분야가 41.6%로 가장 많아 엘리트스포츠, 국제체육 분야보다 많았다(박영옥, 2003: 12). 단 2000년의 경우에는 국제체육 분야가 75.2%가 되었던 이유는 월드컵경기장을 건설하기 위해서 체육진흥기금에서 2000억원이 지원되었기 때문이었다.

02

김대중정부 엘리트스포츠, 생활체육, 학교체육 분야의 정책평가

1. 엘리트스포츠 분야

우리나라는 1970년부터 1990년대 이전까지 엘리트체육진흥 패러다임이 지속되면서 국제적인 경제력을 갖고서 주요 스포츠강대국과 어깨를 나란히 할 수 있었다. 김대중 정부는 과거 체육을 통해서 정통성확립이나 정권의 포퓰리즘의 수단으로 생각했던 정부와 다소 차이가 있었기에 엘리트스포츠 분야는 정책적 또는 재정적 후원이 과거 정부에 비해 상대적으로 적었다. 한 예로 메가 스포츠이벤트인 2002 한·일 월드컵대회를 준비하는 과정에서 김대중정부는 출범당시 IMF경제체제하에서 국민에게 경제적 부담을 이유로 경기장 건설문제와 개최도시축소 등을 재검토하기도 하였다(하웅용, 1998: 1061). 그러나 역대 정부에서 보여주듯이 김대중정부는 점차 엘리트스포츠에 대한 지원을 확대할 수밖에 없었다. 국제경기대회 지원이나, 월드컵대회나 아시안게임 등 국제대회 개최를 위한 경기장 건설지원 예산은 김대중정부에서도 지속적으로 예산의 증가를 가져왔다. 정부가 엘리트스포츠 육성지원과 국제경기대회와 체육교류에 쓴 체육예산을 보면 다음과 같다.

표 Ⅵ-3. 엘리트스포츠 정부예산 (단위: 억원)

구분	1998	1999	2000	2001	2002
전문체육육성지원	444	398	470	512	541
국제경기대회,체육교육	1,269	1,114	1,228	900	737
합계	1,713	1,512	1,698	1,412	1,278

출처 : 체육백서 2002 참조.

김대중정부 전반기에 상대적으로 빈약한 재정적, 정책적 지원과 IMF경제위기로 인한 실업팀 해체의 결과는 2000년 시드니올림픽에서 나타났다. 1988년 서울올림픽이후, 종합성적 10위권내의 성적을 내었던 한국선수단은 시드니올림픽에서 12위에 그쳤다. 금메달획득에 있어서도 양궁과 태권도 등 일부 종목에만 편중되었으며, 인기종목이나 육상, 수영, 체조와 같은 기초종목에서도 메달 획득은 생각조차 못했다. 전통적으로 좋은 성적을 내던 복싱, 유도, 역도 등도 참패를 당했다. 한 복싱연맹 관계자는 "IMF이후 비인기종목인 투기종목의 대학, 실업팀들이 해체되면서 유망주들이 갈 곳을 잃었기 때문"이라고 주장했다. 복싱의 경우 96년 13개이던 대학팀은 현재 9개로 줄었으며, 실업팀도 3곳이 해체돼 9곳만이 남게 되었다(조선일보, 2000년 10월 1일). 이는 복싱종목에 국한된 것이 아니었으며 당시 체육계의 전반적인 추세였다.

2000년 이후 김대중정부는 2002년 한·일 월드컵대회와 부산아시안게임을 앞두고 정부차원에서의 지원을 아끼지 않았고 온 국민이 하나 되어 월드컵대회에서 우리나라가 4강에 진출할 수 있었다. 세계 어느 나라도 예상치 못했던 한국의 4강 진출로 국가브랜드의 가치가 상승함으로써 한국의 100대 기업이 수출품의 가격경쟁력으로 얻은 수익만 해도 약 14조원에 이른 것으로 추산하였다(문화관광부, 2004: 3~4). 이외에도 국가의 홍보나 문화, 관광, 건설 등 연관 산업의 발전 효과를 포함하면 한·일 축구대회의 개최는 성공적이었다. 특히 전 국민이 일치단결하여 보여준 응원문화는 국가와 기업브랜드의 이미지가 크게 제고되었다. 결국 월드컵을 통해서 'KOREA 브랜드'가 국제사회에서 정치적으로, 경제적으로, 사회·문화적으로 한 단계 선진하되는 계기를 이룬 것으로 평가된다(하응용, 2002: 50~51).

2002 한·일 월드컵대회는 성공적 개최는 외환위기로 훼손된 국민 자부심을 회복하고 국가 이미지를 크게 쇄신하였다. 이러한 평가는 대회 직후 실시된 여론조사 결과에서도 나타나고 있다. 우리 국민 10명 가운데 4명(41.4%)이 이번 월드컵의 가장 큰 성

과로 '한국인의 자부심 고취'를 꼽은 가운데, '국제적 이미지 개선'(33.3%), '경제발전 기여(14.8%)를 지적하였다. 이는 이번 월드컵이 우리 국민들의 자부심과 긍지를 향상시키고 국가 이미지를 개선하는데 크게 기여하였음을 보여준 것이라 하겠다(동아일보, 2002년 7월 5일).

　"희망과 도약, 새로운 아시아"라는 대회이념 아래 제14회 부산아시안게임이 2002년 9월 29일부터 16일간 개최되었다. 부산아시안게임은 대회 사상 처음으로 OCA회원국이 전부 참가하였고, 더욱이 북한이 참가하였다는 것에 큰 의미를 가져다 준 대회였다(박명흠, 2002: 56). 2002년 아시안게임에서 한국선수단은 금메달 96개로 중국의 150개에 이어 종합 2위를 차지하였다(조선일보, 10월 15일). 부산아시안게임의 가장 큰 이슈이며, 화두는 북한선수단이었다. 북한참가는 한국에서 개최하는 국제 경기대회에 북한선수단이 처음 참가하는 것으로써 그 의의가 있었다. 선수단이외에도 북한응원단이 참가하여 대회 기간 동안 남북한이 화합하여 응원을 펼쳐 남북한의 대립을 잠시 잊을 수 있었던 계기가 되었다(성문정, 2003: 62).

　김대중정부에서의 엘리트스포츠 정책과 재정적 지원은 2000년을 기준으로 전·후반기로 나눌 수 있는데, IMF경제위기와 정부의 부실한 지원으로 힘들었던 전반기와 한·일 월드컵과 부산아시안게임 개최 등으로 정부차원의 막대한 지원을 받은 후반기로 이 두기간의 결과는 상당한 차이가 있었다. 그러면 국민은 엘리트스포츠에 대하여 어떻게 생각했을까? 체육과학연구원에서 2002년에 조사된 국민 체육지표 자료를 보면 엘리트스포츠가 국가발전에 영향을 미친다는 반응이 전체 80.7%에 달했다(체육과학연구원, 2002: 34). 이는 곧 국민이 엘리트스포츠의 발전을 위하여 정부의 지속적인 지원을 요구한다는 사실을 입증할 것이다.

2. 생활체육분야

　김대중정부는 국가 체육정책 중 생활체육 활성화를 가장 중요하게 다루었는데 그 이유는 우리나라의 사회·문화적인 환경변화에 있었다. 고령화사회에 이미 들어섰으며, 주5일 근무제의 도입을 목전에 두었고(한국행정연구원 2003: 40), 복지사회 구현의 국가목표에 국민의 생활의 질 향상, 건강을 위하여 생활체육이 과거 어느 정부보다도 중요하게 대두되었기 때문이다. 생활체육 활성화를 위하여 정부는 구체적인 3가지 방향 설정을 하였다. 첫째, 생활체육 참가비용의 최소화이며, 둘째, 생활체육의 다양화, 셋째, 생활체육에 대한 주민 참여의 활성화이다(최일섭, 1999: 20).

김대중정부는 국민이 생활체육을 통해 만족감을 향상시킬 수 있도록 생활체육의 참가비용은 최소화하기 위한 정책으로 2002년까지 동네체육시설 설치 지원, 생활체육공원조성, 농어민문화체육센터건립 등을 위한 연차별 사업계획을 수립하여 체육시설확충을 통한 생활체육 참여기반 조성에 성과를 거두었다. 그러나 김대중정부의 생활체육공간 확충을 위한 사업에도 불구하고 2001년 생활형 체육시설의 1인당 공급면적은 $0.6m^2$인 것으로 조사되었고, 경기형 시설은 생활체육공간화한다 하더라도 그 면적은 $0.96m^2$에 불과하였다. 더욱이 체육시설 중 운동시설이 차지하는 면적이 전체 체육시설 면적의 30% 정도임을 감안한다면, 2001년 국민 1인당 순수 운동시설 공급 면적은 약 $0.29m^2$에 불과하였다. 그럼에도 불구하고 공공체육시설의 경우는 공간효율성 및 이용률이 매우 저조한 상황이고, 학교 등 가용자원은 공급주체간 이해관계가 상충되어 충분히 활용되지 못하고 있다(문화관광부, 2003: 31).

김대중정부는 생활체육을 과거보다 다양하게 추진하였다. 연령별, 지역별로 특성화된 생활체육프로그램은 선진국가에 뒤지지 않는 수준에 올라선 것으로 보인다. 김대중정부에서 강조된 생활체육프로그램 개발 및 운영은 서민층의 생활체육 참여를 지원하는 것이었다. 따라서 아동, 노인, 부녀 등 사회복지시설에 운동용구 지원 및 프로그램 순회지도, 복지시설 종사자 교육 등을 시행하였다. 김대중정부 5년동안 약 6만여 명의 생활체육지도자를 양성하였다(김승영, 2004: 123).

정부가 배출한 생활체육지도자는 2000년에는 205개 시, 군, 구의 생활체육 현장에 762명이 배치되어 생활체육 프로그램을 보급하였다. 2001년에는 91억원의 예산으로 789명의 지도를 추가 배치하여 지역주민에 대한 생활체육 활동지도, 육성, 동호인의 조사, 홍보 및 프로그램 보급과 지도 등을 하였다. 다음 표 4는 김대중정부의 생활체육지도자 양성 현황이다.

표 VI-4. 생활체육지도자 양성 현황

구분	1998	1999	2000	2001	계
1급	52	48	36	40	237
2급	402	370	404	481	3,932
3급	6,416	6,542	5,537	6,064	55,768
계	6,870	6,960	5,977	6,585	59,937

출처: 문화관광부(2001): 재인용 김승영(2004).

우리나라 생활체육 참여율은 김대중정부 전인 1997년에는 38.8%이었던 것이 IMF경제위기 상황 등으로 인하여 2000년에 33.4%로 감소되었다. 그러나 국민의 염원으로 IMF사태를 조기에 극복한 후, 건강에 대한 지속적인 관심의 증가, 각종 성인병에 대한 예방과 치료의 수단으로써 운동에 대한 인식이 확산되었고, 2002년 한·일 월드컵대회와 부산아시안게임 등 대규모 국제경기의 한국유치로 인하여 2003년 생활체육 참여율은 39.8%로 성장할 수 있었다(문화관광부, 2003: 6).

이렇게 생활체육 참여율이 증가한 원인으로는 IMF로 인한 경기침체 상황이 호전되고, 건강에 대한 관심은 지속적으로 증가하여 각종 성인병에 대한 예방 및 치료의 수단으로서의 운동에 대한 인식이 확산됨에 따라 운동참여율이 증가한 것으로 분석된다. 또한 2002년 10월 주5일 근무제가 노·사·정위원회에서 타결되면서 여가시간의 증가가 이루어 졌다(한국행정연구원, 2003: 40~41). 늘어난 여가시간의 건전한 활용이 곧 체육활동의 발달로 이어졌다. 이렇듯 국민의 생활체육 적극적인 요구에 따라 김대중정부는 과거 어느 정부보다 생활체육분야에 있어 많은 지원을 하였으나, 다른 관련 정부기관과 연계하지 못하고 문화관광부 차원에서만 추진되어 그 효율성에는 다소 문제가 있었다.

3. 학교체육분야

모든 체육의 뿌리는 학교체육이라고 한다. 김대중정부에서의 학교체육의 실종은 생각보다 심각하였다. 김대중정부의 학교체육정책에 있어 전반적인 조직, 학교 체육정과를 비롯한 프로그램, 시설 등에서 만족스러운 어느 한 분야도 없었다.

먼저 정부조직을 보면 김대중정부의 학교체육업무는 교육인적자원부에서 담당하였는데 실질적인 체육전담부서는 존재하지 않았다. 단지 학교정책실 산하 학교정책과 소관이었으나 체육담당 연구사는 1명에 불과하였다. 지방자체제이후 학교체육이 지역교육청 소관으로 이양되었다고는 하지만 전국의 초·중·고등학교에 대한 체육입안과 실행을 전담부서 없이 방치하는 결과를 초래했다. 국민체육의 원활한 발전은 엘리트, 생활, 학교체육이 유기적 관계 속에서 이루어져야 하고 이는 행정조직의 일원화가 전제되어야 했으나, 담당부서조차 부재한 체육행정체제로는 상호간에 연계성을 이루어 낼 수 없었다(안민석, 2002: 211).

과거 정부차원에서의 학교체육에 관한 업무는 미군정시기인 1946년부터 문교부(현 교육인적자원부)에서 관장하다가 1982년 체육부가 신설되면서 학교체육업무도 체육부 체육진흥국 학교체육과에서 관장하게 되었다. 이후 체육부가 체육청소년부, 문화체육부로 바뀌면서 학교체육업무는 학교체육과에서 그 후 생활체육과에서 관장하다가 1994년 교육부 직제 개편 시 문화체육부의 학교체육업무 중 국내체육대회개최지원과 각급학교의 운동부 관리업무 등은 계속 문화체육부에서 관장하고, 학교체육 육성지원과 학생체력검사 업무 등 일부 학교체육업무는 교육부로 이관되면서 신설된 지방교육지원국 학교보건체육과에서 관장하게 되었다. 학교체육 관한 업무는 관련 부처의 변동은 있어도 교육 또는 체육관련 부이든 비중 있게 다루어졌으나 김대중정부에서는 업무를 대폭적으로 축소하였다. 김대중정부의 첫해인 1998년 2월에는 학교체육업무가 교육환경개선국에서 학교보건환경과로 이관되었고, 1999년에는 학교시설환경과로 2001년2월에는 학교정책실 학교정책과로 업무가 이관되는 떠돌이 신세가 되었다. 학교체육 관장부서의 폐지는 학교체육시설의 확충을 위한 공공 재정확보에 부적적인 영향을 가져왔다고 볼 수 있다(김무길, 2001: 40; 박영옥, 2003: 15).

정과로써의 학교체육은 김대중정부에서 개정된 제7차 교육과정은 체육시수의 절대적인 감소를 가져왔다. 체육시간은 중학교 3학년에서 1시간이 감축되었고, 고등학교 1학년은 주당 2시간, 2~3학년은 선택과목 중에서 선택하게 되어 학생들의 선택여하에 따라서 체육수업시간이 결정하도록 하였지만 입시위주의 풍토에서 비입시과목인 체육은 학생들에게 외면당할 수밖에 없었다(김무길, 2001: 40~41). 체육시수의 감축은 결과적으로 청소년들의 체력의 약화를 가져올 수밖에 없었으며, 교육의 절대목표인 "지·덕·체의 조화로운 발달"에서 한 축이 무너지는 것을 의미하였다.

학교체육시설에 대한 문제도 제기되었는데 학교체육시설의 노후, 개방 등의 문제도 있지만 무엇보다도 운동장 용지가 대폭 줄어들은 것이 큰 문제였다. 학교운동장은 옥외 체육활동 등을 할 수 있도록 마련된 용지이며, 학교의 체육 학습을 위한 시설 인프라가 주로 운동장에 국한되어 존재한다는 사실이다. 물론 효과적인 체육교육의 완성을 위한 시설 인프라로는 운동장은 물론 체육관과 수영장을 들 수가 있으나, 우리 실정상 학교체육 현장에서 상대적으로 체육관과 수영장을 보유하고 활용하는 학교는 극히 일부에 지나지 않는다는 것이 한국적 현실이다. 더욱이 학교체육 시설의 가장 근본인 운동장의 경우에도 그 문제는 심각하였는데, 예를 들어 서울시내의 초·중·고의 경우 100M 달리기를 할 수 있는 운동장을 소유한 학교는 전체학교에 2000년에 당시 42% 뿐이었다(중앙일보, 2000년 12월 14일). 이러한 학교체육시설의 부족한 환경에도 불구하고 김대중정부는 '7.20교육여건개선사업'을 내 세워 운동장 용지가 대폭 줄게 하는 결과를 초래하였다.

물론 7.20교육여건개선사업을 통해 학급당 학생수는 초등학교가 35.6명에서 32.9명으로, 중학교는 37.7명에서 35.1명으로, 고등학교는 39.7명에서 32.7명으로 감축되어 전체적으로 학급당 평균 3.6명의 학생을 감축하였고, 초등학교의 2부제 수업이 2003년에 완전히 해소된 것으로 나타났으며 전체의 70.4%에 달하던 과밀학급이 2004년 현재 44.1%로 현저하게 낮아졌다(교육인적자원부, 2004: 1). 하지만 학교체육과 관련하여 과밀학급이라는 교육 여건의 개선에 따른 부작용은 학교 부지 확보의 어려움이나 기존 학교 건물의 구조 안전상의 문제로 인하여 학교 운동장이 새로운 교사의 신축 부지로 전용되어진다는 사실이며, 2004년 교육인적자원부의 '7.20교육여건개선사업 추진상황 중간점검보고서'에 의하면 증축학교 1,452개교 가운데 약 19.5%인 283개교가 운동장을 일반교실 증축 부지로 사용했던 것으로 조사되었다. 뿐만 아니라 이들 283개교 가운데 공사 후 운동장 기준 미달로 전환된 학교는 총 24개교(초 8, 중 8, 고 8)인 것으로 나타났다(교육인적자원부, 2004: 2).

결과적으로 학교체육 관련 업무는 문교부에서 체육부로 체육부에서 문화체육부로 그리고 다시 문화체육부에서 교육부로 되돌아가는 과정에서 실종되었다. 학교체육 전담부서 부재가 한국체육을 위기를 내몰고 학생들의 지식편중 교육이 나라의 장래를 망친다는 한탄의 소리가 높았지만 이에 대한 치유책은 없었다(이학래, 1999: 6). 더욱이 김대중정부가 이끈 7.20교육여건개선사업으로 인하여 학생들이 마음 놓고 운동할 수 있는 운동장조차도 축소하는 결과를 초래하였다. 교육의 절대목표인 지·덕·체의 조화로운 발달이 무너진 것이다.

03

김대중정부의 남북체육 교류

김대중정부의 성공적인 남북체육교류는 햇볕정책의 결과이며, 재임기간 중 가장 두드러진 성과 중 하나이다. 2000년 6·15 남북공동선언이후 한반도의 평화분위기는 지속적으로 유지되었고, 체육은 최대 수혜를 받은 분야였다. 2000 시드니올림픽 개막식 공동입장을 이끌어 내고, 2002 부산아시아게임의 북한 참가 이후 남북긴장완화와 화해협력 매개체가 되었다. 그러나 이러한 역사적 성과와 의미를 남겼던 남북체육교류가 정기적으로 이루어지기 보다는 일회성으로 그쳐버린 것이 안타까운 일이다.

6·15남북공동선언이후 남북교류 중에서 정치적인 영향을 비교적 적게 받는 스포츠교류는 급물살을 탄 것이다(중앙일보, 2000년 6월 16일). 2000년 8월 이미 남북한은 2000년 시드니 올림픽대회에 동시 입장할 것을 원칙적으로 합의를 이루었고(조선일보, 2000년 8월 14일), 9월 15일 시드니올림픽 개막식 남북한 선수단의 동시입장은 남북한의 화합의 모습을 세계인에게 보여주는 계기가 되었다(동아일보, 2000년 9월 15일, 대한매일, 2001.6.14). 사마란치 위원장은 개막식에서 남북한 동반입장을 시드니올림픽의 최고의 화제로 꼽았다(이학래, 2000: 622~623).

2000년 시드니올림픽 동시입장을 성공적으로 이룩한 남북한은 2002 한·일 월드컵과 부산아시안게임에 대한 남북한 스포츠교류를 심도 있게 다루게 되었다. 2001년도 한국정부기 발표한 통일부 6대 중점과제에서도 제기된 '남북사회·문화교류 활성화'를 위한 사회, 문화, 체육교류 활성화를 위해 체육교류의 정례화와 국제대회 남북공동 참여를 확대하기(대한매일, 2001년 2월16일)로 한 사실은 남북교류에 있어 체육교류가 주요영역으로 인정되었다는 증거였다.

2001년 4월 평양방문을 한 김한길 문화관광부장관은 2002년 부산아시안게임에 북한

참가에 대한 긍정적 기대를 발표하였고(스포츠서울, 2001년 4월 15일), 2002년도 체육 정책의 기본목표를 남북체육교류 활성화로 설정하였다(조선일보, 2002년 1월 25일). 이 러한 과정 끝에 북한은 OCA 전 회원국인 44개국에서 18000여 명이 참가한 부산아시 안게임에 선수단 318명, 지원인원 22명, 응원단 355명을 포함한 총 695명을 부산에 보 냈다(대한매일, 2002년 9월 30일). 북한선수단은 도착성명에서 "겨레의 통일 열망이 높 아지는 새로운 국면에 있어 제14차 부산아시안게임에 참가하기 부산에 도착했다"는 말 로 대회 참가에 상당한 의미를 부여했다(중앙일보, 2002년 9월23일). 북한선수단 참가 는 분단이래 한국에서 개최되는 국제경기에 처음이기에 그 역사적 의의는 컸다. 남북 한이 한반도기를 앞세운 공동입장은 개막식의 하이라이트였다(조선일보, 2002년 9월 29일).

선수단 이외에 북한에서는 부산아시안게임에 취주악대와 예술인으로 구성된 응원단 355명이 참가하여 선수촌 공연장과 문화회관 등지에서 공연을 가졌으며, 남북한의 주 요 경기마다 펼쳐진 남북한 공동응원은 남북동포간의 정서적 공감대를 형성하는 계기 가 되었다(대한매일, 2002년 10월15일). 2002 부산아시안게임은 비록 남북간의 제도적 또는 일상적인 왕래를 할 수 없는 현실에서 우리의 소망을 조금이나마 해소할 수 있는 장이 되었다. 2003년 체육과학연구원의 연구에 의하면 남북체육교류가 남북관계에 어 떻게 영향을 미치는가를 전문가 집단에게 평가하게 한 결과 80%가 '남북한 국민들의 이질감 해소에 기여한다고 지적하였다(성문정, 2003: 85).

김대중정부의 남북교류의 최고 성과로 여겨지는 2000 시드니올림픽 동시입장과 2002 부산아시안게임의 북한참가 및 동시입장은 남북한 관계의 해빙무드가 시작되었 던 1999년부터 지속적인 관계완화를 위한 남북의 노력의 결과로 해석된다. 1999년 8 월 12일과 13일에 걸쳐 개최된 민간차원의 '남북노동자축구대회'는 1991년 이창수 망 명 사건 이후 8년동안 단절되었던 남북체육교류를 다시 시작하는 계기가 되었다. 남북 노동자축구대회는 남북 노동자들이 분단 54년만에 경기를 가짐으로써 한반도 평화와 협력, 화해의 분위기 조성에 기여했다고 볼 수 있다(조선일보, 1999년 8월 16일). 뒤이 어 대북경협 사업과 연계된 '통일농구대회'가 개최되었는데, 통일농구대회의 성사 배경 으로는 1998년 10월 29일에 남한의 현대와 북한의 아태평화위원회간에 실내 종합체육 관 건설 및 민간급 체육교류에 관한 합의서를 채결함으로서 시작되었다. 남북통일농구 교환경기는 1999년에 평양과 서울에서 2차례 열렸다. 먼저 평양에서 1999년 9월에 열렸던 통일농구경기는 분단 사상 처음으로 평양에서 남북한이 경기를 가졌다는 것에 그 의의가 컸다(조선일보, 1999년 9월 28일). 1999년 12월에는 북한선수단은 2m35로 세계 최장신인 농구선수 이명훈을 앞세워 서울을 방문하여 제2회 통일농구대회에 가졌다(조선일보, 1999년 12월 23일). 이후 남북한 농구관계자들은 경기교류 뿐만 아니라 기술, 자재, 정보 교류와 관련하여 합의서를 채택하기도 했다(중앙일보, 2000년 4월12일).

2000년 7월에는 '통일탁구대회'가 평양에서 개최되었으며, 금강산에서 '자동차질주경기대회'가 7월, '국제모터사이클투어링' 8월에 열리는 등 활발한 교류를 가졌다(배성인, 이경국, 2003 :287). 월드컵대회를 성공적으로 개최한 후인 9월 '2002 남북통일축구경기'를 상암동 월드컵경기장에서 개최하였다(성문정, 2003: 67). 국제경기 종목으로 발돋움한 태권도 역시 교류를 가졌는데 먼저 우리 태권도시범단이 9월 14일부터 4일간 평양의 태권도전당에서 공연을 하였으며(스포츠조선, 2002년 9월 16일), 북한도 답방 형식으로 10월 23일부터 4일간 서울공연을 통해 체육교류·협력의 상징성과 남북한의 진전된 관계개선의 상징으로서 그 의의를 과시하였다(동아일보, 2002년 10월 24일).

이외에도 직접적인 교류는 이루어지지 않았지만 남북한은 여러 경기종목의 교류에 관한 협의를 가졌다. 1999년 11월 고건 서울시장이 경평축구의 부활을 평양시 인민위원장에게 공식 제의했으며(조선일보, 1998년 11월 10일), '남북축구교환경기', '극동 4개국친선축구대회 및 클럽선수권 등에 북측과 원칙적으로 합의하기도 했다(스포츠조선, 1998년 11월 20일). 대한아이스하키협회는 서울과 평양의 교환경기 및 공동훈련에 합의하였으며, 대한사이클연맹도 그 동안 논의 중이던 광복절 기념 남북국토종단사이클대회의 본격추진에 앞서 2000년 2월에 계획서를 북한에 발송하여 제의하기도 했다. 한국야구위원회에서도 북한에 야구를 보급하기 위해서 2001년 또는 2002년에 올스타전 등의 경기를 북한에서 개최하는 안을 검토하기도 하였다(대한매일, 2000년 4월12일). 한국여자농구연맹은 남북한 등이 참가하는 동아시아 여자농구리그의 창설을 추진한바 있으며, 농구협회는 2000년 10월20일에 개최되는'농구대잔치 '겸'서울컵국제농구대회(가칭) '에 북한 초청 방침을 발표하기도 했다(중앙일보, 2000년 4월 12일). 대한체육회(KSC)에서는 북한에게 양궁, 핸드볼, 배드민턴은 남한의 태릉선수촌, 마라톤은 북한의 개마고원 마라톤 훈련코스를 공동 사용하자고 제의하기도 했다(중앙일보, 2000년 4월12일).

김대중정부의 남북체육교류는 남북정상회담과 6·15 남북공동선언 이후의 다양한 부문에서 빈번하게 이루어졌다. 그러나 이러한 체육교류 역시도 국가의 통제 하에 제한된 교류로써, 연속성이 단절된, 일회성에 국한된 교류가 이루어 졌다고 평가된다. 과거 동·서독의 예를 보더라도 남북체육교류의 지속과 활성화를 높이기 위해서는 민간차원의 다양한 교류채널이 있어야만 했다.

04
결 론

　김대중정부는 대외적으로 2002 한·일 월드컵축구대회, 2002 부산아시안게임 등과 같은 대규모 국제경기대회가 한국에서 성공적으로 개최하였다. 특히 2002 한·일 월드컵축구대회에서 4강진출과 700만 거리응원은 세계적으로 우리의 잠재력을 보여주었다. 또한 북한이 참가한 부산아시안게임은 김대중정부가 내세운 햇빛정책의 가시적 성과였으며, 통일에 대한 우리의 염원을 세계적으로 보여준 계기가 되었다. 그밖에도 활발하게 이루어진 남북체육교류는 민족의 동질성 회복과 남북한 관계개선의 긍정적 파급효과를 가져왔다. 2000년 시드니올림픽과 2002년 부산아시안게임에서의 동시입장은 남북한화합의 모습을 온 세계에 보여주는 계기가 되었으며, 한국전쟁이후 긴장된 남북관계에 있어 화해협력 매개체가 되었다. 이러한 역사적 성과와 의미를 남겼던 남북체육교류가 대외적인 환경변화와 다양한 교류채널의 부재로 인하여 일회성으로 그쳐버렸다.

　그러나 한 정부의 체육정책을 평가하는데 있어 대외적인 국제경기대회만을 가지고 할 수는 없다. 김대중정부의 체육정책의 핵심은 국가주도에서 시장주도로의 변화를 추구하여 정부 체육부서의 감축과 체육예산의 축소를 추진하여 산하단체와 체육조직의 자율성을 높이는 것이었다. 그러나 결과적 이러한 변화는 정부 의존도가 높은 체육조직에게는 과도한 변혁이었다. 그 결과 체육정책수행능력의 저하를 가져왔으며, 정부차원의 징책수립 및 조정업무의 마비를 초래하었나.

　엘리트스포츠는 1988년 이후 다른 영역과 비교할 때 상대적으로 국제적인 우월성과 역량을 인정받았다. 김대중정부에서의 엘리트스포츠의 정책과 지원은 2000년을 기준으로 상이한 차이를 보였으며, 국제경기대회에서의 우리나라의 성적은 그리 비관적인 결과는 아니었으나, 우리의 경쟁국인 중국과 일본에 비해서 너무도 안일한 정책으로 일

관한 것도 사실이었다. 이는 월드컵대회나 아시안게임 등 국제경기를 치루기만 구급하여 엘리트스포츠 발전을 위한 정부의 기본적인 중장기 계획이 부재한 결과이다.

김대중정부는 IMF경제위기하에서 출범하였으나 지속적인 경제발전으로 선진국대열 진입을 목전에 두고 있었기에 국민의 건강과 삶의 질 향상, 더 나아가 복지국가 건설의 대명제하에 생활체육은 그 어느 때보다 중요하게 인식되어 적극적인 지원정책을 폈다. 이러한 결과, 국민의 보다 편리한 생활체육 참여를 유도하기 위해 많은 체육시설을 확충하였으며, 남녀노소는 물론 소외계층을 위한 다양한 생활체육 프로그램 확충을 시도하였고, 생활체육지도자를 양성하여 생활체육 현장에 투입하여 국민의 생활체육의 참여도를 높였다. 그러나 IMF경제위기로 인하여 생활체육에 대한 국가적인 정책이 당초 예상보다 더디게 진행되었다.

대학진학에 너무도 치중된 교육으로 우리나라의 교육목표인 "지덕체의 조화로운 발전"에 있어서 위기를 맞기도 하였다. 김대중정부의 교실개선사업으로 학교의 교실은 과거에 비해 비약적인 발전을 가져왔으나 학교의 체육시설은 20년전 그대로의 모습이며, 운동장은 더욱 축소되었다. 또한 체육시수의 축소로 학생은 체육의 교육적 가치를 상실하게 되었으며, 학교체육 주관 행정기구의 부재로 그 방향성마저 상실하게 되었다. 김대중정부의 학교체육은 뿌리 채 흔들렸다고 하는 것이 옳은 평가일 것이다.

한 국가의 체육은 정부가 어떻게 선도하고 발전의 여건을 만들어 주느냐에 따라 발전의 속도와 질적이 차이를 나타낸다. 한 국가의 체육정책은 전반적인 국가발전의 이념과 전략과 함께하며 복지, 문화, 보건의료 등과 같은 관련 영역과 연계하여 단기적, 중장기적인 정책들이 뚜렷이 세워져야 할 것이다. 또한 체육분야의 3대축인 엘리트스포츠, 생활체육, 학교체육은 조화롭게 발전을 유도하도록 체육정책이 계획되고 시행되어야 할 것이다. 김대중정부의 체육정책을 총괄적으로 평가한다면 국가 전체적인 이념과 전략에 맞추어서 체육정책이 시도되었지만, 정부차원에서 이끈 행정개혁으로 인하여 체육행정조직이 축소되어 국가전반적인 체육정책을 이끌지 못하였다. 또한 IMF경제위기로 엘리트스포츠가 위축되고, 생활체육의 정책은 더디게 진행되었으며, 교육혁신으로 인하여 학교체육은 고사상태였다. 국제대회와 같은 대외적인 체육부분은 비교적 성공적으로 추진되고 그만한 성과도 이루었다.

※ 참고문헌

교육인적자원부(2004). 7.20교육여건개선사업 추진상황 중간점검 보고서. 교육인적자원부.

김무길(2001). 학교체육의 현안과제와 개선방안. 한국체육구조개선토론회. 39~50.

김승영(2004). 역대 정권별 체육정책에 관한연구. 조선대학교 박사학위논문.

김판석(2000). 김대중정부의 정부개혁과정 연구. 행정논총. 38(2).

대한매일 2000. 4. 12.; 2001. 2. 16.; 2002. 10. 15; 2002. 9. 30.

동아일보. 2002년 7월 5일; 2002년 10월 24일.

문화관광부(1998). 제2차 국민체육진흥5계년계획. 문화관광부.

문화관광부(2001). 체육백서. 문화관광부.

문화관광부(2003a). 국민생활체육활동 참여실태(요약본). 문화관광부.

박명흠(2002). 부산아시안게임과 북한참가의 의의. 국토. 251호.

박상병외 9인(2003). 김대중정부 개혁 대해부. 서울: 지정.

박영옥(2003). 체육진흥 재정 현황과 안정적 확보방안. 2003 한국체육학회 세미나 자료집.

배성인, 이경국(2003). 남북한 사회문화 교류협력의 전개과정과 특징. 북한연구학회보. 7(1).

서재하(2004). 김대중 정부의 체육정책에 관한 연구. 한국체육교유학회지. 9(1).

성문정(2003). 6·15선언이후 남북체육교류의 평가와 체육관계단체 역할 확대 방안. 국민체육진흥
    공단 체육과학연구원.

스포츠 서울. 2001년 4월 15일; 1998년 11월 20일; 2002년 9월 16일.

안민석(2002). 체육개혁을 위한 사회학적 논의. 한국스포츠사회학회지. 15(1).

이명석(2001). 신공공관리론, 신거버넌스론, 그리고 김대중 정부의 행정개획. 춘계학술대회 논문집.
    한국행정학회.

이학래(1999). 21세기 체육전담기구 설치 방안. 한국체육학회보. 제74호.

이학래(2000). 근대체육백년사. 한국체육학회.

이한규(1999). 체육재정의 안정적 확보 및 합리적 운용방안. 한국체육학회보. 제74호..

조선일보. 1998. 11. 10; 1999. 12. 23; 1999. 8. 16.; 1999. 9. 28; 2000. 8. 14.; 2000. 10. 1; 2002.
    1. 25; 2002. 9. 29.

중앙일보 2000. 4. 12; 2000. 6 16; 2002. 9. 30.

체육과학연구원(2002). 한국의 체육지표. 체육과학연구원.

최일섭(1999). 복지사회 구현과 생활체육. 제18회 국민체육진흥세미나자료집. 한국체육학회.-

하웅용(1999). Political Confusion on the Preparation of the 2002 World Cup. 1998년 서울국제스포츠
    과학 학술대회 Proceeding. 한국체육학회. --

하웅용(2002). 근·현대 한국 체육문화변천사. 한국체육사학회. 제9호.

한국행정연구원(2003). 한국체육발전을 위한 주직무형 선정 및 과제 한국행정연구원 국민체육
    진흥법.

제 7 장

•
•
•

한국 스포츠행정 조직과 단체

본 장에서는 한국의 스포츠행정 조직에 대해 분석하였다. 우선 중앙정부의 스포츠행정조직의 변천에 대해서 간략히 정리하여 그 흐름을 분석하여 정리하였다. 다음은 국민체육진흥법이 정한 법정 민간스포츠 단체인 통합체육회, 대한장애인체육회, 국민체육진흥공단, 한국도핑방지위원회와 더불어 대한올림픽위원회, 국민생활체육회 등을 최신 자료로 정리하고 이를 분석하였다.

　이중 대한올림픽위원회는 대한체육회 산하에 있으며, 국민생활체육회는 이미 2015년에 통합되었으나 그 중요성으로 정리하였다. 또한, 대한올림픽위원회는 현재는 대한체육회와 분리하자는 의견들이 많아지기에 어떠한 조직이며 과연 분리되는 것이 합당하지를 분석하였다. 국민생활체육회는 이전까지 국내 생활체육을 관리하던 민간 스포츠 조직이었으며 대한체육회와의 통합 이후에도 많은 이에 대한 의견이 많은 것이 사실이기에 자료를 모아 분석하였다. 이외에도 기타 조직으로는 한국대학스포츠협의회, 대한스포츠안전재단 등을 정리하였다.

01
국가 체육행정조직의 변천

　정부수립 이후 정부는 스포츠를 통해 국민의 건강을 도모하고 국가와 사회발전에 선도적으로 기여하기 위해 건민체육사상을 바탕으로 다양한 체육활동을 끌어내고 있다. 대한민국 정부는 국가차원에서 국민의 체육증진, 건전한 정신 함양, 활력 있는 국민생활, 국위선양 등을 주된 체육진흥정책내용으로 학교체육, 생활체육, 엘리트스포츠로 구분하여 정책을 수반하고 있다. 우리나라 정부는 이러한 체육의 목적을 바탕으로 국민체육진흥법을 제정하였고 시대적 필요에 따라 스포츠 행정조직이 변천하였다. 광복 직후 우리나라 국가 체육행정은 문교부(현 교육부) 체육과가 담당하였다. 당시 체육과로서는 국가 주도적인 체육 정책을 수행하는 데 많은 어려움이 있었다.

　군부세력이 정권을 획득한 제3공화국은 근대화의 기치를 앞세워 사회구조 전반에 걸친 개혁에 착수하였다. 이러한 근대화의 바람은 체육 분야도 예외는 아니었다. 박정희 정부는 '체력은 국력'이라는 모토를 내세워 국가주의 체육을 보다 체계화하기 시작하였다. 정부의 국가주의에 바탕을 둔 엘리트스포츠 진흥정책은 스포츠를 통한 국위선양과 이를 지탱할 우수선수 육성 등의 다양한 조치와 법안이 이어졌다(하남길 외, 2007). 국가 차원에서 스포츠행정의 중요성이 인식되면서 체육을 담당하는 중앙부처도 문교부 체육과에서 체육국으로 확대 개편되었다. 체육국은 대한체육회를 통해 스포츠를 진흥하고, 시, 도 교육위원회(현 교육청)를 통해 학교체육을 진흥시켰다. 이러한 정책 중의 하나로 정부는 초등학교부터 대학에 이르기까지 보건 체육 시간을 대폭 늘리고 입시전형에서도 체능검사를 부과하며 학교체육의 강화에 힘썼다. 이로써 문교부 체육국은 정부 차원에서 학교체육과 국민체육을 체계적으로 발전시킬 수 있는 기능을 발휘하였다.

　제5공화국은 한국을 스포츠강국으로 올려놓은 시기였다. 중앙부처에 스포츠전담기구인 체육부를 설치하는 등 정부주도의 강력한 스포츠행정은 서울올림픽과 서울아시안게임을 성공적으로 개최하였고, 프로스포츠의 새로운 개막을 선보이기도 하였다. 또한, 생활체육 진흥정책의 확대로 일반 대중들도 스포츠를 쉽게 접하게 되었다. 서울올림픽 이후 정부는 1990년 12월 체육부가 체육청소년부로 명칭이 변경하여 기존의 체육업무와 더불어 청소년업무를 함께 수반하게 되었다.

1993년 문민정부에 이르러서는 1993년 문화와 체육청소년부를 통합하여 문화체육부로 개편하였고 생활체육 정책을 중점적으로 추진하였다. 그러나 이는 스포츠공화국이라 불리던 군사정권시의 엘리트스포츠 위주의 국가주의적 스포츠 정책에 대한 과도한 비판의식으로 인해 스포츠 정책의 중심을 전문체육에서 생활체육 위주로 급격히 이동시키면서 또 다른 형태의 정책적 균형감각 상실을 가져왔다. 국가 중심의 체육 정책은 소관 업무를 모두 문화관광부로 이관하였고 체육행정은 대폭 축소되었다.

이렇듯 중앙부처에서 체육업무가 축소됨에 따라 국가의 체육 정책 중 특히 학교체육이 축소되었는데 이는 체육업무가 체육부에서 체육청소년부, 문화체육부, 문화관광부로 개편되면서 담당 부서 조차도 없어졌기 때문이다. 이로 인해 중, 고등학교 체육 시간의 대폭축소, 학생체력장 제도와 입시 체력검사제도 폐지 등으로 학교체육의 위기를 초래하였다. 이러한 학교체육의 부실은 일차적으로 학생들의 체력 저하를 가져오며 학원스포츠를 바탕으로 하는 엘리트스포츠의 기반을 약화시키는 결과를 낳았다. 즉 정부는 국가체육의 3대 분야인 학교체육, 생활체육, 엘리트스포츠의 조화로운 발전을 추구해야 할 것이며 이를 통해 국민의 건강과 삶의 질 향상을 시킬 수 있을 것이다.

현재 체육업무를 담당하는 중앙부처는 문화체육관광부(Ministry of Culture, Sports and Tourism)로 2008년 2월 이명박정부 출범과 함께 정부조직은 개편되었다. 문화체육관광부 조직 내에는 체육을 담당하는 체육정책관과 체육정책과, 체육진흥과, 스포츠산업과, 국제체육과, 장애인체육과 등의 부서들이 있다.

02

민간 체육단체

국내 법정 체육 단체로는 대한체육회, 대한장애인체육회가 있으며, 이들 산하에 각 종목별 경기단체들과 시, 도 체육회와 장애인체육회가 있어 한국의 스포츠를 이끌고 있다. 이외에도 2016년 3월 21일 대한체육회와 통합하면서 해체된 국내생활체육을 총괄했던 국민생활체육회와 체육 재정의 든든한 후원자인 국민체육진흥공단 등이 주요 민간 체육 단체이다.

1. 대한체육회

대한체육회는 우리나라 체육단체의 역사이다. 대한체육회는 1920년 조선체육회로 설립되어 스포츠 경기단체를 통괄함은 물론 일제강점기에 있어 우리 민족의 얼과 건전한 신체를 육성하였다. 조선체육회는 도쿄 유학생들과 국내 체육인들이 중심이 되어 결성했고 여기에 민족 지도자들이 찬동해 힘을 보탰다. 조선체육회는 단순한 경기단체가 아니라 체육을 통해 우리 겨레의 몸과 마음을 튼튼히 만들어 나라를 되찾는 원동력으로 삼고자 하였다.

조선체육회는 전조선야구대회를 비롯해 축구, 정구, 육상 등 각 종목의 대회를 개최하였고, 1929년에는 종전과 달리 전조선야구대회, 전조선정구대회, 전조선육상경기대회를 하나로 묶어 개막하였다. 그러나 기록상으로는 각각 제10회 전조선야구대회, 제9회 전조선정구대회, 제6회 전조선육상경기대회로 남아 있다. 1930년에는 수영과 역도의 전조선대회를 창설하였다. 1934년에는 4일에 거쳐 전조선종합경기대회를 본격적으로 개최하였고, 1920년 단일종목인 전국야구대회를 효시로 대회의 순회를 매기어 제15회로 하였다. 그러나 이도 잠시 1937년 일본은 중·일전쟁에 혈안이 된 일제는 우리의 민간단체를 모두 일본인 기관에 흡수하였고, 조선체육회도 일본인 체육기관인 조선체육협회에 강제 통합되었다(대한체육회, 2010).

1945년 광복 후 대한민국 정부가 수립되자 대한체육회로 명명하고, 지금까지 명실상부한 한국 체육진흥의 중심단체로 그 역할을 다하고 있다. 대한체육회는 1945년 10월 제26회 전국체육대회로서 '자유 해방 경축 전국종합경기대회'를 개최하였고, 1946년에는 '조선올림픽대회'라는 이름으로 서울운동장(동대문운동장)에서 제27회 전국체육대회를 개최하였다. 대회 명칭이 조선올림픽대회라고 한 이유는 전국체육대회라는 명칭이 정착되지 않았고, 1948년 런던올림픽 출전에 대한 열망으로 보인다.

광복 후 대한민국은 일제강점기로 인한 민족적 모순을 극복하고, 신생독립국가로서의 근대화 과업을 새롭게 추진해야 할 역사적 과제를 안고 있었다. 그러나 극심한 이념적 갈등과 이로 인한 사회적 혼란은 현 상황을 더욱 어렵게 할 뿐이었다. 결국, 이데올로기로 인한 남북한의 분열은 한국전쟁이란 동족 간의 비극으로 확대되었다. 1950년 6월 25일 북한군의 남침으로 시작된 한국전쟁으로 체육계 역시도 커다란 시련을 맞게 되었다. 한국전쟁으로 인해 대한체육회는 이전을 해야 했고 귀중한 자료들은 대부분 소실되었다. 그럼에도 불구하고 1951년 10월 전남 광주시에서 제32회 전국체육대회가 개최되어 총15개 종목 2,239명의 선수들이 참가하며 한국 체육인들의 저력을 보여주었다(하웅용 외, 2014). 대한체육회는 1954년 3월에는 사단법인으로로 법적 인가를 받았다. 법인의 모습을 갖추게 된 대한체육회는 체육회 이름으로 재산을 소유하는 등 법률행위의 주체가 될 수 있어 한국 아마추어 스포츠의 총본산으로서 운신의 폭이 넓어졌다. 1954년 6월 정기총회에서 채택된 대한체육회 정관 제2장 목적에는 '본회는 대한민국의 아마추어 체육 운동단체를 통할 대표하여 국민체육의 향상과 운동 정신의 앙양을 기도하고 건강하고 유능한 국민을 배양함을 목적으로 한다'고 국민체육 진흥단체로서 성격을 뚜렷하게 밝히고 있다(대한체육회, 2010).

1961년 5월 16일 군사정변으로 체육계도 잠시 혼란을 겪었으나 1960년대는 한국 스포츠가 세계무대로 도약할 수 있는 발판을 마련한 시기였다. 대한체육회는 우수 신인 발굴 사업과 경기 지도자 자질 향상 사업이 본격적으로 시작하였고, 1966년 국가대표 선수들의 요람인 태릉선수촌이 문을 열었다. 1968년 정부의 주도로 학교체육회와 대한

올림픽위원회를 대한체육회로 통합하였다. 이후 국민체육진흥법 제23조에 대한체육회의 목적을 "체육 운동의 범국민화, 학교 체육 및 생활 체육의 진흥, 우수 선수 양성을 통한 국위 선양, 가맹 경기 단체의 지원·육성, 올림픽 운동 확산 및 보급"에 있다고 명시하고 있어 전문체육, 학교체육, 생활체육 등을 총괄하는 명실상부한 대한민국 최고의 체육단체로 입지를 굳혔다. 이와 같이 대한체육회가 올림픽과 아시아경기대회 등의 실질적인 국제 체육업무를 총괄하였으나 대외적으로 산하조직인 대한올림픽위원회와 혼돈되는 경우가 있어 2009년에는 대한체육회와 대한올림픽위원회의 명칭 단일화를 하였다. 즉 한글로는 대한체육회로, 영문으로는 Korean Olympic Committee로 명시하게 되었다.

2015년 3월 27일에는 체육단체통합관련 국민체육진흥법이 개정, 공포됨에 따라 본격적인 통합과정이 시작되었다. 이에 문화체육관광부 훈령 제254호 '통합준비위원회 설치 및 운영에 관한 규정'에 근거하여 통합준비위원회가 구성되었으며, 2015년 6월 26일부터 20차례 회의를 거쳐 통합준비위원회에서 통합체육회의 국문 명칭을 '대한체육회'로 하고, 영문 명칭은 Korean Sport & Olympic Committee(약칭 KSOC)로 하기로 결정되었다. 통합 대한체육회 출범은 그동안 이원화된 체육 시스템으로 인해 단절되었던 학교체육, 생활체육, 엘리트스포츠의 벽을 허물어 스포츠로 국민이 행복해지고, 사회가 건강해지는 스포츠 선진국으로의 도약을 목표로 하였다.

2019년 10월, 대한체육회 산하에는 61개의 정 가맹단체와 6개의 준 가맹단체(대한주짓수회, 대한민국줄넘기협회, 대한카라테연맹, 대한카바디협회, 대한킥복싱협회, 대한클라쉬연맹) 그리고 대한치어리딩협회를 비롯한 10개의 인정 단체가 있다. 광복 후 대한체육회 가맹경기단체는 대한육상경기연맹과 대한축구협회 등 7개 경기단체를 시작으로 1940년대에 17개, 1950년대에 9개 단체가 가맹한 데 이어 1960년대에는 대한태권도협회를 비롯한 4개 단체가 대한체육회 산하로 들어왔다. 1990년대까지 대한체육회 전체 가맹경기단체는 47개로 늘어났다. 이후 2009년 2월 멘탈 스포츠의 대표 주자인 대한바둑협회가 3년 동안의 준가맹단체를 거쳐 55번째로 정 가맹단체로 인정되었고, 2018년 10월 대한합기도총협회가 61번째 정 가맹단체로 인정되었다.

대한체육회는 전국 17개 시, 도체육회, 228개 시, 군, 구체육회가 산하단체로 가맹되어 있어 풀뿌리체육을 담당하고 있다. 시, 도체육회는 각종 경기대회는 물론 전국체육대회와 소년체육대회 등을 주최하며 각 지역 체육발전과 한국 스포츠의 미래를 위해 활발하게 움직이고 있다.

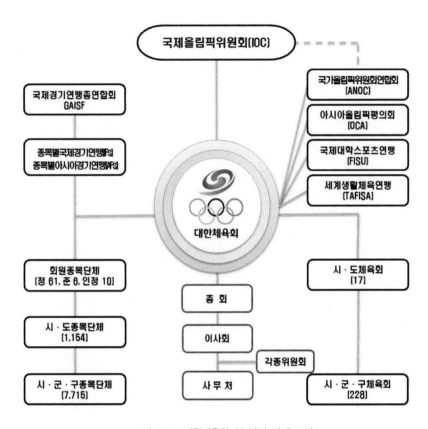

그림 VII-1. 대한체육회 및 관련 단체 조직도

자료출처 : 대한체육회 홈페이지

2. 대한올림픽위원회(Korea Olympic Committee)

대한올림픽위원회는 1948년 런던올림픽에 출전하기 위해 1947년 발족하여 올림픽을 비롯한 국제체육 관계 업무를 전담하였다. 대한체육회를 중심으로 각종체육단체가 재건, 창립되는 과정 중에 국제스포츠사회에 정통한 이상백과 정경무를 중심으로 '올림픽대책위원회'가 조직되었다. 올림픽대책위원회의 목적은 **'국제올림픽위원회(International Olympic Committee)로부터 대한민국을 대표하는 국가올림픽위원회(National Olympic**

Committee)를 승인받고, 1948년 런던올림픽에 참가하는 것'이었다. 이러한 목적을 위하여 올림픽대책위원회는 적극적으로 일을 추진하였고 마침내 1947년 스톡홀름에서 열린 제40차 IOC총회에서 대한민국은 정식 IOC회원 자격을 얻게 되었고 여운형을 초대위원장으로 대한올림픽위원회가 발족하였다.

이에 1948년 우리나라는 런던올림픽대회에 정식 출전국으로 참가할 수 있게 되었다. 런던올림픽은 미군정하에서 대한민국이 'KOREA'라는 이름으로 태극기를 앞세워 첫 출전 한 대회였다. 그러나 국가지원이 원활하지 못했던 때이기에 올림픽 출전에 드는 경비조달을 위해 올림픽후원회를 결성하였고, 온 국민의 성금 모금과 '올림픽 후원권'을 발행하여 과 올림픽참가 경비를 마련하였다. 1948년 런던올림픽에서 우리나라 선수들은 역도에서 김성집과 권투의 한수안이 각각 동메달을 획득하여 신생 대한민국의 존재를 온 세계에 알렸다.

1952년 7월에는 정부수립 후 처음으로 헬싱키올림픽대회에 참가, 복싱의 강준호와 역도의 김성집이 각각 동메달을 차지하였다. 여기서 김성집은 선수 겸 감독으로 2번째 올림픽에 출전한 것이었다. 그는 역도 75kg급에서 총계 382.5kg을 들어 올려 2연속, 즉 런던올림픽과 헬싱키 올림픽대회에서 연속 동메달을 획득하였다.

대한올림픽위원회는 아시아경기연맹 창립과 아시아경기대회 창설을 위해 적극적으로 이바지하였으나, 1950년 제1회 뉴델리 아시아경기대회는 한국전쟁으로 인하여 참가하지 못하였고, 마닐라에서 개최된 제2회 아시아경기대회에 참가하여 일본, 필리핀에 이에 3위를 차지함으로써 광복 후 10년만에 아시아 스포츠강국으로 발돋움하였다. 이후에도 대한올림픽위원회는 올림픽대회와 아시안경기대회에 적극적인 참가와 활동을 유지하였고, 이러한 결과 1955년에는 이기붕 대한올림픽위원회 회장이 최초로 IOC위원으로 피선되었다.

그러나 1961년 군사정부는 유사단체통합이라는 정부 시책에 따라 대한올림픽위원회는 대한체육회로 흡수 통합되었다. 즉 당시 민간 체육단체로는 대한체육회를 비롯하여 대한올림픽위원회, 대한학교체육회 등이 있었는데, 유사단체 통합정책에 따라 사단법인 대한체육회로 통합시켰다. 이러한 체육단체 통폐합은 국제올림픽위원회헌장 제24조 및 제25조에 의해 "각국 올림픽위원회의 독립과 자주성을 살려야 한다"는 조항에 맞지 않았기에 1964년 대한올림픽위원회는 다시 법인격을 갖는 기구로 분리되었다. 이후 대한체육회와 대한올림픽위원회는 국제대회 파견에 따른 임원과 대표선수 선발에 있어 대립적 관계를 지속하였다. 이러한 대립은 결국 1966년 방콕아시아경기대회에서 극에 다다랐다.

1966년 대한올림픽위원회와 대한체육회는 방콕아시안게임 파견임원 선정과 대표선수 선발문제로 대립하였고, 이러한 반목은 결국 손기정단장이 대회도중 삭발을 하는 상황까지 벌어졌다. 이러한 반목은 1968년 2월 대통령의 체육단체 일원화 지시로 대한올림픽위원회는 대한학교체육회와 함께 대한체육회로 재통합되면서 일단락이 이루어졌다. 그러나 이러한 두 체육단체의 통폐합은 국제올림픽위원회(IOC)가 인정한 국내 유일의 국가올림픽위원회로서의 대한올림픽위원회의 독립성과 일제강점기로부터 독립하여 신생국가로서의 위상을 국제사회에 떨친 업적을 무시하는 조치로 비판을 받아왔다. 특히 지금까지도 대한민국이 IOC에 가입한 회원국 국가올림픽위원회 가운데 유일하게 독립된 법인을 갖추지 못한 국가임을 상기할 때 그 문제성이 제기된다.

3. 대한장애인체육회

대한장애인체육회는 2004년 장애인 체육업무가 보건복지부에서 문화관광부로 이관이 결정된 후, 2005년 7월 국민체육진흥법 개정을 통해 그 설립근거가 마련되어 2005년 11월에 설립된 법적 단체이다. 대한장애인체육회는 **장애인의 건강 증진과 건전한 여가 생활 진작을 위한 생활체육의 활성화와 종목별 경기단체, 장애 유형별 체육 단체 및 시·도 지부를 지원·육성하고 유형별 장애인체육의 균형적인 발전을 도모하며 우수한 선수와 지도자를 양성하여 국위선양 및 국제스포츠 교류 활동을 통한 국제 친선에 기여함**을 설립목적으로 하고 있다(대한장애인체육회 홈페이지).

대한장애인체육회의 설립은 국내에서 장애인체육이 단순한 복지 차원에서 벗어나 진정한 삶의 질과 건강추구를 위한 체육으로 인정받은 것으로 이해될 수 있다. 대한장애인체육회 설립 이전의 장애인체육행정은 보건복지부의 장애인복지 사업의 업무에 불과하였다. 이에 장애인체육은 국민체육진흥법에 의한 체육진흥 사업에서 제외되었고 국가대표로 국제대회에 참가하는 장애 선수도 국가대표로서의 정당한 자격을 가질 수 없었다. 이에 장애인체육인들은 장애인체육이 국가 체육의 한 부분으로 인정받기 위해서 국민체육진흥법의 개정과 장애인체육행정의 정부 소관부처 이관을 추진하게 되었다.

정부는 2005년 7월 국민체육진흥법을 개정, 공포하여 대한장애인체육회 설립과 사업내용을 법으로 규정함으로써 대한장애인체육회는 대한체육회와 동등한 법적 지위를 갖게 되었다. 이에 따라 문화관광부(현 문화체육관광부)에 장애인체육을 전담하는 장애인체육과가 신설되었고, 문화관광부 산하단체로 장애인체육행정을 전담하는 조직으로 **대한장애인체육회**가 출범하였다(문화관광부, 2007). 또한, 2008년 4월에 장애인차별금지법이 시행됨으로써 장애인의 체육참여와 장애인을 특별히 고려하고 정당한 편의를 제공하도록 규정하고 있다.

대한장애인체육회 정관 제36조에 의거하여 장애인체육 업무의 국내업무와 국제업무를 구분하여 대한장애인올림픽위원회(KPC, Korea Paralympic Committee)를 2006년 설립하였다. 대한장애인올림픽위원회는 국제장애인스포츠조직과의 업무 협력을 통해 우리나라 장애인체육의 국제적 위상을 향상하는 역할을 담당하고 있다. 2013년 12월 현재 대한장애인체육회는 29개 가맹경기단체, 4개 유형별 체육 단체 그리고 7개 인정단체가 가입되어 있다. 또한, 서울, 경기, 인천 등 17개 시·도지부가 결성되어 있다. 대한장애인체육회의 의사결정기구로는 대의원총회와 이사회가 있으며, 1실(감사실), 1센터, 3본부, 9부등의 실무조직을 두고 있다.

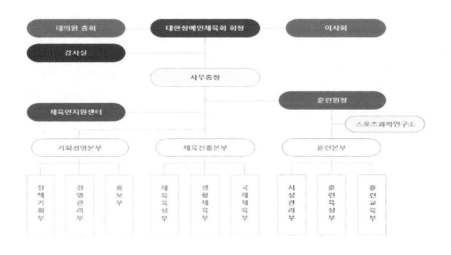

그림 VII-2. 대한장애인체육회 조직도

자료출처 : 대한장애인체육회 홈페이지

장애인체육회가 설립된 후 장애인체육에 있어 눈에 띄는 변화는 재정의 확대였다.

장애인체육 예산은 국고보조금 및 국민체육진흥기금으로 구성되어 매년 증가 추세를 보인다. 장애인체육회가 설립된 후 장애인체육에 있어 가장 큰 변화는 재정의 확대였다. 2005년도 장애인체육을 주관하던 한국장애인복지진흥회의 체육예산은 50억 원이었으나, 2006년에는 대한장애인체육회의 사업예산은 107억으로 2배 이상 증액되었고, 2007년 예산은 196억 원이 편성되었다. 이러한 재정 증액으로 장애인체육 종목별 경기단체와 전국 시·도지부의 설립을 활발히 추진할 수 있었다. 장애인체육회 2008년 예산은 387억으로 대폭 상향되었고, 2009년에는 451억, 2010년 225억으로 감소 되었는데 이는 이천훈련원 완공으로 예산이 전년 대비 감액된 것이다. 2011년도 장애인체육회 예산액은 337억으로 다시 상향되었으며, 2012년에는 449억, 2013년 443억, 2014년에는 496억 원이다(대한장애인체육회 홈페이지). 2019년도 대한장애인체육회 예산은 543억 8100만 원이었다. 이 예산은 장애인체육가맹단체 지원, 장애인생활체육활동 지원, 장애인선수육성 지원, 전국장애인체육대회 개최, 장애인스포츠 은퇴선수 지원에 사용되었다.

4. 국민생활체육회

국민생활체육협의회(국민생활체육회)는 민간 차원에서 범국민 체육활동을 확산하고 다양한 생활체육 동호인 활동을 체계적으로 지원·육성할 목적으로 1991년 2월 6일 민법 제32조에 의해 비영리 사단법인으로 창립되었다. 국민생활체육협의회는 생활체육 진흥을 통한 국민건강과 체력 증진, 국민의 건강한 여가 선용과 선진 체육 문화 창달, 세계 한민족의 동질성과 조국애 함양을 통한 통일 기반 조성을 목적으로 하고 있다.

1988년 서울올림픽의 성공적 개최 이후 정부는 국가의 스포츠정책 방향을 엘리트스포츠에서 생활체육으로 전환하고자 **호돌이계획**을 수립하였다. 1990년 3월에 입안되어 추진된 호돌이계획은 국민생활체육진흥 3개년 종합계획으로 구체화 되어 생활체육 발전의 제도적 기반 구축을 모색하였다. 즉 국민의 생활체육을 전담할 수 있는 단체의 구성이 시급해짐에 따라 설립된 것이 국민생활체육협의회이다. 국민생활체육협의회를 설립을 위하여 1990년 7월 전국에 시·군·구에서 지방조직을 결성을 시작하여 12월에 15개 시·도 생활체육협의회장 발기인 대회를 개최하였고, 1991년 1월에는 사단법인 국민생활체육협의회 창립총회를 거쳐 2월 사단법인 설립허가를 받아 정식 출범하였다. 정관 제2조에 따르면 국민생활체육협의회는 "전국 각지에서 활동하고 있는 생활체육 동호인 조직을 근간으로 생활체육 진흥을 위한 각종 사업을 시행함으로써 국민의 건전한 심신발달 및 여가생활을 보장하고, 나아가 명랑하고 밝은 사회 건설에 이바지"하기 위한 조직의 목적임을 밝혔다(이학래, 2000). 2009년 6월에는 국민생활체육협의회에서 법정 법인화 추진을 위해 우선 국민생활체육회로 개칭하기도 하였다.

2015년 국민생활체육회가 대한체육회로 통합되기 전까지 전국 17개 시·도 협의회를 두었고 67개 경기종목별 시·도 연합회를 두기도 하였다. 과거 국민생활체육회 자료에 의하면 조직 산하 생활체육 동호인 클럽수가 97,503이며, 동호인은 4,376,139명으로 명실공히 국내 생활체육을 총괄하는 조직으로 성장하였으나, 지금은 대한체육회로 통합된 상황이다.

그림 VII-3. 국민생활체육회 조직도
자료출처: 국민생활체육회 홈페이지

5.국민체육진흥공단

서울올림픽기념 국민체육진흥공단(KSPO, Korea Sports Promotion Foundation) 은 제24회 서울올림픽대회를 기념하고 국민체육진흥을 위한 사업을 수행하기 위하여 문화체육관광부장관의 인가를 받아 1989년 4월 공익법인으로 설립되었다. 국민체육진흥공단은 서울올림픽이 남긴 가장 큰 자산으로 대한민국 체육 재정의 든든한 후원자로 자리매김하고 있다. 국민체육진흥공단의 재원은 서울올림픽 잉여금 3천110억 원과 기존의 국민체육진흥기금 411억 원등 총 3,521억 원을 기초 재원으로 출범하여 적지 않은 시련이 있었지만, 창립 20주년을 맞은 2009년 2조 원이 넘었으며 2020년에는 17조 288억 원이 조성되었다(국민체육진흥공단 홈페이지).

국민체육진흥공단은 창립 첫해 98억 원의 기금 지원을 시작으로 1990년 7월 올림픽공원 내 경기장을 관리할 한국체육산업개발을 설립했으며 9월에는 올림픽파크텔 사업 그리고 1993년에는 국내 최초의 스포츠 전문 케이블 TV를 개국하며 사업을 확장했다. 공단은 안정적인 수익원 확보를 위해 1994년 경륜 사업을 시작했고 초창기 역점을 뒀던 전문체육 지원에서 생활체육 지원으로 눈을 돌려 분당과 평촌, 일산에 최신 시설의 올림픽스포츠센터를 건립하였다. 2001년에는 스포츠토토 사업과 2002년에 개장된 경정으로 재정확립에 중요한 축을 이루었다. 현재 국민체육진흥공단의 대표적인 기금조성사업으로는 경정, 경륜, 체육진흥투표권 사업이며, 이와 같은 스포츠사업을 통해 조성한 국민체육진흥기금을 활용하여 체육진흥사업 지원, 스포츠산업 육성, 스포츠 정책연구, 서울올림픽 유산 관리 등의 지원사업을 추진하고 있다.

이렇듯 대한민국 체육 재정의 90% 이상을 담당하는 국민체육진흥공단은 '스포츠의 즐거움을 국민과 함께'라는 기관 비전에 근거, 사회공헌 비전과 전략을 수립하여 지속적인 사회공헌활동을 추진하고 있다. 국민체육진흥공단은 스포츠의 즐거움을 국민과 함께하는 비전으로 생활 체육지원 역량 및 스포츠 재정지원의 기관으로 물적, 인적, 인프라를 활용하여 학업중단 청소년, 이주 배경 청소년 등 스포츠 복지 사각지대의 청소년들을 대상으로 스포츠Together 캠프 및 자격증취득과정, 인턴십 등을 지원하고 있다. 또한, 공단은 공공기관에 대한 지역사회 환원 요구에 부응하기 위하여 사업장 소재 지역을 대상으로 근린 체육시설 확대, 국민체력100과 같은 운동프로그램 보급, 체육지도자를 포함한 체육인재 양성, 스포츠산업 육성 및 체육과학 연구 등의 사업을 추진하고 있다(국민체육진흥공단 홈페이지).

MISSION

체육으로 건강하고 행복한 국민

VISION

스포츠로 건강한 삶, 행복한 국민의 동반자

전략방향
중점 추진 전략과제

건전청소년 성장 견인	스포츠복지 나눔 확산	지역 상생협력 강화
·스포츠분야 진로탐색기회 제공 및 여가활동 지원 ·체육꿈나무 활동 지원 ·경륜사업 연계 사이클 꿈나무 육성 지원	·농어촌·저소득가정 스포츠체험 기회 제공 ·지역사회 경제·사회적 취약계층 스포츠가치체험 확대 ·유네스코 석좌 프로그램 연계 필리핀 봉사활동 확산	·코로나19 극복을 위한 경제 활성화 동참 ·지역 소외계층 자활 지원 ·임직원 참여 사랑나눔봉사 (1사1촌 일손돕기, 연탄배달 등)

그림 VII-4. 국민체육진흥공단 사회공헌 추진체계
자료출처: 국민체육진흥공단 홈페이지

국민체육진흥기금은 1989년부터 2019년까지 생활체육 활성화, 전문체육 육성, 국제 체육 교류 증진 및 스포츠산업 육성을 위한 다양한 사업에 총 12조 1,924억 원을 지원 하여 국가 체육 재정을 담당하고 있다. 2020년에는 지속적인 체육진흥을 위하여 13,435억 원을 지원하였다.

정부의 스포츠 부문 예산이 총예산에서 차지하는 비중은 0.05% 내외로 극히 미약한 수준이며 주5일 근무제 시행, 국민 소득 향상, 고령화 사회 도래, 소외 계층 스포츠 활 동 요구 증가 등 체육 재정 수요가 급증하고 있는 상황에서도 그 규모는 점차 감소하 고 있다. 국민체육진흥기금은 스포츠 예산 확대가 어려운 국가 재정 현황을 감안하여 지속해서 지원 비중을 확대하고 있으며 2011년부터 현재까지 전체 체육예산에서 기금 이 차지하는 비중이 지속적으로 80% 이상일 정도로 국가 체육 재정에서 중요한 역할 을 수행하고 있다(국민체육진흥공단 홈페이지). 아래의 표는 국가예산중 체육 예산과 국민체육진흥기금 규모를 대비한 것이다.

표 VII-1. 체육 예산(국고) 대비 국민체육진흥기금 규모   (단위: 억원)

구분	2008	2009	2010	2011	2012	2013	2014	2015	2016	2017	2018	2019	2020
정부 예산 국고	2,343	2,135	1,529	1,559	1,514	1,715	1,486	1,342	1,355	1,337	1,286	2,572	2,700
	(47.6)	(35.6)	(22.4)	(19.2)	(17.3)	(16.3)	(14.2)	(10.4)	(9.4)	(9.4)	(11.6)	(17.6)	(15.9)
국민체육 진흥기금	2,578	3,860	5,295	6,568	7,251	8,799	8,951	11,605	13,000	12,950	9,815	12,074	14,261
	(52.4)	(64.4)	(77.6)	(80.8)	(82.7)	(83.7)	(85.8)	(89.6)	(90.6)	(90.6)	(88.4)	(82.4)	(84.1)
총계	4,921	5,995	6,824	8,127	8,765	10,514	10,437	12,947	14,598	14,287	11,101	14,646	16,961

자료출처: 국민체육진흥공단 홈페이지

지금까지 국민체육진흥공단은 조성된 기금으로 국민 건강 증진과 삶의 질 향상을 위해 생활체육 단체지원, 대한체육회 지원, 장애인체육 지원, 국제체육 지원, 스포츠산업 육성 융자사업 스포츠정책 연구 및 인재양성 등 다양한 사업에 국민체육진흥기금을 지원하였다. 1989년부터 2021년까지 총 14조 9,187억 원을 지원할 것이며, 2021년 기준 정부 체육 재정의 90% 이상을 차지할 만큼 국가 체육발전의 원동력이 되고 있다.

분야별 기금지원 내역 1989~2021년 누적(2021년 계획액으로 집계·포함)

(단위 : 억원)

생활체육 55,359　전문체육 40,675

14조 9,187억 원

장애인체육 7,405
스포츠산업 8,135
국제체육 36,568
청소년 육성 · 올림픽기념사업 1,045

그림 VII-5. KSPO 사업별 기금지원 내역

자료출처 : 국민체육진흥공단 홈페이지

공단의 기금지원사업을 더욱 상세히 살펴보면 먼저 생활체육 단체지원은 성과목표가 생애주기별 맞춤형 생활체육 프로그램을 보급하고 생활체육 참여의 질을 제고하여 국민건강 증진에 기여하는 것이며, 성과지표는 스포츠활동 지속 참여율로 설정되어 있다.

둘째, 대한체육회 지원은 대한체육회 및 경기단체 지원을 통해 엘리트스포츠 기반을 조성하고 우수선수의 체계적인 양성을 통해 경기력 향상과 국제경쟁력을 강화하는 것이며 성과지표는 후보선수의 국가표선발율, 우수선수 발굴지수, 경기력을 높이는 것이다.

셋째, 국제 스포츠지원은 국제스포츠 외교활동 강화, 스포츠도핑방지 확대, 태권도 해외보급 확대로 종주국 위상강화를 하는 것이다. 마지막으로 스포츠산업 육성융자 사업은 우수스포츠용구생산업체, 민간체육시설 스포츠서비스업 지원강화로 건실한 스포츠산업 경영기반 조성 및 산업경쟁력 강화를 하는 것이다(이용식, 2014).

2020년 분야별 지원계획을 보면 생활체육 분야에 6,390억 원, 엘리트스포츠 분야에 3,885억원, 장애인스포츠분야에 899억 원, 국제스포츠분야에 1,412억 원 그리고 스포츠산업육성 분야에 829억 원 등 총 1조3,415억 원을 투입할 예정이다.

6. 한국도핑방지위원회(Korea Anti-Doping Agency)

한국도핑방지위원회는 세계도핑방지위원회(WADA)의 한국 대표기구로 약물로부터 선수를 보호하고 공정한 스포츠 환경을 조성하며, 국내 스포츠 단체는 물론 세계 반도핑 기구 및 국제스포츠 단체와 도핑 방지를 위해 협력하는 등 스포츠 발전에 기여하기 위하여 설립된 대한민국의 반도핑 전담기구이다. 2006년 한국도핑방지위원회의 창립 이사회가 열렸고 그해 11월 13일에 재단법인 한국도핑방지위원회가 설립되었다. 2007년 4월 27일에 세계도핑방지기구(WADA)에 가입했다. 개정 국민체육진흥법에 따라 같은 해 6월 22일 특수법인으로 전환되었다.

이 위원회는 문화체육관광부 산하의 특수법인으로 국민체육진흥법 제35조의 규정에 의거 **도핑과 관련된 사업과 활동을 하게 하기 위하여 문화체육관광부장관의 인가를 받아 설립**되었는데 이 위원회가 하는 업무는 도핑 방지를 위한 교육, 홍보, 정보 수집 및 연구, 도핑 검사 계획의 수립과 집행, 도핑 검사 결과의 관리와 그 결과에 따른 제재, 도핑 방지를 위한 국내외 교류와 협력, 치료 목적으로 약물이나 방법을 예외적으로 사용하는 것에 대한 허용 기준의 수립과 그 시행, 그 밖에 도핑 방지를 위하여 필요한 사업과 활동 등 이다(국민체육진흥법, 2007).

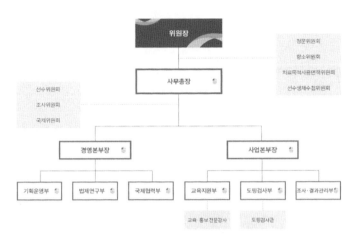

그림 VII-6. 한국도핑방지위원회 조직도
자료출처: 한국도핑방지위원회 홈페이지

더욱 자세히 한국도핑방지위원회의 최근 업무 현황을 분석해 보면, 이 위원회는 약물로부터 선수를 보호하고 공정한 스포츠 환경을 조성하는 것을 목표로 도핑관리, 교육홍보, 조사, 국제협력 등의 도핑 방지 활동을 활발히 전개하면서 다음의 업무에 집중하고 있다.

첫째, 의무도핑검사 대상을 전문체육 선수뿐 아니라 학생선수 및 프로스포츠선수까지 확대하였다. 또한, 도핑검사관의 전문성을 높이기 위해 체계적인 교육을 시행하고 최적의 환경에서 검사를 진행할 수 있도록 여건을 개선하고 있다.

둘째, 선수뿐 아니라 지도자, 학부모 등 선수지원 요원을 위한 맞춤 온·오프라인 도핑방지교육 교재와 프로그램을 개발하고 있다. 또한, 도핑방지 교육홍보 전문강사의 역량강화를 위한 교육을 시행함과 동시에, 더 많은 선수와 선수지원요원의 인식제고를 위해 찾아가는 도핑방지교육과 현장홍보를 확대 시행하고 있다.

셋째, 정보수집 및 조사활동을 통해 도핑방지규정 위반을 미연에 방지하고, 투명하고 공정한 결과관리를 진행하고 있다(한국도핑방지위원회 홈페이지).

한국도핑방지위원회는 위원장 1명과 부위원장 1명을 포함한 11명 이내의 위원으로 구성하고 있으며, 청문위원회, 항소위원회, 자료목적사용면책위원회, 선수위원회, 조사위원회, 국제위원회 등의 7개의 소속위원회가 있으며, 사무국에는 사무총장 산하 경영

본부장과 사업본부장의 2명과 기획운영부, 법제연구부, 국제협력부, 교육지원부, 도핑검사부, 조사·결과관리부가 있다.

한국도핑방지위원회는 국가대표선수를 비롯해 후보, 프로선수들은 연 1회 의무적으로 도핑 방지 교육을 통해 도핑에 대한 경각심을 일깨우고 금지약물에 대한 정보를 전달하는 등 선수에게 꼭 필요한 필수내용을 교육하고 있다. 도핑 검사대상자는

첫째, 국내경기단체의 회원 또는 등록 선수, 또는 국내경기단체의 가입단체(클럽, 팀, 협회 또는 리그 포함)의 회원인 모든 선수,

둘째, 국내경기단체 또는 그 가입단체(클럽, 팀, 협회 또는 리그 포함)에서 주관, 소집, 승인 또는 인정하는 대회 또는 경기 및 기타 활동에 참가하는 모든 선수,

셋째, 등록카드 또는 자격증 소지 또는 기타 계약으로 인하여 국내 경기 단체 또는 그 산하기관의 회원이거나 관할의 영향을 받는 모든 기타 선수 또는 기타 관계자,

넷째, 국내경기단체가 주관하지 않는 국내경기대회 또는 국내리그에서 개최, 주관, 소집 또는 승인된 모든 선수,

다섯째, 국제대회 또는 국내대회에 참가하기를 희망하는 모든 선수들(해당 선수들은 본 도핑방지규정에 따라 대회 6개월 전부터 검사에 응할 준비가 되어 있어야 한다)도 포함한다. 2019년 4월 17일부터는, 국민체육진흥공단에 등록된 경륜, 경정 선수도 도핑검사 대상에 추가되었다(경륜·경정법, 2019).

기타 체육단체

국내에는 법정체육단체 이외에도 스포츠발전을 위해 조직된 스포츠안전재단, 한국대학스포츠협의회, 학교체육진흥회 등의 체육단체들이 있다.

1. 스포츠안전재단

우리에게 '스포츠안전'이라는 용어의 의미는 다소 생소할 수 있다. 먼저 **스포츠안전이란 스포츠활동에 대한 위험요인을 제거하기 위해 인적, 물적 자원을 활용하여 위험성의 예측, 대응, 점검 관리, 제도개선을 하는 총체적인 안전망 시스템을 마련하는 것**이다. 이러한 스포츠안전을 총괄적으로 관리하고 운영하기 위해 세워진 단체가 스포츠안전재단이다. 스포츠안전재단(Korea Sports Safety Foundation, KSSF)은 민법 제32조및「문화체육관광부 및 문화재청 소관 비영리법인의 감독에 관한 규칙」에 따라 **스포츠활동(「국민체육진흥법」 제2조 제2호의 전문체육 및 제2조 제3호의 생활체육을 포괄한다)에 따른 안전사고를 예방하고 각종 스포츠 관련 사고에 대한 공제사업 및 위로·구호사업을 추진하여 안전한 스포츠 환경 조성에 기여함을 목적**으로 2010년 7월에 설립되었다(스포츠안전재단 정관, 2019).

스포츠안전재단은 이사장 1명과 사무총장 1명을 포함한 이사회로 구성하고 있으며, 경영지원부, 안전사업부 의 2개 부와 이를 지원하는 경영지원팀, 그리고 공개사업팀, 교육사업팀, 안전연구팀으로 구성되어 있다. 스포츠안전재단은 점차 사업 영역을 확대하고 있다. 크게 영역은 세 가지로 나눌 수 있다.

안전교육과 안전공제 그리고 안전연구이다. 스포츠 안전교육의 경우 2016년 통합체육회 출범으로 사업 분야를 생활체육 중심에서 엘리트스포츠, 학교체육까지 확대하고 있다. 누구나 쉽게 정보를 알 수 있도록 현재 총 25개의 매뉴얼을 개발하였으며, 지속적으로 활동하고 있다.

그림 VII-7. 스포츠안전재단 조직도
자료출처: 스포츠안전재단 홈페이지

스포츠 안전공제는 국민의 건강과 체력증진, 여가선용 및 복지향상에 이바지하며, 재단의 목적에 따라 국민의 스포츠 활동 시 안전사고를 예방하고 스포츠 활동 중 발생한 상해를 보상하는 서비스이다. 2015년 스포츠안전사고 실태조사에 의하면 생활체육 참가하는 사람 중에 1번이라도 사고가 있었던 사람은 57.79%, 2번 이상 사고 상해를 입은 사람은 24.74%, 3회 이상이 17.47%였다(스포츠안전재단, 2015). 또한, 최근 대형사고의 발생으로 인해 안전에 관한 관심이 높아지면서 관련 법에 따라 스포츠분야의 보험가입도 의무화 되었다. 예를 들어 생활체육진흥법 제12조에는 생활체육대회를 개최하거나 생활체육 강습을 하려는 생활체육단체 등은 대통령령으로 정하는 바에 따라 보험 또는 공제에 가입하여야 한다고 규정되어있으며, 체육시설의 설치·이용에 관한 법률 제26조에는 체육시설업자는 체육시설의 설치·운영과 관련되거나 그 체육시설 안에서 발생한 피해를 보상하기 위하여 문화체육관광부령으로 정하는 바에 따라 보험에 가입하여야 한다고 규정되어있다. 이에 재단은 스포츠 분야의 특수성을 고려하고, 변화하는 스포츠 환경에 따라 다양한 서비스를 제공하고 있다. 예를 들어 전문체육인 상해공제, 스포츠여행자공제 등이 있다.

재단은 스포츠안전분야 체계구축을 위한 연구 및 조사 활동을 활발히 진행하고 있다. 스포츠 부상 경험자의 세부 특성 파악을 위한 '스포츠안전사고 실태조사'를 시행하였으며, 공제서비스 보상사례집을 제작하였다. 안전재단은 이러한 조사 및 연구를 통해 스포츠안전과 관련한 데이터를 축적하고 교육 및 공제사업을 위한 기반으로 활용하고 있다.

스포츠안전재단이 앞으로 해야 할 역할과 범위는 더욱 커질 가능성이 높다. 그런 측면에서 스포츠안전재단은 법정 법인화를 통해 재단 위상을 정립할 필요가 있다. 그래야만 좀 더 탄탄한 재정적 뒷받침 속에서 스포츠에 안전을 더하는 일련의 작업이 더 체계적으로 진행될 수 있다. 영국, 미국, 일본 등 스포츠선진국들은 정부주도 비영리단체를 중심으로 스포츠 안전교육 및 정보를 제공하고 있으며, 프로그램 개발 및 보급, 안전 자격제도를 운영하고 있다.

영국의 'SGSA(Sports Grounds Safety Authority)'는 정부산하기관으로 축구협회에서 시작해 대상 종목을 확대, 영국과 웨일스에서 열리는 모든 스포츠 경기장에서 관중이 안전하게 경기를 즐길 수 있도록 교육하고 정보를 제공하고 있다. 그들은 체육행사를 관리하는 지자체를 감사하는 역할까지도 한다. 미국에는 'NCSS(National Center for Sports Safety)'가 있다. 스포츠에서 발생하는 부상방지와 안전의 중요성에 대해 홍보를 주된 목적으로 하는 비영리기관이다. 기금과 기부금 그리고 스포츠안전 프로그램 판매수익으로 운영된다. 주요 사업은 지도자를 대상으로 스포츠 안전교육을 진행하는 것으로 부상 예방, 부상인지 등의 분야에 초점을 맞춰 스포츠 관련 조직들에 스포츠안전과 관련된 정보 자료를 제공하고 있다.

일본에선 'Sports Safety Japan'이 있는데, 2007년 12월 특정비영리활동추진법에 의거해 설립된 특정 비영리활동법인으로 스포츠 지도자, 선수, 보호자, 시설관리자 대상으로 학습 프로그램을 제공하고, 스포츠안전 자격제도 운영, 조사 및 연구 활동을 진행하고 있다. 독일에서도 스포츠클럽 활동 시 보험가입이 필수다. 국가차원에서 스포츠공제에 관한 연구 및 개발이 이뤄져 있다. 또 민간보험 그룹사와 체육협회가 단체보험 협약이 이뤄져 있다. 따라서 독일에선 스포츠클럽 회원비에 보험료가 포함돼 있어 스포츠클럽 활동 시 자동으로 보험에 가입된다.

2. 한국대학스포츠협의회

한국대학스포츠협의회(Korea University Sport Federation)는 2010년 7월 16일 설립된 대한민국 문화체육관광부 소관의 사단법인이며, **대학스포츠의 건전한 육성과 발전을 도모하고, 대학스포츠의 본질을 회복하여 스포츠의 선진화를 달성하고자 대학스포츠에 관한 학사, 재정, 시설 등 주요 관심사에 대한 자율적인 협의와 연구, 조정을 통하여 상호협력하며, 학생선수들이 스포츠 활동과 교육을 통해 정신적, 육체적, 사회적으로 건전한 리더십을 갖추도록 하고, 스포츠 발전에 필요한 정책을 정부에 건의하여 우수한 경기자의 양성과 국민 통합 및 국가 이미지 제고에 이바지함을 목적**으로 한다. 협의회는 2010년 출범 이래 2020년 105개 대학을 회원으로 두고 각 대학의 운동부 지원, U-리그 대회와 클럽 대회 개최, 학생선수 선발과 학사관리 정상화 및 학생선수 미래가치 창출 등의 각종 사업을 추진하고 있다(한국대학스포츠협의회 홈페이지).

2014	65개 대학 151개 운동부 32억 3천만 원	**2015**	74개 대학 339개 운동부 40억 원
2016	82개 대학 380개 운동부 40억 원	**2017**	80개 대학 373개 운동부 42억 2천만 원
2018	93개 대학 426개 운동부 68억 원	**2019**	100개 대학 436개 운동부 68억 원

그림 VII-8. 대학운동부 지원현황

자료출처: 한국대학스포츠협의회 홈페이지

협의회는 대학운동부 운영 평가를 통한 대학스포츠 정상화의 자정 노력을 강화하고, 이에 대학운동부 운영 지원을 통한 대학운동부 육성 지원, 대학스포츠 경쟁력을 제고하고 있다. 2014년 이후 각 대학운동부 지원현황을 보면 아래의 그림과 같으며, 2019년에는 100개 대학 68억을 운동부에 지원하였다. 각 대학의 운동부는 협의회로부터 받은 예산을 전지훈련비, 유류비 등 운영 실비로 활용되고 있다. 협의회는 단순히 운동부를 지원하는 것이 아니라, 평가 후 지원을 통해 운동부가 나아가야 할 방향을 제시하여, 결국 운동부들의 자율적인 개선을 이끌고 있다.

협의회는 학생선수의 선발과 그 절차에 있어 공정성과 투명성을 보장하기 위해 체육특기자 대입정보정책설명회 개최, 체육특기자대입포털 구축 및 대입전형요강 발간을 통해 대입정보의 접근성을 높이고 있다. 협의회가 추진한 대표적인 사업으로는 체육특기자 지원서 폐지, 체육특기자 대입제도개선 적극적 의견 개진, 체육특기자 입시비리 제재 강화, 체육특기자 경기실적증명서 개선, 체육특기자 대입정보 공개 확대이며, 이 중에서 체육특기자 지원서의 폐지는 체육특기자 대입에 획기적인 변화를 가져왔다. 과거에는 대한체육회에서 체육특기자로 지원할 수 있는 서류를 1인에게 한 장만 발부하였고, 사전 스카우트를 한 대학 이외에 다른 학교를 지원할 기회도 없었다. 이러한 폐단을 없애고자 2012년에 협의회에서 '대학스포츠 정상화를 위한 성명서'를 통해 지원서 1인 1매 발급 관행을 중단하고 수시를 6번 지원할 기회가 체육특기자들에게도 공평하게 돌아간 것이다.

협의회는 대학스포츠 학사관리와 경기운영의 정상화 및 선진화를 통한 대학스포츠의 건전한 육성과 발전을 도모하고 있으며, 세부적인 추진 사업은 스포츠 도박, 체벌, 폭행, 성폭력 및 성희롱 행위, 승부 조작, 금지 약물 복용 등의 비윤리적 행위 금지, 학생선수 선발의 공정성을 해하는 모든 위반 행위 금지, 학사관리의 공정성을 해하는 모든 위반 행위 금지 등이다. 또한, 학생선수의 학습권 보장과 학사관리를 위하여 C제로룰을 추진하고 있다. 이는 학생선수가 협의회 주최·주관·승인 대회 참가하기 위해서는 직전 2개 학기 평균 C0학점 이상 취득해야 한다는 규칙이다.

협의회는 현재 농구, 배구, 축구, 야구, 아이스하키, 정구 종목에서 대학리그(이하 U리그)를 운영하고 있다. 협의회가 리그를 운영하는 이유는 학생선수들의 학습권이 보장하기 위한 것이다. 많은 대학이 운영하는 단체 종목을 위주로 Home&Away 리그를 시작했으며, 협의회 리그(KUSF U리그)에 참여하게 되면 학습권 보장을 위해 학기 중에 U리그 이외의 대회에 출전하지 않고, C제로룰을 준수를 해야만 한다. 학습권 보장을 이유로 주말 리그로 운영되었던 대학야구 U리그의 경우, 수도권으로부터 너무 먼 구장(광주, 기장, 보은, 순천, 여수)과 선수들이 휴식권 침해가 문제가 되기도 했으나, 주중 1일을 대회 일로 정하는 등 점차 안정된 운영을 하고 있다.

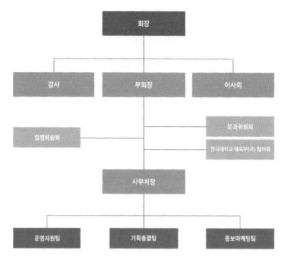

그림 VII-9. 한국대학스포츠협의회 조직도

자료출처: 한국대학스포츠협의회 홈페이지

한국대학스포츠협의회 회원은 대학 자체가 될 수 없고, **운동부를 운영하는 전국의
대학교 총장으로서 협의회 등록 절차를 거친 자**로 하고 있다. 또한, 협의회의 최고 의
사결정기구는 대학 총장으로 구성된 이사회이며 이사회는 회장 1인, 부회장 7인 이내,
이사 25인 이내, 감사 2인을 두며 모든 임원은 비상근이다. 이사회를 보조하고 사무처
와의 원활한 협의를 위해 집행위원회를 두고 있다. 이 집행위원회는 교수, 대학경기연
맹 회장, 스포츠 전문기자, 스포츠행정 유경험자 중 15인 이내로 회장이 선임한다. 사
무처에는 사무처장이 관리하며 운영지원팀, 기획총괄팀, 홍보마케팅팀 등이 있다.

향후 협의회가 지향해야 할 방향은 대학스포츠 상의 정립, 대학스포츠의 윤리적 확
립, 재정의 독립 등이다. 첫째, 학생선수는 학업과 사회, 운동 경험을 균형 있게 유지할
수 있는 대학스포츠 상이 정립돼야 한다. 현재는 협의회에서 주관하는 KUSF U리그
운동 종목의 학생선수만이 C제로룰을 준수하고 있는데 이러한 C제로룰를 확대 강화하
여 모든 종목에 적용해야 할 것이다. 결국, 협의회는 학생선수가 졸업 후 사회에서 요
구되는 한 사회인으로 성장하도록 돕고 이를 통해 자연히 대학스포츠의 가치를 높여야
만 한다.

둘째, 대학스포츠는 최고 지성에 걸맞은 윤리기준이 확립되어야 한다. 협의회는 대학
스포츠의 선수선발, 재정지원, 훈련시간, 대회참가 일수 등은 물론 갖가지의 생활폭력
에 단호히 대응해야 할 것이다. 이에 협의회 자체 선수자격센터, 윤리위원회 등을 설치

하여 선수 자격을 강화하고 협의회 규정 위반에 대한 철저한 평가와 집행을 수행해야
만 한다.

셋째, 협의회는 적극적인 스포츠마케팅으로 재정적 독립을 지향해야 한다. 협의회는
문화체육관광부의 지원을 받아 운영되고 있다. 대학스포츠가 보다 공고히 자리 잡기
위해서는 중앙정부와의 긴밀한 협조 관계는 꼭 필요하지만, 기생 관계가 되어서는 안
될 것이다. 이러한 방향성으로 한국 실정에 맞는 대학스포츠 관리기구로 거듭난다면
체육특기자의 학력 문제, 선수의 학습권, 선수에 대한 전인적 교육 등 많은 문제를 해
결할 수 있음은 물론 한국스포츠의 발전에 선구적인 역할을 할 것이다.

3. 학교체육진흥회

학교체육진흥회는 학교체육 정책을 지원하는 전담기구로써, 17개 시도교육청이 동의
하여 비영리법인으로 2018년 10월 **학교체육 활성화를 통해 초등학교, 중학교, 고등학
교 학생들의 전인적 발달을 도모하고, 바람직한 민주시민으로 성장할 수 있도록 건강
하고 활기찬 학교체육 문화를 조성을 목적**으로 설립되었다(학교체육진흥회 홈페이지).
학교체육진흥회는 국내 학교체육활성화를 추진하는 체육 단체다.

그림 VII-10. 학교체육진흥회 조직도

자료출처: 학교체육진흥회 홈페이지

진흥회는 학교체육 활성화를 위해 학교체육 정책개발 및 연구에 관한 사업, 체육교육과정 운영 및 체육수업 질제 고에 관한 사업, 학교 및 교사의 학교체육 활동에 관한 사업, 학교스포츠클럽 활동 및 운영에 관한 사업, 학교체육 지도자 역량 강화에 관한 사업, 국내외 학교체육 교류협력에 관한 사업 등의 목적사업을 추진하고 있다. 이러한 사업을 보다 효율적으로 운영하기 위하여 진흥회는 이사장 1명과 교육부 추천 2명, 시·도교육청 추천 3명, 문체부(대한체육회 포함) 추천 3명, 외부 2명으로 구성된 11명의 이사진이 단체 의사 결정권을 갖는다. 사무처는 기획운영팀과 총무회계팀으로 운영하고 있다. 이외에도 체육교육위원회, 학교스포츠클럽위원회, 체육인재육성위원회 등의 3개 위원회와 학교체육포털분과위원회, 국제교류분과위원회 등의 2개 분과위원회가 있다.

학교체육진흥회는 초·중·고등학교 체육에 있어 상당히 중요한 역할을 담당하고 있는 기구로서 학교체육 발전을 위해 설립되고 그 취지를 달성하기 위한 사업을 수행하는 기관이다. 학교체육을 담당하고 있는 조직이 있다고 해서 학교체육 활성화가 이루어지지는 않는다. 지금까지 학교체육 활성화를 위한 많은 노력들이 있어 왔던 현실을 감안할 때 학교체육진흥회가 그 역할을 제대로 수행하기 위해서는 많은 부분을 고려해야 한다. 현재 학교체육에 대한 요구가 증가되고 있음에도 입시 중심의 학교교육 체제 하에서 체육은 존폐의 갈림길에 있으며, 학생들은 컴퓨터, 핸드폰의 장시간 이용, 입시 중심의 교육으로 건강 및 육체 기능 저하 상태에 있다. 이를 증명하듯이 우리나라 아동, 청소년의 신체적, 심리적, 사회적 건강 수준은 OECD국가 중 최하위권에 속해져 있다. 즉 학교체육은 학생들의 건강한 몸과 체력 증진을 위한 실질적인 서비스 기관이 필요하며 진흥회는 이러한 기관으로 그 역할을 충실히 해야 할 것이다.

또한, 학교체육진흥회에서는 실질적이고 구체적인 성과를 통해 학교체육 활성화를 이끌 사업은 전국학교스포츠클럽대회 운영이라고 할 수 있다. 이 사업은 학교체육진흥회의 자체적으로만 진행할 수 있는 사업의 성격이 아니므로 대한체육회의 적극적인 지원해야 한다. 문화체육관광부를 비롯한 이런 체육기관 및 단체의 지원과 협력을 끌어내기 위해서는 학교체육 활성화에 대한 공유된 가치를 창출하고 이를 실천할 방안을 마련하여야 한다.

※ 참고문헌

국민생활체육회. 홈페이지. http://www.sportal.or.kr
국민체육진흥공단. 홈페이지. http://www.kspo.or.kr
대한장애인체육회. 홈페이지. http://www.koreanpc.kr
대한체육회(2010). 대한체육회 90년사. 대한체육회.
대한체육회. 홈페이지. http://www.sports.or.kr
문화관광부(2007). 장애인체육백서). 문화관광부.
스포츠안전재단 홈페이지. https://www.sportsafety.or.kr
이용식(2014). 민간체육단체의 대한 국가보조사업의 현황 및 집행부진 실태분석. 한국체육정책학회
      지. 12(1).
이학래(2000). 한국체육백년사. 한국체육학회.
하남길 외(2007). 체육과 스포츠의 역사. 한국체육사학회.
하웅용, 조준호, 김지연, 김지영, 최영금(2014). 글로벌 스포츠사. 한국체대체육사연구회.
학교체육진흥회 홈페이지. https://cspep.or.kr
한국대학스포츠협의회 홈페이지. https://kusf.or.kr

제 8 장

· · ·

스포츠시설 정책분석 및 활성화 방안

미래학자 엔서니 기든스(Anthony Giddens)는 **제3의 길**에서 복지국가와 신자유주의 국가를 넘어 새롭게 제시하는 사회정책은 **적극적 복지(positive welfare)** 개념을 주장했다(Giddens, 2014). 그의 생각에 비추어 보면 스포츠활동은 앞으로도 적극적 복지정책의 하나로 그 중요성이 더욱 증가 될 것이다. 우리나라의 경우, 절대적인 빈곤에서 벗어나기 시작한 1980년대부터 구미선진국들의 영향을 받아 일상생활 속에 참여하는 생활체육을 뿌리내리는 노력을 추구해왔다. 이러한 국가적 차원에서의 적극적인 생활체육 지원으로 국민 생활 수준의 향상, 여가시간의 증대는 생활체육의 활성화를 가져와 다양한 레저 및 체육활동이 자발적인 국민적 참여가 대폭 증대하였다. 이제는 우리에게도 스포츠활동은 복지사회 구현에 있어서 중요한 지표로 자리 잡게 된 것이다.

보다 발전적이고 미래지향적인 국민체육 진흥[13]을 위해서는 많은 정책과 지원이 필요하겠지만, 공공체육시설의 확보, 스포츠지도자의 확보, 스포츠 조직 활동과 이를 위한 재정의 확보는 기본이다. 이중에서도 하드웨어인 스포츠시설의 확보는 국민의 스포츠, 레저활동에 있어서 필수, 기본적인 조건일 것이다. 공공 스포츠시설 확보에 있어서 정책적 과제는 **국민 누구나가 손쉽게 이용할 수 있는 다양한 스포츠시설을 효율적으로 공급하는 일**이다. 스포츠시설에 대한 법적 정의는 체육시설의 설치, 이용에 관한 법률 제2조 제1호에서 정의한 바에 따라 **체육활동에 지속적으로 이용되는 시설과 그 부대시설**을 의미한다. 여기에서 체육의 개념은 국민체육진흥법 제2조에 **운동경기·야외운동 등 신체활동을 통하여 건전한 신체와 정신을 기르고 여가를 선용하는 것**으로 규정하고 있다. 따라서 법적 개념으로 스포츠시설은 **건전한 신체, 정신 함양과 여가선용을 목적으로 운동경기, 야외운동 등의 신체활동에 지속적으로 이용되는 시설과 그 부대시설**로 정의될 수 있다. 스포츠시설 중 공공시설은 국민의 건전한 체육활동을 장려하기 위하

---

13) 국민체육이란 학교체육, 생활체육, 엘리트스포츠 등 정부가 대국민을 대상으로 하는 스포츠를 총칭한다.

여 국가, 지방자치단체 또는 대한체육회, 국민생활체육회, 국민체육진흥공단, 한국마사회 등의 공익법인체 지원으로 설치·운영·유지되는 스포츠시설을 말한다.

선진국의 지표인 복지국가를 이룩하기 위해서는 정부는 지속해서 국민의 적극적인 스포츠참여를 주도해야 한다. 무엇보다도 국민의 스포츠참여를 위해 각종 스포츠시설에 대한 투자를 기본적으로 해야 하며, 이는 정부를 물론, 민간차원에서 함께 진행되어야 한다. 현 정부는 지금까지의 정부주도의 스포츠시설 투자를 민간 주도로 전환하려는 의도가 있는 것으로 보인다. 하지만 지금까지 정부 차원에서 주로 다루어 왔던 스포츠시설 투자를 급속히 민간 위주로 전환한다는 것은 스포츠 산업의 약화를 초래할 수 있는 위험성을 내포하고 있다. 이를 위하여 정부는 스포츠시설 투자의 경제적 부가가치 높여주어야 하며, 적극적인 부양 정책을 병행하여야 할 것이다.

본 장에서는 정부 차원의 공공 스포츠시설 확충에 대한 당위성과 민간차원에서의 스포츠시설 건립 활성화를 위한 기초 방안을 모색하는 데 목적이 있다. 궁극적으로는 정부의 스포츠 정책형성에 있어서 국민의 건강과 건전한 여가선용을 위한 스포츠시설 확충이 국정 정책의 일환이 되는 데 있어 그 정당성과 이론적 근거를 제공하는데 그 의의가 있다.

01
1990년대 이후 스포츠시설 정책변화

1990년부터 정부의 적극적인 주도와 지원에 힘입어 공공체육시설 확충 정책이 진행되다가 1997년 12월, IMF(International Monetary Fund)사태로 국내 모든 경제활동이 동면으로 들어간 IMF체제하에서 국민의 스포츠활동은 침체되었고, 늘어가던 민간 스포츠시설에 대한 투자는 급격히 저하되었다.

과거를 돌이켜볼 때, 이러한 어려운 여건에서도, 국민의 스포츠참여는 지속적으로 늘어났으며, 더욱이 스포츠는 실의에 빠진 국민에게 활력을 주었으며, 불신과 분열의 사회적 풍토에서 대동(大同)의 화합을 주도하였다. 무엇보다도 좋은 예는 김대중 정부 말기인 2002년 6월, 국가 전체를 붉게 물들게 했던 월드컵일 것이다. 세계적인 대축제의 마당에서 우리는 자발적 참여와 국민대 통합을 이룩하며 대회를 성공적으로 개최하여 세계의 부러움을 받았다. 전국 각지에서 700여만 명이 참가하는 거리응원, 남녀노소 모두의 열성적인 응원, 그리고 계층, 지역, 연고와 관계없이 온통 하나가 된 축제였으며, 민족이 대동단결(大同團結)하는 모멘트가 되었다. 이는 스포츠가 아니면 실현될 수 없는 국민통합의 축제이었으며, 정부와 국민모두에게 스포츠의 중요성을 다시 일깨워 주었던 기회가 되었다.

노무현정부는 참여, 분권, 자율이라는 정책방향을 토대로 2003년에 국민체육진흥5개년계획 수립되었디. 노무현정부는 스포츠활동에 대한 수요에 비해 스포츠시설 공급이 부족하다는 구체적인 지표를 토대로 수립되었다. 따라서 국민의 스포츠활동 수요에 적절히 부응하기 위해 주민의 생활권 안에서 언제나 손쉽게 이용할 수 있는 스포츠시설을 확충하고, 시설을 정부의 선택으로 설치하지 않고 설치지역의 다양한 특성에 맞는 다목적 스포츠활동 공간을 조성하는 것을 추진 방향으로 설정하였다.

구체적으로는 지역 단위 주민 친화형 생활체육 공간의 지속적인 확충을 위해 국민체육센터, 농어민 문화체육센터, 다목적 생활 체육공원, 잔디·우레탄 체육시설, 게이트볼 경기장, 마을 단위 생활체육시설, 학교운동장 생활체육시설 설치 지원 등의 사업을 핵심적으로 추진하였다. 또한, 기존에 공동으로 이용할 수 있는 스포츠시설과 함께 개인 건강기능을 위한 각종 스포츠시설을 확충하였다. 엘리트스포츠시설 부분에서는 기본 스포츠시설의 지속적 확충과 더불어 스포츠환경 변화에 능동적으로 대처하기 위해 대규모 예산이 투입되었던 기존 시설의 활용을 통해 시·군 기본 스포츠시설 재건축 사업 지원, 관리·운영실적 우수 공공스포츠시설 인센티브 부여, 종목별 스포츠시설과 전국체전시설 등의 확보 등을 주요 추진과제로 설정, 추진하였다.

더불어 지방자치단체에서 지역의 특성을 반영한 스포츠시설을 자율적으로 조성할 수 있도록 하였는데, 이는 고령화 사회, 주 40시간 근무제와 주 5일 수업제 시행, 지방분권 확대 등의 급속한 변화와 지역별 환경의 차이로 인한 지역주민의 특성을 감안한 정책이었다. 이처럼 노무현정부의 스포츠정책은 성별, 연령, 계층, 지역의 차별 없이 국민 누구나 스포츠활동을 참여할 수 있는 환경을 조성하고자 하였다.

이명박정부는 증가하고 있는 건강유지와 체력증진에 대한 국민의 관심과 스포츠활동에 대한 참여 욕구를 계획적이고 체계적으로 충족시키고, 모든 국민이 양질의 스포츠 서비스 제공을 위해 **공공체육시설 균형배치 중장기계획**을 2006년 10월에 발표하였다. 이 중장기계획은 건강 환경의 조성과 삶의 질 향상, 국가경쟁력 향상을 비전으로 설정하였다. 또한, 체육활동 참여율을 높여 건강한 시민사회를 형성하고, 스포츠시설 보급률 확대를 통해 쾌적하고 여유로운 체육활동 공간을 조성하며, 스포츠시설의 접근성을 높여 10분 내 접근 가능한 환경을 조성하는 것을 목표로 하였다.

이명박정부는 국민의 건전한 여가 선용과 건강증진을 통한 건전한 사회 조성, 생활체육 활동, 선수훈련, 국내·외 경기 개최 등을 위하여 지속적으로 생활체육시설과 엘리트스포츠 시설의 확충을 지원하였다. 즉 정부는 전국의 시·군·구를 인구와 면적, 공간구조, 산업구조, 인구구조, 재정상태 및 소득수준 등에 따라 10개의 유형으로 구분하여 지역 특성별로 차별화된 확충 방향을 제시하였다. 생활권별로는 실내와 옥외시설을 구분하여 생활체육 공원, 국민체육센터, 근린형 복합체육시설, 운동장 생활체육 시설 등을 기본 체육시설로 설정하여 학교나 청소년시설 등 유관시설과의 형태적·기능적 복합화 방안을 제시하였다. 특히, 공공스포츠시설을 공급자 중심에서 수요자 중심으로 전환하고, 획일적 기준에서 벗어나 생활권역 및 인구수, 그리고 재정자립도를 고려하여 지역별 특성화, 시설의 복합화, 재원의 다양화 지향 등을 통해 기존의 방식을 개선하였다(체육백서, 2012).

박근혜정부에 이르러서는 **국민생활체육진흥종합계획**을 2014년에 다시 수립하였다. 이 계획은 생활체육 시설의 접근도를 높여 이용 가능한 스포츠시설 공급을 목표로 하였다. 정부는 국민체육진흥공단과 대한체육회와 함께 협조하여 경로당, 농촌 폐교 등 기존 시설을 활용하여 2017년까지 900여 개의 생활체육시설 및 소통공간으로 **작은 체육관**을 조성하였다. 2015년부터는 스포츠 프로그램과 간이 스포츠시설을 갖춘 스포츠버스(Sports Bus)를 시·도 당 1대 제작하여 저소득 계층 및 다문화가족 거주지역 등을 직접 찾아가는 **움직이는 체육관**, 소외지역, 낙도 등을 찾아가는 **작은 운동회**를 운영하는 등 주민들의 스포츠시설 접근성 향상 및 스포츠 소외계층의 참여 형평성을 제고하고자 하였다. 또한, 다양한 세대가 하나의 공간에서 소통하며 스포츠와 문화의 융복합 생활이 가능한 **세대통합형 체육시설**을 조성하고, 유소년에 적합한 스포츠시설 조성 및 스포츠용품 관련 제도 개선을 통한 스포츠 기본환경 구축하고자 하였다. 박근혜정부가 추진하였던 스포츠시설 정책의 추진전략은 더욱 자세히 살펴보면 다음과 같다.

첫째, 스포츠시설로의 접근성 향상을 위해 스포츠시설 공간데이터를 기반으로 스포츠시설을 공간 단위별, 경기수준별로 조직적, 효율적으로 이용할 수 있는 네트워크를 구축한다.

둘째, 스포츠시설 공급 주체의 다양화를 위해 공공영역은 새로운 수요에 부합하는 기금지원 모델 수정안을 제시하고 민간영역이 스포츠시설의 주요 공급 주체로 역할을 할 수 있도록 방안을 제시하였다.

셋째, 유휴자원 및 기존 스포츠시설을 활용한 공공스포츠시설 지원 모델을 제시하여 공간의 최대 유효 활용방안을 모색하였다.

이러한 전략을 바탕으로 최소 시설투자로 효과를 극대화할 수 있는 체계적·효율적인 공공 스포츠시설 확충체계를 확립하고 공공 및 학교 스포츠시설의 활용도 제고 하였다. 특히, 공공스포츠시설 배치방식은 공급자 중심에서 수요자 중심으로 전환하고 획일적 기준에서 벗어나 생활권역 및 인구수, 접근성 및 서비스 수준을 고려함으로써 공간 단위 및 시설의 위상에 따른 시설 간 이용체계 네트워크를 형성하여 스포츠시설의 위계와 참여자의 기술 수준에 따라 결정할 수 있도록 하였다.

스포츠시설 공급 원칙에 있어 1인당 스포츠시설 면적 확대 정책에서 종목별 경기시설 접근성 제고로 공급의 패러다임 전환, 현장 지향성을 강화하는 방안을 마련하여 2015년부터 실시하였다. 특히, **체육시설의 설치·이용에 관한 법률**의 개정안 제시를 통해 공공체육시설 균형배치 및 접근성 제고를 위한 정기적인 중장기계획 수립의 법적 근거를 마련하고자 하였다(체육백서, 2015).

　　역대 정부는 공공 스포츠시설을 지속해서 확충하고는 있지만, 아직도 그 갈 길은 멀다. 2017년 공공체육시설은 24,303개, 등록·신고 체육시설업은 58,884개이지만 아직도 생활체육 환경은 여러 측면에서 열악하고 미비하다(체육백서, 2017). 그 이유는 먼저, 수적확보에 있어서 아직은 선진국보다 부족하며, 또한 대부분 공공 스포츠시설은 공적시설로 경기대회의 목적이거나, 교육적 목적으로 설립된 이어서 그 규모가 크고, 경직된 행정관리로 일반 대중의 접근이 쉽지 못한 데서 기인한다. 그리고 이러한 스포츠시설 확충 정책이 홍보의 미숙으로 일반 시민에게는 와 닿지 않는다는 점이다. 아무리 많은 스포츠시설을 확충한다고 해도 일반 시민이 이를 인식하지 못하고, 이용하지도 못한다면 국고의 낭비로 볼 수밖에 없다.

02

정부차원에서의 스포츠시설 확충을 위한 정책제안

주요국가의 정부가 적극적인 스포츠정책을 수행하는 것은 스포츠가 이미 중요한 사회적 역할을 담당하고 있음을 인지하기 때문이다. 스포츠활동은 국민의 건강증진은 물론, 범죄율을 낮추고, 국가 위상을 높이고, 공동체의 정체성을 느끼게 하며, 청소년 선도에 효과적인 정책으로 인식되고 있다. 이러한 이유로 우리나라 정부는 지속해서 스포츠발전에 적극적인 정책 개입을 해왔다. 그러나 역대 정부는 국민 복지를 위한 스포츠, 국민의 삶의 질 향상을 위한 스포츠의 장기적 비전을 마련하지 못한 채 단기적인 상황과 상황의 위기를 모면하려는 스포츠 정책으로 일관하고 있다. 정부의 기본적인 스포츠 정책 틀마저 위협하는 현실에서 스포츠시설 투자는 당연히 뒷전을 수밖에 없다.

2020년 IMF체제 이후 우리나라는 다시 찾아온 불안한 경제상황, 그리고 코로나 19 팬데믹으로 인해 사회적, 경제적, 정신적 공황상태가 예상된다. 문재인정부는 경기부양, 경제 활성화를 위하여 한국판 뉴딜정책을 내놓았는데 대부분 디지털 인프라 구축 전략이다(조선일보, 2020. 5. 14.). 그러나 루즈벨트의 뉴딜정책에서 보듯이 국가의 경기부양에는 사회간접자본(social overhead capital)[14] 투자가 기본이다. 이중에서도 대규모 공공 스포츠시설 투자는 시기적으로 고려할 수 있는 정책일 것이다. 정부는 대규모 경제 활성화 정책을 수립하고 집행하고 있으나, 단기적인 효과만이 있었던 것이 현실이다. 이러한 상황에서 공공스포츠시설 투자는 국내 경기 부양은 물론 차후 국민이 건전한 여가활동의 장을 마련할 기회 일 것이다. 이런 시각으로 본다면 스포츠시설 투자에

---

14) 사회간접자본은 사회자본, 사회적 간접자본, 사회적 공통자본이라고도 하는데, 이것은 사회자본이 경제활동의 기초가 되며 재화, 서비스 생산에 간접적으로 공헌하는 것을 의미한다. 사회자본은 ①산업기반시설(도로·항만·토지개량 등), ②생활기반시설(상하수도, 공영주택, 공원, 학교, 병원시설 등), ③국토보전시설(치산, 치수, 해안간척 등), ④수익사업(국유림 조성 및 보호, 금융기관의 자본) 등으로 나눌 수 있다.

관한 정책은 고려되어야 할 것이다. 역사적으로 볼 때, 미국과 독일은 우리와 같은 경제적 불황에서도 공공 체육시설과 같은 사회간접자본 투자로 경제적 위기를 슬기롭게 대처하였으며, 당시 건립한 스포츠, 레저시설들은 이제 국민의 생활체육 시설과 복지시설로 활용되고 있다.

제1차 세계대전이 끝난 후 세계 최대 부국으로 등장한 미국의 1920년대는 그야말로 미국 경제사상 최대의 호황을 누린 기간이었다. 그러나 1929년 10월 주식 폭락에서 시작된 대공황은 10여 년 동안 계속되었다. 미국 정부는 1920년대의 대공황을 탈피하려고 여러 정책을 내놓았으며, 뉴딜 정책15)은 그 중 대표적인 것이다. 미국의 제32대 대통령이었던 루즈벨트가 파격적인 경기부양책으로 내놓았던 뉴딜 정책은 사회공공시설에 적극적인 투자를 하여 실업난을 해소하고 이를 통해 소비를 늘려 궁극적으로는 공황을 탈피하려는 것이었다. 이러한 미국 정부의 사회 공공시설 투자의 대표적인 것이 스포츠시설의 건립과 공원 조성이었다. 미국의 대공황 기간 동안 미국 정부는 대국민 근로 사업을 통하여 254개의 골프장, 318개의 스키장, 805개의 수영장, 1,720개의 체육관, 1,817개의 핸드볼장, 2,261개의 말편자 던지기장과 3,026개의 운동장을 건립하였다. 또한, 미국 전역에 걸쳐 8,000여 개의 공원과 12,800여 개의 놀이터를 개수하거나 새로이 건설하였다(Clumpner, 1976). 이러한 미국 정부의 스포츠시설에 대한 투자로 직접적으로는 실업과 경제침체를 해결할 수 있었으며, 당시에 만든 여러 스포츠시설과 공원 조성으로 다져진 기초위에 정부의 국민 복지화 정책은 빠른 속도로 진행할 수 있었다.

독일 역시도 제2차 세계대전 직후인 1945년 'Golden Plan'이라는 정책을 통하여 청소년을 비롯하여 전 국민의 건강과 인간성 회복을 위하여 적극적인 생활체육 운동을 전개하였다. 이러한 스포츠정책 수행과정에서 독일 정부는 스포츠시설에 대한 적극적인 투자를 감행하였다. 결국 독일은 전국적으로 14,700개의 운동장, 15,900개의 체육관, 3,000여 개의 실내수영장, 2,400여 개의 실외수영장, 31,000여 개의 놀이터를 건설하였다(Heineman, 1999). 이러한 스포츠시설의 건립을 위하여 막대한 예산이 투자되었으나 이는 전쟁 직후의 불안전한 국가 경제회복에 도움이 되었고, 풍족한 스포츠시설

---

15) 1929년 대공황이라는 초유의 경제적 비상사태를 맞닥뜨린 프랭클린 루스벨트 대통령이 이에 대처하기 위해 1933년부터 1938년까지 내놓은 일련의 정책들을 말한다. 루스벨트 행정부는 대규모 공공사업을 벌임으로써, 인위적으로 수요를 만들어 냄으로써 묶여있던 자금이 공공사업에 투입되고, 이를 통해 부작용도 있었지만, 결과적으로 대공황으로 무너진 산업을 회생시켰다(최영승, 2015).

은 국민의 체력 향상과 청소년 선도에 지대한 영향을 미쳤다. 1983년 독일 연방체육연구소에서 조사된 바에 의하면, 스포츠시설은 1982년에는 1975년에 비하여 14%가 증가하였고, 공공 스포츠시설이 어느 정도 틀이 잡혔던 1990년에도 서독체육회에서는 약 30,000개의 시설이 더 필요하다고 전망하였다(서울시시정개발연구원, 1993).

이러한 외국의 예를 통하여, 국가가 각종 스포츠시설에 대한 투자로 얻을 수 있는 사회적, 경제적 파급효과가 상당히 크다는 것을 알 수 있다. 국내도 1980년대 서울올림픽을 준비하는 과정에서 한강 변의 환경 정리와 국민의 여가 시설의 확충을 목적으로 한강 공원을 조성하였다. 조성 당시 서울 올림픽 대회의 과대한 투자에 대한 비판이 없었던 것은 아니었으나, 국민 경제에 미쳤던 파급효과는 긍정적으로 나타났다. 또한, 지금 한강 변에 있는 여러 여가 스포츠시설은 서울 시민에게 가장 사랑받는 공공시설 중 하나이다. 결과적으로 이러한 스포츠시설의 확충사업은 몇 안 되는 제5공화국의 치적 중 하나로 평가되고 있음은 이미 주지하고 있는 사실이다.

김대중 정부 역시도 애초 국민에게 경제적으로 지나친 부담을 우려하는 경제의 변을 들어 경기장 건설문제에 대한 근본적인 검토를 하였으나, '지구촌 최대의 단일종목 제전'이라고 하는 월드컵 축구대회를 성공적으로 개최하기를 열망하는 국민 여론의 수렴과 국제사회에서의 신뢰도 차원에서 전국 10개 도시에 초현대식 축구장을 건설하였다. 당시 정부의 태도에서 보면 건설비의 2조 3,675억 원이라는 막대한 투자가 IMF 관리체제 아래에서 상당히 부담되었지만, 2002년 월드컵 축구대회의 경제적 파급효과 즉 생산유발효과 7조 9,961억 원과 부가가치 유발효과 3조 7,169억 원에 비추어 본다면 건실한 투자였음을 알 수 있다. 또한, 대회를 준비하는 과정에서 생산되었던 24만 5,338명의 고용 창출효과를 고려한다면 실업자 대책 등 국가 경기회복에 커다란 도움이 되었다.

우리나라는 이미 동·하계 올림픽, 월드컵축구대회, 세계육상선수권대회, 세계수영선수권대회, 몇 차례의 아시안게임 등 많은 대규모 국제경기대회를 개최한 바 있다. 이러한 전문 스포츠경기 시설은 대회가 끝나고 나면 유지, 보수에 많은 예산이 들어가면 일반 대중들이 활용하기에도 어려운 실정이다. 이에 국제경기대회를 위한 대규모 공공 스포츠시설에만 정부의 투자가 국한되어서는 안 된다. 아니 이제는 국제경기대회와 같은 일회성 이벤트를 위해 스포츠시설을 확충한다는 것은 지역이나 국가 전체로 볼 때도 절제해야 한다. 그것보다는 국민의 적극적인 생활체육 육성을 위해 수많은 학교시설을 비롯한 구민회관, 군민회관, 문예회관 등에 있는 공공 스포츠시설의 전면 개방과 함께 개보수 또는 시설 확충을 하여야 한다. 이를 통하여 가능한 모든 공공 스포츠시설에서 국민 누구나가 마음껏 사용하며, 건전한 여가 선용의 장, 대동의 장을 만들어 나가야 한다.

2015년 기준 국내 공공체육시설(마을 단위시설 포함)은 총 22,662개, 면적은 156,083, 763㎡로 전체 체육시설 개소 수의 28.8%, 면적의 약 22.9%를 차지하고 있다. 공공체육시설은 2000년 5,371개에서 지속적으로 증가하여 2015년에는 4.2배가 증가, 같은 기간 동안 민간체육시설 증가율 1.37배보다 높은 증가율을 보이고 있다. 아래의 그림을 보면 전체 규모로는 민간 스포츠시설의 비중이 높으나 시설 및 종목 유형별로 살펴보면 기본생활 체육시설인 체육관은 공공시설로 조성되고 수영장도 민간시설보다 공공시설의 규모가 커 공공스포츠시설이 핵심시설로 임무를 수행하고 있다(김미옥, 2017).

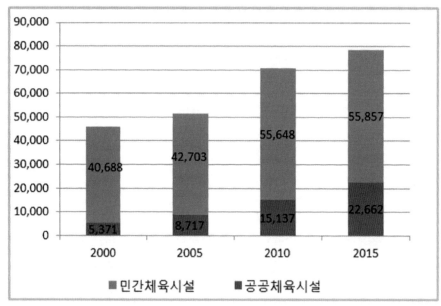

그림 VIII-1. 공공 및 민간체육시설 공급현황(2000~2015)
자료출처: 김미옥(2017). 도시계발 제도 개선을 통한 체육시설 확충방안 연구

미흡하지만, 정부는 지역 밀착형 생활사회간접자본 투자 계획을 서울을 비롯한 일부 대도시에서는 각 행정구 단위로 1체육관 1운동장이 실현되고 있으며, 일부 초등학교에

서는 근린 시민 모두가 이용할 수 있는 학교 내 종합체육관을 건설하는 등 생활체육에 대한 투자와 관심이 나날이 높아가고 있다. 또한, 전국에 국민체육센터를 140곳을 새로이 확충하고 장애인을 위한 생활 밀착형 국민체육센터를 확대하는 등의 스포츠 친화 정책이 확대되고 있다. 더욱이 지방자치 정부가 문화·체육시설을 생활 SOC 복합시설로 추진하면 국고 보조율을 현행 문화시설 40%, 체육시설 30%에서 50%까지 보조를 추진하고 있다(연합뉴스, 2018. 12. 12).

누구나 쉽게 접근할 수 있는 스포츠시설을 새로이 건설하거나 확충하는데 그 대상이 될 수 있는 공공시설은 학교이다. 학교체육시설은 우리나라의 공공체육시설 중 가장 큰 부분을 차지하고, 주거지역과 가장 가깝게 있는 스포츠시설로 어떠한 공공 스포츠시설보다 중요하다. 현 학교 당국은 교육법시행령에 따라 학교 교육에 지장이 없는 범위 안에서 국민체육진흥을 위하여 수업 전, 방과 후, 공휴일에는 학교체육시설을 개방하도록 하고 있으나 시설낙후와 학교 당국의 소극적인 관리방침으로 주민들의 이용에 있어서 많은 문제점을 갖고 있다. 주민들이 학교 체육 시설을 최대한으로 활용할 수 있도록 법적, 정책적인 보완책이 지속적으로 강구되어야 한다.

학교체육시설이용 정책 중 대표적인 것은 대한체육회가 2015년부터 실행하고 있는 **학교체육시설개방지원사업**일 것이다. 이는 학교체육시설의 유휴시간대 개방을 통해 시설이용률을 높이고 지역주민의 생활체육 활성화를 위해 기획되었으며 현재에도 지속해서 진행되고 있다. 추진방법은 전국 초, 중, 고등학교 중 지원 학교를 공모하고 선정하고 학교 체육 스포츠시설을 개방하는 것이다. 이를 위해 시, 군, 구체육회와 해당 학교 간 학교체육시설관리 위탁 계약 체결하였고, 학교체육시설에 관리매니저를 배치하고 다양한 종목 강습 프로그램을 운영하고 있다. 2019년 4월에는 168개소를 운영하고 있다(대한체육회 홈페이지).

이젠 현존하는 학교체육시설을 활용하는 것에서 더 나아가, 학교 부지 내의 복합 스포츠시설을 건립하여 지역주민과 학교가 함께 체육시설을 이용하도록 유도하여야 한다. 이제 근린학교는 단순한 배움터가 아니며, 주민들의 생활 근거지로 영역을 넓혀가고 있음을 인식하여야 할 것이다. 지역주민들은 학교 내의 복합체육관에서 수영, 에어로빅, 헬스를 하며 하루의 피로와 자신의 건강한 삶을 위하여 시간을 보낼 수 있도록 스포츠 정책을 펼쳐 나가야 한다. 2005년 1월 학교, 복지시설 등을 포함한 '사회기반시설에 대한 민간투자법'제정으로 학교시설에 관한 임대형민자 사업(Build Transfer Lease)을 본격적으로 추진할 수 있는 길은 열렸지만, 학교시설은 국가가 제공해야 하는 공공재로서 교육용 시설은 의무교육 및 국민 복지시설로 구분되기에 사용료 징수할 등의 문제가 있기에 이를 정책적으로 풀어주어야 할 것이다.

미래형 선진복지사회 구현을 위해서 학교시설은 방과 후나 방학 때 그냥 방치되고 있는 것이 아니라 누구나 이용할 수 있는 체육관, 수영장, 정보도서관 등을 갖춘 스포츠, 문화, 정보의 종합센터로 개발되어야 한다. 학교체육시설의 복합화 건설로 학교의 환경이나 시설이 현대화되고 다양화되어 그 활용도가 높아진다면 지금보다 좀 더 다양하고 좋은 시설을 학생에게 제공할 수 있고 지역주민에게도 혜택이 돌아갈 수 있다고 본다. 학교시설 복합화 개발 방식은 교육청은 학교 내 유휴 부지와 교육과정 개편에 따른 시설개선예산 일부를 제공한다. 시설 건립비용은 서울시와 일선 구청이 부담한다. 지자체 지원이 여의치 않을 경우, 운영권을 담보로 민자를 유치하는 방안도 검토하여야 한다. 학교로서는 교육과정 개편에 필요한 시설을 복합시설 건설로 확보할 수 있고, 지자체는 주민 편의시설 건설에 필요한 부지를 무상으로 받을 수 있는 '윈-윈 정책 (win-win policy)'인 셈이다. 즉 학교체육시설의 복합화는 지역의 부족한 시설을 양질의 학교시설로 보완한다는 점에 가장 큰 의미를 부여할 수 있다.

이러한 정책은 학교 스포츠시설의 적극적인 활용과 확충은 국민 건강과 건전여가 활용 이외에도, 사회적 문제인 청소년 문제해결에도 많은 도움을 줄 것이다. 특히 최근 정부에서 추진하는 스포츠클럽활동은 기본적으로 학교 스포츠시설이 갖춰져야 가능한 것이다. 외국의 사례를 보더라도 스포츠클럽활동은 다양한 인종이 함께 살아가는 방법을 배우는 중요한 교육 도구 중 하나로 간주되면서, 스포츠 활동을 매개로 이질적인 사회, 문화적 배경을 서로 이해하는 기회를 제공하며 청소년 비행과 학교폭력 예방에도 이바지하고 있다. 독일은 1960~70년대에 많은 노동 이민자들을 받아들이면서 2007년 기준으로 총인구의 8.%가 외국인이 되었으며 학교스포츠클럽 활동은 이민 자녀들이 독일 사회에 적응하고 독일 아동들의 다문화 시대 적응력을 고양할 수 있었다. 미국은 다민족·다문화가 가장 발달한 국가로 개인주의나 남과 어울리지 못하는 학생들에게 스포츠클럽활동을 통해서 다양한 인종이 함께 살아가는 방법을 배우도록 하고, 특히 고등학교 중퇴 등 학교 미적응자(전체 학생의 약 28.6%인 백만 명)개선에도 도움을 주었다. 호주 또한 다문화국가로 통합적인 스포츠활동을 체계적으로 추진하고 있으며 이것은 향후 다양한 문화를 가진 사회구성원들이 스포츠활동을 통해 소통하고 협력할 줄 아는 시민으로 성장하는데 밑거름이 될 수 있도록 교육하고 있다(생활정치연구소, 2012).

03
민간차원에서의 스포츠시설 활성화를 위한 정책제안

민간차원에서의 스포츠시설의 확충은 먼저 정부가 민간 투자가에게 스포츠 산업이 경제적인 부가가치를 창출할 수 있다는 사실을 인지시켜 주어야 하며, 이를 위하여 행정적, 법적 지원을 해주어야 한다. 즉, 스포츠 산업이 투자가들에게 인지되고, 대중들에게 활성화가 되기 전까지는 스포츠 관련 시설을 설치하는데 각종 세제상의 혜택을 주어야 한다.

스포츠시설의 투자를 활성화하기 위해서는 먼저 부가가치세, 특별소비세, 관세 등의 면세 또는 경감이 이루어져야 한다. 또한, 스포츠 관련 시설 중, 국내에서 제작이 곤란한 재화에 대하여 어느 정도의 세금 우대 정책이 수행되어야 한다. 기업의 세제 혜택을 주려는 방법은 지방자치단체의 재정적 특성을 우선 고려하여야 하며, 국가나 지방자치단체에서 지원된 부지나 투자재원의 비율을 고려하여 적용하여야 한다.

또한, 지역주민에게 받게 되는 낮은 사용료의 편차에 따라 세제혜택의 폭을 탄력적으로 적용할 수 있게 하여야 한다. 시설투자비가 많이 들면 그만큼 소비자에게 부담이 되며 이로 인하여 스포츠참여의 의욕이 경감될 것이다. 스포츠활동에 있어서는 가급적 가벼운 비용으로 국민 누구나 쉽게 이용할 수 있도록 정부 차원의 지원책이 필요한 것이다. 예를 들면 스포츠 바우처 제도를 활용하는 것도 하나의 방법일 것이다.

우리나라의 체육시설의 설치, 이용에 관한 법률 시행령우 1989년 7월 1일에 대통령령 제12743호에 의거하여 제정되었고, 시행규칙은 동년 7월 12일 체육부령 제13호로 공포되었다. 이러한 시행령과 규칙은 여러 차례의 개정을 통하여 지금에 이르고 있으나 법규정상에는 민간 체육시설에 대한 정부의 특별한 배려나 지원에 관한 조항이 없다. 이러한 상황은 소비자가 민간 스포츠시설 이용 시 상당히 높은 이용료를 내야 한다. 또한, 현 세제 정책으로는 특정 운동에 한해서는 사용자가 과중한 특별세까지 부담하고 있다고 국민의 스포츠, 레저를 통한 여가선용 차원에서 문제점을 내포하고 있다.

일본의 경우 정부는 민간 스포츠시설 투자에 적극적으로 지원하고 있다. 이러한 사실은 1987년에 정부의 강력한 의지로 국회를 통과한 여가법안(Resort Law)을 보아도 알 수 있다. 이 법안은 민간 사업자들이 스포츠시설이나 사업 즉 골프장, 스키장, 스포츠 센터 등을 설립할 때 재정적 특혜를 받을 수 있도록 규정하고 있다. 또한, 정부는 세금 우대로 영업을 도와주는 한편 각 금융단체의 협조로 스포츠관련 사업체에게는 낮은 이자율을 적용하도록 하고 있다. 스포츠 관련 사업에 있어 정부의 적극적인 정책적 지원은 많은 사업가가 스포츠 관련 사업에 관심을 갖게 하여, 비약적인 스포츠시설의 확충을 가져왔으며, 국민모두가 보다 쉽게 스포츠활동에 참가할 수 있는 기회와 장을 제공해 주었다.

이렇듯 정부가 직접적으로 투자하지 않고 민간자본으로 스포츠시설을 확충하려면 보다 다각적인 정책마련이 수행되어야 한다. 체육담당부처인 문화체육관광부와 타부처 간의 협조도 이루어져야 한다. 예를 들면, 우리나라의 현행법에 의하면 자연녹지지역 내에서는 어떠한 건물도 설립할 수 없다. 이러한 법안의 개정을 통하여 자연녹지지역 내 스포츠시설 건설을 허용하는 안이 신중히 검토되어야 한다. 이를 위하여서는 타 부처들과 긴밀한 협조를 이루어야만 가능한 것이다. 스포츠시설을 자연녹지지역 내에 건설한다면, 자연 환경파괴와 같은 문제가 발생되지만, 지역 사회의 해발 300m 이하의 야산에 스포츠시설이 건립할 수 있도록 법의 규제를 풀어주고, 이와 함께 투자가에 의한 조림개발의 책임을 함께 법제화한다면 자연과 조화를 이루는 아름다운 환경을 이루어 낼 수 있을 것이다. 물론 개발 당시에는 어쩔 수 없는 자연 훼손이 따르겠지만 보강 조치로 주변 지역의 녹지화와 공원화를 함께 법제화한다면 주민들에게 더욱 사랑받는 야산이 될 수 있다. 자연환경을 그대로 두는 소극적인 정책만이 자연 보호는 아닐 것이다. 사람의 발길이 많아 민둥산이 되어가는 곳에는 합리적인 개발과 조림을 통한 적극적인 자연보호정책이 보다 합당한 것이다.

지난 1999년부터, 문화관광부는 국민이 값싼 비용으로 골프를 즐길 수 있도록 9홀 미만의 소규모 골프장 건설 지원대책을 마련하고 적극적인 지원으로 2007년에 104개에서 2017년 301개 퍼블릭 골프장이 운영 중이다(G. Economy, 2019. 2. 1.). 그러나 골프장의 건설과 운영에 있어 자연환경의 파손은 가장 큰 문제로 대두되고 이다. 이러한 자연환경 훼손 문제를 슬기롭게 대처한 예가 있다. 미국의 뉴저지주 클레멘튼에 소재하고 있는 파인밸리(Fine Valley)는 세계적으로 아름다운 골프장의 한곳이라고 불린다. 1914년 골프장 건설 당시 너무나 많은 자연 훼손이 불가피하였으나, 건립 이후 주정부의 적극적인 대책과 골프장 측의 투자로 주변 자연환경을 위한 산림 조경의 결과, 자연과 조화를 이룬 가장 아름다운 골프장의 경치를 이루어 낼 수 있었다(하웅용, 2003).

소득증가와 골프 열풍으로 골프는 더이상 과거와 같이 상류층의 전유물은 아니다. 한국골프인구는 기하급수적으로 늘어나고 있으며, 골프장 건립에 많은 민간 투자가들이 관심을 가지게 되었다. 국민의 적극적인 스포츠참여를 위해서는 보다 저렴한 비용으로 편리하게 스포츠시설을 이용할 수 있도록 하여야 한다. 그러나 한쪽에 치우치는 정책을 수행하다 보면 많은 문제가 발생 될 수 있다. 정책수행에 앞서 해결할 수 있는 것은 해결하고, 국민의 양해를 얻어야 하는 것은 충분한 설명과 보상이 뒤따라야 하며, 무엇보다도 이러한 절차를 법제화하여야 만이 모든 국민에게 사랑받는 공공스포츠시설로 발전할 수 있다.

또한, 국민이 보다 편리하게 체육 활동할 수 있도록 주거지역과 가까운 준주거지역이나 상가 지역의 소규모 체육시설에 대한 민간 투자가 활성화 되도록 정부에서는 규제완화, 세제 특혜 등을 고려하여야 한다. 실내수영장, 야구연습장, 탁구장, 헬스장, 인라인스케이트장 등의 스포츠시설은 술집이나 여타의 유해업소들 보다 더욱 많은 부가가치를 생산할 수 있도록 세제 면에서 특혜를 주어서 보다 적극적인 투자를 유발시켜야 한다.

04
공공스포츠시설의 활성화가 답이다

미래사회 혹은 제4차 산업을 통한 사회변동은 지금까지 인류가 경험하지 못했던 변화의 폭과 속도가 확대되고 가속화될 것이다. 노동인구의 고령화, 인구절벽, 여성의 경제사회참여증대, 정보화, 생산자동화 및 재택근무의 확산과 같은 노동조건의 변화, 의식과 행동 양식의 개방화, 다양화의 진전, 소득 및 여가 시간의 증가 등이 향후 한국사회의 특징이며, 이는 미래 스포츠활동에도 지대한 영향을 미치게 될 것이라고 본다. 더욱이 미래사회의 생활체육은 국민의 관심과 기호의 다양화로 과거 건강증진과 스트레스 해소를 위한 단편적인 차원을 넘어 확대되고 심화될 것이며, 운동종목도 나날이 다양성을 띠며 활발해질 것이다.

국민의 생활체육 참여는 복지국가 실현을 선행 조건인 건강과 국민 삶의 질을 높이는 최선책이며, 이러한 국민의 원활한 생활체육 참여를 위해서는 충분한 공공스포츠시설의 확충이 기본이 되어야 한다. 컴퓨터에 좋은 소프트웨어를 설치하고 원활하게 사용하려면 먼저 컴퓨터 하드웨어의 수준을 높여 맞추어야 한다. 즉, 아무리 좋은 생활체육 프로그램과 지도자가 있다고 하더라도 스포츠활동을 수행할 수 있는 충분한 공간이 없다면 이는 무의미 할 것이다. 정부도 이러한 사실을 주지하고 있으나, 현실적으로 국민에게 풍족한 여가 공간이나 스포츠시설을 확충하는데 주저하고 있다. 청년 실업, 구직난이 사회적 문제라면 청년을 위해 구직준비금과 같은 실질적인 현금보조도 필요하겠지만, 이와 더불어 지친 심신의 활력소가 될 수 있는 체력 향상이나 다양한 스포츠를 할 수 있는 환경도 갖춰져야 한다. 구직이 되었더라도 건강을 잃으면 아무런 소용이 없기 때문이다.

선진국의 예를 보면, 그들이 풍요로운 경제 상황에서만 체육시설 투자를 한 것은 아니다. 미국의 대공황시기와 제2차 세계대전 이후의 서독 경제는 오늘날 우리 경제 현실보다 좋은 여건이 아니었다. 그들은 경제적 불황 속에서 보다 적극적인 사회간접자본의 투자로 불황을 탈피할 수 있었으며, 스포츠시설 확충은 사회간접자본 투자에 주된 사업이었다. 즉 스포츠시설 건설로 경기 불황의 해결 정책으로 삼았던 것이 국민 경제에 긍정적으로 파급되었다. 우리 정부도 스포츠시설 확충이 국민 경제에 활기를 줄 수 있으며, 건설 후에는 시민들에게는 건전한 여가의 장으로 이용된다는 사실을 인식하여야 한다.

스포츠 산업은 선진국에서는 이미 **21세기 최고의 고부가가치산업**으로 인식되고 있으며, 스포츠 산업의 활성화를 위해서는 먼저 장을 마련하는 스포츠시설의 확충이 선행되어야 한다. 그러나 우리의 실정을 볼 때 스포츠 산업이 주요 산업정책에서 외면된 채 정부의 세제나 금융상의 지원이 미흡하였고, 정부의 인식 부족으로 인한 공적 규제가 많았다. 이제부터라도 정부는 스포츠 산업에 걸림돌이 되는 많은 공적 규제를 마땅히 완화하여야 한다. 더욱이 스포츠가 고부가가치를 생산할 수 있는 산업이라면 이에 합당한 부양 정책이 뒤따라야 한다.

마지막으로 공공스포츠시설의 설치 그 자체만으로 국민의 스포츠참여를 유도한다면 바람직하지 못하다. 국민이 공공스포츠시설을 적극적으로 활용하고 스포츠 수요의 충족에 이바지할 수 있도록 체제의 혁신적인 변화가 필요할 것이다. 국민이 스포츠 소비에 들어간 비용은 세금환급으로 돌려주어야 할 것이다. 국민의 건강을 위해서는 의료비환급과 동등하게 스포츠 비용환급도 고려해야 한다.

스포츠 복지, 스포츠를 통해 적극적 복지를 추구하려면, 미래의 스포츠시설은 문화를 함께 누리고 창조하는 공간으로써 자리매김해야 할 것이다. 주민, 학생, 그리고 엘리트 선수들이 모두가 함께 어울릴 수 있고, 즐길 수 있는 공간이어야 하며, 이러한 공간에서 새로운 대동(大同)의 스포츠문화를 창출해 낼 수 있을 것이다.

※ 참고문헌

김미옥(2017). 도시계발 제도 개선을 통한 체육시설 확충방안 연구. 한국스포츠개발원.

대한체육회 홈페이지.

문화체육관광부(2009). 체육백서.

문화체육관광부(2012). 체육백서.

문화체육관광부(2016). 체육백서.

문화체육관광부(2017). 체육백서.

생활정치연구소(2012). 방과 후 학교스포츠프로그램 활성화 정책방안. 사단법인 생활정치연구소.

안민석(1999). 학교체육과 지역사회체육의 연계활성화 방안연구. 국민체육진흥공단 체육과학연구원.

연합뉴스(2018. 12.12.). 걸어서 체육관·도서관에...내년 생활SOC 예산 8.6조 확정.

유지곤(2003). 스포츠시설 공급체계효율화 방안, 국민체육진흥공단 체육과학연구원.

유지곤, 이용식, 이세영, 최완수(2005). 학교시설 복합화사업을 통한 체육시설확충 방안, 국민체육진
        흥공단 체육과학연구원.

이유찬(2010). 학교체육시설 복합화를 위한 민자투자 효율화 방안에 관한 연구. 한국사회체육학회
        지. 42(1).

조선일보(2020. 5. 14.). 文대통령, "'스마트 대한민국 펀드' 조성하겠다.

최영승(2015). 역사로 보는 미국사회와 문화 링컨에서 에디슨, 신문에서 영화, 자동차에서 햄버거까
        지. 한국문화사.

하웅용(2003). 공공체육시설 활성화를 위한 정책방향 연구. 한국체육정책학회지. 1

한국개발연구원(1998). 2002년 한일 월드컵 축구대회의 국가발전적 의의와 경재적 파급효과. 한국개
        발연구원.

황을용(2006). 일본의 21세기 사회체육 정책에 관한 사례연구-스포츠클럽육성과 체육시설을 중심으
        로. 한국체육학회. 45(3).

G. Economy(2019. 2. 1.). 이젠 회원제보다 퍼블릭 전성시대.

Giddens, Anthony(2014). 한상진, 박찬욱역. third way : the renewal of social democracy. 책과 함께.

제 9 장

:

생활체육 정책분석 및 활성화 방안

서울올림픽 개최 이후 우리나라는 생활체육의 급격한 패러다임의 변화가 찾아왔다. 실상 우리나라에서는 1980년대 이전까지만 해도 '사회체육' 또는 '생활체육'이라는 용어조차도 통용되지 않았다. 막연히 스포츠선진국에서 도래한 Sport for all의 개념을 사회체육이라고 의역하여 1980년대까지 사용되었다. 서울올림픽이전까지만 하더라도 국위선양을 목적으로 하는 엘리트스포츠, 교육을 목적으로 한 학교체육 이외에는 먹고 살기도 힘든데 무슨 체육활동이라는 사회적 분위기에서 벗어나지 못했다. 그러나 서울 올림픽대회 이후 급속한 경제성장과 생활여건 개선, 여가시간 증대에 따라 관람 스포츠에서 참여 스포츠로 전환이 이루어졌다. 그러다가 1990년대 들어와서 우리 생활 속에서 즐겨할 수 있는 스포츠활동을 '생활체육'이라 정의하면서 지금까지 사용되고 있다.

그렇다고 1980년대 이전에는 우리나라에 '생활체육'이라고 할 수 있는 신체문화가 없었던 것은 아니다. 하지만 광복 이후 우리나라는 정부는 물론 국민 모두가 경제적인 풍요에 집중하였다. 모두가 잘살아 보자는 모토로 살아갈 때 생활체육 인구를 인위적으로 확대하거나 강요할 수는 없었다. 당시 생활체육은 경제적, 사회적으로 안정적인 부류만이 향유 할 수 있는 여가 활동이었다. 1980년대 이후 국민소득이 급격히 늘어나면서 생활체육에 대한 국민의 욕구가 정비례해서 늘어난 것이다. 과거 조선 시대에도 여가활동으로 다양한 신체문화가 있었다. 조선후기의 문신, 실학자 다산(茶山) 정약용이 언급했던 전통적인 여가를 보면 지금과 별다름이 없다. 정약용이 저술한 문집인 여유당전서(與猶堂全書)에서 당시 선비들의 여유로운 여가의 여덟가지(消暑八事)에 대해서 언급하였는데, 이러한 우리의 전통 여가문화를 엿볼 수 있다.

첫째, 송단호시(松壇弧矢)로 솔밭에서 활쏘기,

둘째, 괴음추천(槐陰鞦韆)으로 느티나무 그늘 아래서 그네타기,

셋째, 허각투호(虛閣投壺)로 넓은 누각에서 투호하기,

넷째, 청점혁기(靑簟奕棋)라 하여 깨끗한 대나무자리에서 바둑두기,

다섯째, 서지상하(西池常夏)로 서쪽 연못의 연꽃 구경하기,

여섯째, 동림청선(東林聽蟬)으로 동쪽 숲속에서 매미소리 듣기,

일곱째, 우일사운(雨日射韻)이라 하여 비오는 날 한 시 짓기,

여덟째, 월야탁족(月夜濯足)으로 달 밝은 밤 개울가에서 발씻기이다.

이러한 여가 활동은 무리하지 아니하면서 여가 즉 생활체육을 즐기는 우리 조상들의 지혜가 엿보인다.

생활체육은 급속한 경제성장과 생활여건 개선, 여가 시간 증대에 따라 점점 활성화되었고, 생활체육이 엘리트스포츠 발전을 위한 기본 전제조건이 되어야 한다는 의견이 대두되면서 양적으로 급성장하는 계기가 되었다. 체육활동이 모든 국민 개인의 건강증진과 삶의 질 향상을 위해 활용할 수 있는 여가 활동이라는 인식이 퍼졌으며, 고열량 섭취와 운동 부족으로 인한 건강문제를 해결하고 사회적 병리현상인 신체적, 정신적, 사회적 스트레스 해소의 주요 대안으로 주목받았다. 이렇듯 생활체육은 국민 전체의 건강증진과 삶의 질 향상을 위한 여가활동이라는 인식으로 변모되면서 시대적 요구로 받아지고 있다. 따라서 1990년이후 정부에서는 국민의 체육활동 수요를 파악하고, 다양한 생활체육 정책을 추진하였다.

01

정부차원에서의 생활체육 정책의 변화

정부 차원에서의 생활체육 정책은 1986년 국민체육진흥장기계획에서 자발적이지만 열악한 동호인 모임을 체계적으로 육성하기 위하여 그 당시 활동하고 있던 종목별 동호인 모임의 등록을 권장하였고, 그 모임을 조직 수준으로 끌어올리기 위해 행정적, 재정적 지원을 계획하는 것에서 시작하였다. 그러나 이러한 계획은 실행에 옮겨지지 못하다가 1989년 호돌이계획이 수립되면서 전국적으로 생활체육동호인 조직에 대한 위치, 인원, 목적, 사업 등이 파악되었으며, 정책적 지원이 시작되었다.

국민체육진흥법에서 체육은 **운동경기, 야외 운동 등 신체 활동을 통하여 건전한 신체와 정신을 기르고 여가를 선용하는 것을 말한다**로 규정하고 있고, 생활체육은 **건강과 체력 증진을 위하여 행하는 자발적이고 일상적인 체육활동을 말한다**로 규정하고 있다(국민체육진흥법, 제1조). 즉, 생활체육은 개인이 여가시간에 자발적 참여 의사를 가지고 행하는 스포츠활동인 것이다. 생활체육은 개인적 측면에서는 신체적, 정신적, 사회적 건강을 통한 개인의 삶의 질 향상을 추구하고 국가적인 측면에서는 선진 복지국가를 이루는데 이바지하는 것을 목적으로 한다고 할 수 있다.

이러한 생활체육은 국민체육진흥법과 생활체육진흥법에 따라 모든 국민은 건강한 신체 활동과 건전한 여가 선용을 위하여 생활체육을 즐길 권리를 가지도록 규정하고 있으며, 생활체육에 관한 국가의 책무 및 기본계획 수립 등 각종 지원 정책 등을 추진할 수 있도록 법적 근거를 마련해 놓고 각종 사업을 추진하고 있다. 생활체육은 급속한 경제성장과 생활여건 개선, 여가 시간 증대에 따라 점점 활성화되었고, 생활체육이 엘리트스포츠 발전을 위한 기본 전제조건이 되어야 한다는 의견이 대두되면서 양적으로 급성장하는 계기가 되었다. 정부에서는 국민의 체육활동 수요를 파악하고, 다양한 생활체육 정책을 추진하였다. 우리나라 생활체육 정책의 변화를 정부별로 살펴보면 표 IX-1과 같다(Sports1, 2019 May).

그림 IX-1. 생활체육 정책 변화

자료출처: Sports1. 2019 May

    1990년대 이후 정부는 생활체육 진흥을 위해 다양한 정책을 수립하고 집행하였다. 다만 정부별 생활체육 주요사업을 살펴보면 국민의 요구와 니즈(needs)를 단편적으로 해석하고 이에 따른 정책을 수행한 것으로 보인다. 참여정부(2003~2008)의 생활체육 정책과제는 **생활체육 활성화를 통한 국민의 삶의 질 향상**이었으며, 주요사업으로는 주민 친화형 생활체육공간 확충, 스포츠클럽의 체계적 육성, 생활체육 인식제고 및 추진

체제 강화 등이 있었다. 당시 무엇보다도 필요했던 생활체육에 대한 정책적 지원은 스포츠 공간, 생활체육의 인식제고였다. 이명박정부의 정책과제는 **15분 프로젝트 체육활동 참여여건의 개선**이었으며, 박근혜정부에 있어서는 **손에 닿는 스포츠, 스포츠로 사회를 바꾸다**로 종합형 스포츠클럽의 확대와 작은 체육관 조성 등 스포츠시설에 주력하였다. 이러한 정부별 생활체육 정책은 국민의 요구와 니즈를 위한 세세한 부분에 미흡하였고, 그 내용은 생활체육 인구와 시설 확대 그리고 이에 따른 프로그램의 제공이 주축이었다. 국민에게 와 닿는 생활체육 정책 주제도 프로그램도 부족한 늘 무엇인가 빠진 듯 정책으로 일관하였다.

문재인정부에서의 생활체육 정책과제는 **스포츠가 있는 일상, 모두가 누리는 행복**이었으며 생애주기별 맞춤형 스포츠지원 강화, 생활 속에 스포츠 일상화, 스포츠클럽 육성 및 지원체계 구축 등 생활 속에 스포츠활동을 강조하였다. 이에 따른 구체적인 스포츠 정책에 앞서 고려하여야 할 사항들을 살펴보면 다음과 같다.

첫째, 정부의 생활체육 재정적 지원을 대폭 늘려야 한다. 생활체육 활동의 수준을 높이기 위하여 정부의 재정적 지원이 필수적이다. 정부의 생활체육에 관한 재정적 지원은 체육 차원에서 벗어나 복지 차원에서 제공해야 한다. 또한, 그동안 각종 체육 단체와 스포츠 클럽에게 집중되었던 재정지원과 함께 국민에게 직접 제공하는 보조금의 형태도 늘려야 할 것이다. 정부가 바로 추진할 수 있는 직접적 생활체육 보조금 제도에는 생활체육 카드제와 이미 실행 중인 스포츠바우처제도의 확대를 들 수 있다. 생활체육 카드제란 국민 모두가 생활체육 활동에 할인, 마일리지, 연말 소득 공제 혜택을 부여하는 제도이다. 이 제도의 원활한 시행을 위해서는 스포츠계와 협의하여 대상별 할인의 폭을 자유롭게 해줄 수 있어야 할 것이다. 국민이 직접 즐기는 스포츠시설, 프로그램은 물론 프로스포츠 관람까지 확대되어야 한다.

둘째, 유아, 청소년, 여성, 노인, 농어촌 주민, 근로자 등 계층별 라이프스타일과 생애주기별 특성을 고려한 생활체육 프로그램을 다양하게 갖출 수 있는 정책이 필요하다.

셋째, 정부는 학교체육의 정상화와 지역사회에서 스포츠클럽의 활성화를 통해 청소년의 신체적, 심리적 건강과 사회성 발달을 도모하고, 이를 통해 강건한 인재로 성장할 수 있도록 적극적인 정책을 수립하고 집행해야 한다.

넷째, 직장인의 생활체육 활성화를 위하여 기업 내 스포츠·여가지원시스템을 확립하고 이러한 기업에 대해서는 세금공제와 같은 인센티브를 제공한다.

다섯째, 생활체육 양극화를 해결하기 위해서 노인, 장애인, 저소득층, 농어촌 주민 등 사회 취약계층이 저렴한 비용으로 양질의 생활체육 서비스를 받을 수 있도록 스포츠 복지 인프라를 확대, 구축해야 한다.

정부가 생활체육 정책을 의욕적으로 추진하기 위해서는 이에 따른 충분한 재정이 따라야 한다. 물론 재정의 증가는 보이지만, 생활체육의 중요성으로 비추어 볼 때, 아직도 상당히 부족한 상황이다. 생활체육 관련 정부의 예산을 살펴보면 우선 국고와 국민체육진흥기금으로 나누어 살펴볼 수 있다. 국고의 경우 2008년 1,764억 원이었던 예산이 2017년 1,303억 원으로 증가하였고, 국민체육진흥기금의 경우 2008년 1,442억 원이었던 예산이 2017년 3,980억 원으로 증가하였다. 2017년을 기준으로 생활체육 진흥관련 전체 예산은 국고와 국민체육진흥기금을 합한 총 5,284억 원으로 전체 체육예산(국고+기금) 1조5,175억 원 중 34.8%를 차지하고 있다.

02
민간체육단체의 생활체육 방안

　우리나라의 생활체육 시스템은 1920년부터 우리나라 스포츠 발전에 중추적인 역할을 담당해온 대한체육회와 1991년부터 생활체육 저변 확대를 통한 스포츠 복지의 확립 및 확대에 기여해 온 국민생활체육회의 이원적 체계로 운영됐다. 2015년 대한체육회가 국민생활체육회를 흡수, 통합하여 생활체육을 담당하는 유일한 민간 체육 단체가 되었다. 이에 따라 통합체육회(대한체육회)는 모든 국민을 위한 통합적 스포츠 발전을 위해 국민의 건강과 체력 증진, 여가선용과 복지향상, 우수한 경기인 양성 등을 목적으로 하고 있다. 즉 대한체육회는 학교체육과 생활체육의 진흥은 물론 엘리트스포츠를 통한 국위선양을 목적으로 종합적 방안을 수립, 추진하고 있다.

　과거 국민생활체육회 생활체육을 관할하여, 통합 전까지 전국 17개 시·도 협의회를 두었고 67개 경기종목별 시·도 연합회를 둔 대규모 단체였다. 이러한 생활체육을 담당하는 단체가 대한체육회로 통합된 후, 전국의 생활체육 관련 단체의 감독, 지도, 담당 등 전반적인 부분에서 전보다 많은 문제점이 발생하기도 하였다. 물론 정부 재정의 운영에서도 중복지원 등의 문제점이 해소됐으나, 지금까지는 득보다는 문제점이 많은 통합으로 보인다. 과거 스포츠 정책은 정부의 의도가 크게 작용하여 주도되었다. 이러한 형태는 현재도 큰 변화 없이 주무 부서인 문체부의 의도에 따라 생활체육 정책이 주도되고 있다. 막대한 예산권으로 대한체육회에 통제력을 행사하고 있다. 공익적 가치의 생활체육 정책은 정부의 지원과 민간의 자율성이라는 두 바퀴로 굴러가야 하는데, 한쪽 바퀴가 비대해지면서 다른 쪽은 끌려갈 수 밖에 없다.

　대한체육회가 추진하고 있는 생활체육 방안, 프로그램을 살펴보면, 통합체육회가 출범 당시 비전을 **스포츠로 행복한 대한민국**으로 설정하여, 그 중심에는 생활체육을 바탕으로 평생 즐기는 스포츠, 선순환하는 스포츠를 통하여 생활체육참여율과 체육동호인, 선수 저변을 확대하여 스포츠선진국으로 도약하는 계기를 마련하고자 하였다. 2020년 현재 대한체육회는 생애주기별 스포츠활동 지원을 통해 모든 국민이 스포츠에 참여하여 건강한 삶을 누릴 수 있도록 국민에게 더 가까이 다가가기 위해 다양한 프로그램을 추진 중이다. 생애주기별 체육활동을 통해 스포츠로 건강한 생애주기를 조성하기 위하여 유아부터 운동습관을 형성하여 어르신까지 생활체육을 통하여 건강한 노후를 영위할 수 있도록 관련 사업을 추진하도록 하였다.

대한체육회가 추진하는 대표적인 사업은 공공스포츠클럽이다(대한체육회 홈페이지). 공공스포츠클럽은 대한체육회의 관리 감독 하에 지역의 공공 체육시설을 활용해 유아에서 청소년, 성인, 어르신에 이르기까지 다양한 연령층과 계층에 저렴한 비용으로 전문지도자가 수준별 스포츠 프로그램을 제공하는 개방형 비영리 사단법인이다. 공공스포츠클럽은 생활체육, 학교체육, 엘리트스포츠로 분리된 우리나라 스포츠의 문제점을 해결하기 위한 대안 및 발전 방안이기도 하다. 2019년도에도 국민의 맞춤형 스포츠활동을 지원하는 공공스포츠클럽을 2018년보다 22개소를 더 신설하여 현재의 97개소이지만 2022년까지 전국 시, 군, 구 229개에 1개소씩 지역스포츠 클럽 신설하는 것이 목표다. 학교 안 프로그램도 지난해 4,600개소에서 올해 5,010개소로 확대하며, 골프, 승마 등 학교 안에서 경험하기 어려운 종목을 대상으론 지역체육 시설을 활용한 스포츠교실을 확대할 계획이다. 또 클럽 역량 강화를 위해 경영, 재무, 회계 등 스포츠클럽 전문경영인 배치를 지원하고, 인센티브(우수클럽 인증단체 지정, 포상금 확대 등)를 통한 자발적인 운영개선을 유도하고 있다. 게이트볼, 농구, 볼링, 야구, 풋살 등 종목별 참여 저변을 확대하기 위한 연중 리그제 운용을 지원하고, 생활 축구에선 7부 리그(156개 시, 군, 구) 및 6부(17개 시, 도, 26개 권역) 지역별 리그 실시도 추진하고 있다(Sports 1, 2018 June).

운동습관 형성으로 평생체육의 기틀을 마련해야 하는 유아의 경우, 유아 스포츠 프로그램 교실을 운영하고 기초운동능력 측정을 통해 체력에 맞는 프로그램을 선택하여 경험할 수 있도록 지원하고 있다. 또한, 유치원·어린이집 교사의 스포츠지도교육 실시, 유소년 스포츠지도사 배치 등을 추진하고 있다(Sports 1, 2018 June). 청소년은 전인적 성장을 위한 스포츠활동이 필요함에 따라 다양한 학교스포츠클럽 확대 및 지원, 방과 후 스포츠 프로그램은 물론 동, 하계 스포츠를 체험할 수 있도록 돕고 특히 스포츠 활동량이 적은 여학생들을 위해 여학생 대상 종목별 스포츠 교실을 운영하고 있다. 청소년 건강 체력평가 수준에 따른 체력단련 중심의 프로그램(Youth-FIT), 자유학기제 연계 프로그램(SPOPASS-스포츠나침반) 등이 구성돼 있다. 또 유소년 축구클럽의 활성화를 위해 35개 지역 800개 팀의 유·청소년 축구클럽을 대상으로 한 아이리그를 실시하였다(Sport1, 2018, January). 이외에도 전통예절과 접목한 전통스포츠를 유·청소년 대상으로 보급하여 인성을 함양하도록 하고 전통스포츠의 저변을 넓히고 있다(Sports1, 2019 May).

생활체육의 주요대상인 여성을 위하여 생애주기 여성체육 활동 지원을 하고 있으며, 2018년에는 10개 시·도 65개소 등 점차 그 수를 늘리고 있다. 또한, 노인들의 건강한 노후와 건전한 여가생활을 도모하기 위해 맞춤형 종목별 교실과 어르신 스포츠 프로그램 및 지도자를 확대하고 각종 대회, 페스티벌을 개최하여 노인 동호인 간 교류를 활발히 할 수 있는 장을 마련하고 있다. 더불어 노인을 위한 근린공원 등을 활용한 야외 체력 관리교실도 2018년 현재 120개소로 운영하고 있다(Sport1, 2018, January; Sports1, 2019 May).

대한체육회는 취약계층의 스포츠 참여 기회를 확대하기 위한 다양한 생활체육 프로그램을 추진하고 있다(Sports1, 2019 May). 소외계층 청소년을 대상으로 행복나눔스포츠교실을 운영하고 지역아동센터, 다문화센터 등 소외 청소년을 대상으로 한 강습회나 캠프 등도 개최하고 있다. 또한, 전국 도서 벽지 지역 등의 학교 유청소년 및 지역주민에게 다가가는 움직이는 체육관 **스포츠버스** 및 **푸드트럭**을 운영하고 운동부 멘토링, 선수촌 식단 체험 기회 등을 제공하고 있다(Sports 1, 2018 June; Sports1, 2019 May). 대한체육회는 이처럼 모든 국민이 다양한 생활체육 프로그램을 통해 체육활동에 참여할 수 있도록 유도하고 있다. 이외에도 대한체육회는 전국체전, 동호인대회 등 주요 경기 및 행사를 중계해 국민의 스포츠시청권을 보장하고 SNS 등 뉴미디어를 통해 스포츠의 긍정적인 기능을 알리고 있다. 또 맞춤형스포츠 캠페인인 '스포츠7330'(일주일에 3번 이상 하루 30분 이상 운동)을 전개하고 개인정보처리시스템의 안정적 운영·관리를 위한 보안 강화 및 인프라도 확대하고 있다(Sport1, 2018, January).

생활체육이 남녀노소 다양한 대상, 다양한 스포츠 프로그램을 제공하면서 우선적으로 해결해야 할 문제로 부각된 것은 지도하는 생활체육지도자의 처우이다. 실상 생활체육지도자의 처우와 관련된 문제는 스포츠계의 숙원사업이기도 하다. 대한체육회는

2000년부터 생활체육지도자 사업을 도입하여 생활체육지도자는 전국 각 지역에서 운동하는 시민들과 대면하고 있다. 이들은 특히 지역의 공공 스포츠시설, 학교, 어린이집, 복지관 등 복지의 사각지대에 놓인 지역민들이 있는 곳을 찾아다니며 수영, 체조, 댄스 스포츠 등 각종 생활체육 프로그램을 지도하는 풀뿌리 체육의 첨병이다. 생활체육지도자는 찾아가는 서비스로 스포츠를 비용 없이 쉽게 접할 수 있어 이용시민 특히 복지시설과 소외계층에게는 만족도는 높다. 생활체육지도자 역시도 공공의 스포츠 서비스를 제공하는 일에 보람과 사명감을 갖고 근무하고 있다. 그러나 그들은 신분 불안과 고된 일에 시달리고 있다. 생활체육지도자는 정규직이 아닌 비정규직으로 근무하면서도 과중한 업무를 수행한다. 생활체육 지도 활동 본연의 업무 외에도 소속 체육회의 행정 및 각종 잡무에도 시달린다. 재계약 권한을 쥐고 있는 지역 체육회의 업무를 무시할 수 없는 상황이기 때문이다.

생활체육지도사는 국민체육진흥법에서 인정한 체육지도자로서, 기간제 및 단시간근로자 보호 등에 관한 법률에 의거 **2년을 초과하여 사용할 수 있는 기간제 근로자**로 분류돼 있다.16) 이들은 기간제법 예외 조항이 적용돼 계약 기간 만료 후 계약 연장이 가능하다는 점 때문에 그동안 정규직 전환 논의에서 배제되었다. 비정규직인 이들은 재계약을 해도 급여 인상은 없는 상황이다. 대부분의 생활체육지도자는 국민체육진흥기금과 지자체의 지방비로 절반씩 분담해 지난해 기준 월 191만 원의 급여를 받는다. 이들의 급여는 국내 기간제 근로자 평균임금의 약 80% 수준에 불과하다. 이를 보완하기 위해 지방비로 수당을 추가 지원하고 있지만, 지역별 지원 수준은 다르고 급여 자체도 수준이 낮다(스포츠경향, 2020년 1월 13일).

물론 대한체육회에서도 생활체육 지도자의 처우 증진을 위한 노력이 꾸준히 이어지고 있다. 국민의 체육활동을 돕기 위해 전국 곳곳에서 활동하고 있는 생활체육 지도자 예산을 18.8억 원 증액하여 2018년 2,600명에 달하던 지도자를 총 2,740명으로 확대 배치하였다. 아울러, 그동안 체육인 처우 개선에 대한 요구가 있었던 만큼 생활체육 지도자와 회원종목단체 인건비(행정보조비 포함) 역시 각각 6.5억, 30억 원을 증액하였다. 2020년 9월, 문체부 전국 228개 시·군·구 체육회에 소속된 생활체육 지도자를 2021년부터 정규직으로 전환하기로 했다고 발표하였다. 생활체육 지도자들이 정규직이 되

---

16) 기간제 및 단기간 근로자 보호법에 의하면 "기간제근로자의 최대사용기간을 2년으로 정하고, 그 기간을 초과하여 사용하는 경우에는 기간의 정함이 없는 근로계약을 체결한 근로자로 보도록 한다"라고 명시되어 있다(기간제 및 단시간근로자 보호 등에 관한 법률, 제4조).

지만, 계약 기간이 없는 무기 계약직 신분이다. 공공기관의 무기 계약직은 계약직과 정규직의 중간 형태로, 대체로 정년까지 보장되지만, 임금이나 복지 수준은 계약직 수준에서 유지되거나 조금 낮게 책정된다(스포츠서울, 2020. 9. 2.).[17]

---

17) 생활체육 지도자들의 정규직 전환은 엘리트스포츠 지도자의 정규직 전환과 함께 이루어져야 한다. 학교에서 학원스포츠를 담당하고 있는 지도자는 문재인정부의 공기업 내 비정규직의 철폐 및 정규직 전환 시책에 따라 정규직 전환이 우선시 되어야 한다. 학교 스포츠지도자들은 여전히 학부모를 의존하고 있다.

03

생활체육을 통한 스포츠복지 시대

2021년 여름, 1여년의 팬데믹으로 사회적 거리 두기는 일상화 되었고, 이로 인해 대부분의 시민들은 운동 부족으로 어려움을 겪고 있다. 그 어느 때보다 건강이 위협받고 있다. 헬스클럽도 다니기 힘들고 공원에 가더라도 되도록 사람이 적은 시간에 찾고 있다. 그래도 근린공원을 찾으며, 걷거나 조깅을 즐길 수 있으며, 공원 곳곳에 스포츠시설을 볼 수 있다. 윗몸일으키기, 허리 돌리기, 스트레칭을 돕는 기구 등 다양한 기구들이 공원을 찾는 이들을 기다리고 있다. 이제는 운동기구가 없어서 운동을 못 한다는 것은 핑계로만 들릴 뿐이다. 우리나라의 수도인 서울은 물론 전국의 공원들이 생활체육 공간으로서 손색이 없다. 공원에서 한가로이 산책과 다양한 스포츠를 즐기는 풍경은 이제 다른 선진국의 것만은 아니다. 우리나라 시민이면 누구나 스포츠를 요구할 수 있으며 마땅히 누려야 할 보편적 복지이다.

우리나라는 2018년에 1인당 국민소득이 3만불을 넘었다. 북유럽 국가들이 7만불이 넘는 것에 작지만 인구가 5000천만이 넘고 국민소득이 3만 불 이상이 된 국가는 우리나라를 포함해서 7개국(일본, 미국, 영국, 독일, 프랑스, 이탈리아 그리고 한국)뿐이다. 우리나라를 제외하고는 이들 국가는 전통적으로 열강이었으며, 우리나라만이 국제원조를 받은 국가이다. 간단히 말하자면 우리나라는 더이상 약소국이 아니며 국민의 균형적인 생활을 위해서 다양한 복지정책이 활발히 추진 중이며, 생활체육도 복지 차원에서 이해되고 추진해야 할 정책 대상인 것이다. 정부는 생활체육은 복지 차원에서 바라보며 국민의 건강한 삶을 유지하기 위한 방안으로의 **스포츠복지**가 추진되어야 한다. **스포츠복지국가**란 국가적 차원에서 국민이라면 누구나 누려야 할 보편적 권리로써 모든 사람이 차별 없이 평등하게 스포츠를 장려되어야 한다. 하지만 아직도 우리나라 정부는 국민의 건강과 직결되어 있는 생활체육을 국가와 사회의 중요한 책무로 인식하는 데 부족함이 있으며, 이에 우리나라는 생활체육을 통한 복지국가와는 거리가 있는 것이 사실이다.

이러한 상황에서 우리나라는 여타의 선진국이 경험하는 사회적 문제 즉 노동인구의 고령화, 사회적 괴리, 청소년 문제와 함께 주5일 근무, 소득 및 여가시간의 증가 등으로 생활양식의 급속한 변화를 경험하고 있다. 이러한 사회, 환경적 변화는 이전에 경험하지 못했던 다양한 사회문제와 이슈를 동반하고 있다. 예를 들어 2016년 기준 우리나라 국민의 기대수명은 82.4년이다. 2016년 태어난 아이들은 평균 82.4세까지 산다는 뜻이다. 여성이 85.4년이며 남성 79.3년으로 여성이 6년 이상 길다. 그러나 세계보건기구(WHO)가 발표한 건강한 삶을 측정하는 건강수명(기대수명에서 질병이나 다친 기간을 뺀 것)은 2015년 기준 남성은 73.2년으로 약 9년 정도 건강하지 않은 상태로 삶을 유지한다는 것이다. 이러한 상황에서 우리가 깨달아야 하는 상식은 기대수명과 건강수명의 격차를 줄이는 최고의 방법은 적극적인 스포츠활동이라는 점이다. 물론 국민 대다수는 스포츠의 중요성을 인식하고 있지만, 행동으로 옮기는 데 주저하고 있다. 국민체육실태조사에 따르면 우리나라 국민의 생활체육 참여율은 매년 꾸준히 올라 2012년 43.3%에서 2017년 59.2%, 2018년 62.2%를 기록했다. 그러나 이 60%가 넘는 생활체육 참여자의 응답 기준은 주 1회 이상 운동이다. 주 1회 운동을 꾸준한 운동으로 평가할 수 있는지는 의문이다(동아일보, 2018. 10. 2). 아래의 그림은 2017년과 2018년 생활체육 참여율이다.

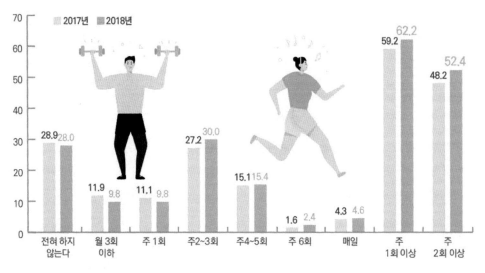

그림 IX-2. 생활체육 참여율

자료출처: 문체부, 2018년 체육백서.

　　앞으로 인구구조 변화에 따른 저출산, 고령화 문제 등을 스포츠복지를 통한 신체 활동으로 국민의 건강증진과 행복을 도모하는 등 포용 국가의 가치를 실현할 수 있는 스포츠 복지국가로의 전환이 필요하다. 이에 따라 생활체육을 바탕으로 한 다양한 정책 및 사업의 제공으로 모든 국민이 스포츠를 통해 행복한 국가를 만들어 갈 수 있도록 대한체육회의 다양한 생활체육 관련 사업이 수요자 중심으로 다가갈 수 있도록 관심과 노력을 기울여야 한다. 이것이 미래의 대한민국 스포츠의 혁신을 위한 첫 발걸음이다.

04

생활체육 활성화를 기대하며

국민의 생활체육 참여는 복지국가 실현의 선행 조건인 건강과 국민 삶의 질을 높이는 최선책이며, 스포츠 선진과 국민 건강의 답이 생활체육이라는 사실은 아무리 강조해도 지나치지 않다. 생활체육의 활성화는 엘리트스포츠를 지탱하는 스포츠 팬덤을 형성할 수 있으며, 근본적인 자원이 된다. 생활체육은 모두를 위한 스포츠가 되어야 하며, 학교체육은 이러한 생활체육의 씨앗이 되어야 한다. 현 정부가 추진하는 학교 스포츠클럽은 향후 학생들이 사회에 진출해서 더욱 생활체육을 즐길 수 있는 생활습관을 만들어 줄 것이다. 선진국의 생활체육이 진정 생활화된 이면에는 바로 학교생활에서 체육이 중시되고 체육을 접하고, 즐기고, 그 움직임의 행복을 체험했기 때문이다.

그동안 많은 연구에서도 증명되듯이 국민의 생활체육 만족도를 높이면 삶의 만족도와 건강이 향상되며 이는 상식이 된 지 오래다. 또한, 국민 소득의 향상, 근로시간의 단축, 평균수명 증가, 생활양식의 변화 등으로 다양한 생활체육 활동의 욕구가 지속적으로 높아가고 있기에 생활체육과 복지를 통합하는 다음과 같은 정책시스템이 구축되어야 한다.

우선 생활체육에 대한 경제적 부담 해소와 사회취약 계층의 확대를 위하여 생활체육의 양극화를 해소할 수 있는 제도적 지원체계가 필요하다. 즉 향후 생활체육은 복지 측면이 강조되어야 하며 유아, 청소년, 여성, 노인, 농어촌 주민, 근로자 등 지금까지 생활체육 활동에 참여하기 어려운 소외계층에게 생활체육의 욕구와 경험을 충족시켜 줄 수 있도록 정책이 수반되어야 할 것이다.

둘째, 국민이 소극적 여가 소비(TV시청, 화투, 잡담)에서 자신이 희망하는 생활체육

활동에 참여할 수 있도록 생활체육 프로그램, 스포츠시설, 스포츠용품, 스포츠지도자 공급체계를 정비해야 한다.

셋째, 생활체육에 대한 공급과 수요의 불균형을 해소하기 위해 공급을 늘리고 수요를 촉진하는 통합적인 생활체육 정책 패러다임으로 전환하여 복지 차원에서의 생활체육을 수용할 수 있도록 해야 한다.

넷째, 국민이 생활체육 참여를 통해 삶의 질을 높이려면 모든 국민이 스스로 생활체육 활동을 설계하고 누리는 능력이 필요하다. 이를 위해 학교의 체육 정과시간을 확대하고 초, 중, 고등학교 방과 후 스포츠클럽에서 스포츠를 배우고 익힐 수 있는 환경을 조성해야 한다.

마지막으로 정부 차원에서 강조되어야 할 생활체육 정책은 분산화와 지방화일 것이다. 중앙정부는 생활체육에 대한 재정 책임을 광역자치단체와 기초자치단체로 전가하여 분산화가 늦어지고 있다. 분산화와 지방화는 지역적 재배치나 중앙정부와 지방자치단체 간에 재정 부담을 재조정해야 한다.

※ 참고문헌

국민체육진흥법.
기간제 및 단시간근로자 보호 등에 관한 법률.
대한체육회 홈페이지.
동아일보(2018년 10월 2일). "온 국민이 평생 활기차게" 스포츠복지 주춧돌.
문화체육관광부(2020). 2018 체육백서.
서울스포츠(2018 Oct.). 생활체육이 답이다. 서울체육회.
스포츠경향(2020년 1월 13일).
스포츠서울(2020. 9.2.). 모든 생활체육 지도자들 정규직 된다.
Sports 1(2018 June). 사람을 위한 스포츠, 건강한 삶의 행복. 대한체육회.
Sports 1(2018, January). 2018년, 대한민국 스포츠가 나아가야 할 방향. 대한체육회.
Sports 1(2019 May). 활기를 띠는 생활체육정책, 생활 밀착형 SOC. 대한체육회.

제 10 장

⋮

학교체육 정책분석 및 활성화 방안

학교체육은 교육의 기초이며, 체육에서도 가장 근본적인 부문으로 여겨지고 있다. 이러한 중요성을 비추어 볼 때, 학교체육의 내실화는 무엇보다도 중요하다. 그러나 광복 이후 지금까지 학교체육은 체계적이기보다는 파행적으로 운영되고 있으며, 프로그램과 체육시설도 후진성을 벗어나지 못하고 있다. 과거 정부에서도 이러한 문제점을 인식하여 학교체육의 정상화와 활성화를 위하여 여러 가지 시책을 추진하였지만 뚜렷한 성과는 거두지 못하였다.

학교체육을 현장에서 담당하는 체육교원과 지도자들은 정부의 정책, 재정적 지원 부족만을 이유로 손을 놓고 있으며, 정부는 정부대로 정부 규모축소와 국가 우선 정책에 밀려 학교체육에 대하여 생각해 볼 겨를조차 없는 실정이다. 오히려 과거 문교부(교육부) 산하에서 체육담당 부처가 있었으나 체육부, 체육청소년부, 문화체육부, 문화관광부, 문화체육관광부로 바뀌면서 학교체육의 입지는 들쑥날쑥했고 어떤 부처가 학교체육을 담당하는지도 막연할 뿐이었다.

국가 체육 발전을 논할 때 학교체육은 모든 스포츠 분야의 토대가 되기에 안정적이고 체계적인 정책이 수립되어야 할 것이다. 이러한 학교체육 정책의 정상화를 확립하기 위해 본 장에서는 다각적인 접근으로 학교체육 활성화의 당위성을 논하였고, 학교체육 활성화를 가로막는 현안 문제점을 지적하고, 그 개선방안을 제시하고자 하였다.

01
학교체육의 변천

　학교체육은 근대교육에 있어서 중요 기본 교과목으로 자리 잡는데 이는 교육과정에서 국민의 힘과 체력을 향상시키는 교과목이기 때문이다. 개화기 1878년 항구 동래에 무예학교를 설립하였고 1883년에는 원산의 민간인들이 모여 만든 최초의 근대적 사립학교인 원산학사를 설립한다. 이곳 원산학사에서는 전통무예를 학교 교육에 포함하였으며 고유한 우리민족의 스포츠문화를 나름대로 형성하였다. 또한 각 학교에서는 체육을 정규교과과정에 편성시켰으며 서구 스포츠도입과 운동회, 체육구락부 등이 활성화되기 시작하였다. 더불어 한일병합조약이 체결되기 이전까지 학교를 중심으로 연합운동회, 병식체조 등이 활성화되며 민족주의적 체육활동이 본격화되기 시작하였다. 이러한 분위기가 형성될 수 있는 근거가 된 것이 바로 1895년 2월 발표한 **고종**의 **교육입국조서**였다.

　당시 체육은 '체조'라는 이름으로 학교에서 가르쳤는데, 당시 학교에서 체조를 가르친다는 것은 학생을 계몽하고 이를 통해 몸과 마음을 건강하게 하여 국가에 보탬이 되는 일군으로 교육하고자 하는 목적이 있었다. 이 시기의 체조는 군대식 체조인 병식체조를 그대로 가져와 가르치는 것이었다. 그 뒤 근대 교육제도가 확립되어 소학교 교육목표에도 체조가 들어 있었고, 1900년 일반 중학교와 교원 양성기관이 한성사범학교 규칙에도 체조가 정규 학과목으로 정해져 학생들을 가르쳤다. 학교에서는 맨손체조를 비롯해 매트, 철봉, 뜀틀 등 기계체조와 조를 편성하여 집단체조 등을 가르쳤다. 체조는 구령과 깃발 신호에 맞추어 움직이는 신체활동이었으며, 개화기에 있어 근대 신체문화로 받아들여졌다. 시간단위로 촘촘하게 짜 놓은 학교시간표와 체조는 근대 인재를 교육시키는데 중요한 교과목이 되었다. 학생들은 시간표에 따라 자신의 신체 리듬을 통제하였으며, 처음에는 낯설지만, 자꾸 되풀이되면 저절로 시간표에 따라 생활하는 신체로 탈바꿈하게 된다고 믿고 있었다.

이렇듯 체조는 학교 교과목으로 도입된 이래 일제강점기에는 필수교과로 운영되었으나, 전쟁대비를 위해 전투능력을 향상하는 도구적 목적으로 체조교육이 이용되었다. 제2차 세계대전 동안에는 체련(體鍊)이라고 불리면서 학교체육의 성격이 왜곡되었다. 광복 이후 체육은 필수교과가 되었고, 미군정기에 국민학교(초등학교)는 체조, 중등학교는 체육으로 불리다가, 제1차 교육과정에서 국민학교는 보건, 중학교와 고등학교는 체육으로 교과명이 사용되었으며 1963년 제2차 교육과정부터 교과명이 체육으로 정착되었다.

학교체육에 대한 정부 부처의 정책업무는 시대 상황이나 정부 조직변화에 따라 크게 교육부처 존치기, 체육부처 이양기, 양부처 협력기로 구분할 수 있다(체육백서, 2017). 교육부처 존치기는 광복 이후 제4공화국까지로 교육부처에서 학교체육을 전담하고 있던 시기이다. 박정희정권에 이르러서는 체육정과시간의 필수화와 체력장을 입시에 포함하는 등 학교체육이 안정되는 추세였다.

체육부처 이양기는 1982년부터 1994년까지로 제5공화국과 제6공화국을 거쳐 문민정부 초기까지로 체육부, 체육청소년부 등 체육전담 부처가 신설되어 학교체육 업무가 교육부에서 체육전담 부처로 이관된 기간이다. 노태우정부에서는 서울올림픽의 성공을 발판으로 생활체육의 기반을 확고히 구축하고자 했다. 이어지는 문민정부 역시 엘리트 스포츠를 점차 민간차원으로 이양하고, 국민체육 증진과 여가선용을 위한 생활체육의 범국민적 확산에 역점을 두었다. 그러나 이러한 분위기에서 학교체육 주무 부처는 1982년부터 1993년까지 체육부와 체육청소년부, 1994년의 문화관광부 등 주로 체육이 교육을 관장하는 교육부가 아닌 다른 부서에서 관장했기에 학교체육은 당연히 구조적 모순으로 인한 문제점들이 존재하고 있었다. 즉 체육부나 체육청소년부는 학교체육 정책을 교육의 관점에서 제도적으로 추진할 수 없었고, 교육부에서는 다른 부처에서 학교체육 업무를 담당하였기에 학교체육 업무는 해당 체육 부처의 요청에 소극적으로 협조를 하는 수준이었다. 국가 정책에서 학교체육은 거의 소외된 시기였다고 보아도 무방할 것이다.

더욱이 1990년에 이르러 문화관광부의 학교체육 전담부서가 폐지되면서 그 현상은 더욱 심화하였다. 당시 그나마 명칭에 존재했던 체육이 없어지고 문화관광부의 작은 하나의 국(체육국)에서 과거의 체육부 업무를 전담하였다. 문화관광부의 체육국의 업무를 살펴보면 국민체육진흥 5개년 계획을 위한 중, 단기 체육정책의 수립 및 시행, 생활체육, 엘리트스포츠, 국제스포츠의 진흥, 국민체육진흥기금의 조성 및 운용 지원, 체육단체 육성, 체육산업의 육성 및 지원 업무 등을 담당하는 것으로 되어 있다. 이는 문화관광부의 체육국이 학교체육의 진흥에 많은 관심을 기울여야 함에도 불구하고 체육교육과정을 포함한 장학 행정 업무가 교육부의 소관임에 따라 거의 관심을 두고 있지 못하는 실정이었다. 또한, 2001년 1월에 개편되었던 교육인적자원부 역시 과거의 체육 전담부서는 전무하고 교육과정 정책과에서 1명의 체육장학사가 학교체육과 관련된 교과서, 교육과정 등을 담당하고 있으며, 학교체육시설 운영 지원에 관한 사항은 기획관리실에 시설담당관 1인을 두어 담당하였던 상황이었다. 이러한 중앙정부의 부재가 학교체육 정책의 부재, 비효율적인 학교체육의 문제점을 낳았다(체육백서, 2017).

양부처협력기는 문화체육관광부와 교육부가 학교체육을 위해 업무를 공유하는 1994년부터 지금까지이다. 1994년 학교체육 업무가 교육부로 주무 부처가 환원되며 지방교육 지원국 학교보건체육과에서 업무를 담당하게 되었다. 결과적으로 교육부가 학교체육을 담당함으로서 문화관광부에서 담당할 때 보다 전반적인 학교체육 정책을 실현하기 쉬운 환경이었지만, 1982년 체육부로 학교체육 업무가 이관되기 전의 체육국, 학교체육과에서 1994년 교육부로 환원될 때는 학교체육업무가 1개 과 수준에서 연구사 1인이 업무를 담당하는 수준으로 축소되어 명분상 교육부의 업무일 뿐 실질적인 정책을 기획, 집행, 추진하기 어려운 상황이었다. 즉 교육부는 학교체육을 담당하게 되었지만 어떠한 정책도 추진할 여력이나 관심이 없었으며, 이 시기의 학교체육 정책은 국민체육진흥의 일부로서 해당 정책에 맞추어 추진하는 수준이었다(서지영, 2014).

표 X-1. 정부 학교체육 담당 부서의 변천

구분	교육부처 존치기	체육부처 이양기	양 부처 협력기	
시기	광복이후→ 4공화국 (1946.7.10~1982.3. 20)	5공화국→ 6공화국→ 문민정부초기(1982.3. 20~1994. 5. 16)	문민정부→ 현재 (1994. 5. 16~현재)	
세부내용	▶ 1946 문교부 교화국 체육과 ▶ 1948 문교부 문화국 체육과 ▶ 1961 문교부 체육국 학교체육과 ▶ 1981 문교부 체육국제국 학교체육과 ▶ 1982. 3. 20 학교체육업무 체육부 이관	▶ 1982 체육부 체육진흥국 학교체육과 ▶ 1990. 9. 10~1993. 3. 5 (체육청소년부) 1993. 3. 6~1994. 5. 15 (문화체육부 초기)	**교육부** ▶ 1994. 5. 16 교육부 지방교육지원국, 학교보건체육과 ▶ 1999. 1. 29 교육부 학교시설환경과 ▶ 2001. 2. 1 교육인적자원부 학교정책실 학교정책과 ▶ 2005. 3. 1 교육인적자원부 학교 체육보건급식과 ▶ 2008. 3. 1 교육과학기술부 학생건강안전과 ▶ 2012. 8. 8 교육과학기술부 체육예술교육과	**문화체육관광부** ▶ 1994. 5. 16 문화체육부 생활체육과 ▶ 1999. 5. 24 문화관광부 체육진흥과 ▶ 2004. 11.18 문화관광부 체육진흥과 ▶ 2009. 5. 4 문화체육관광부 체육정책과 ▶ 2013.12.02. 문화체육관광부 스포츠산업과 ▶ 2016.03.29. 문화체육관광부 체육진흥과(계속)

자료출처: 체육백서, 2012; 2017

 2005년 12월, 당시 문화관광부(문화체육관광부)와 교육인적자원부(교육부)는 **체육분야 업무협력 합의서**를 체결하여 상호협력의 일환으로 학교 내의 잔디운동장 조성 등 체육시설 확충 및 선진화, 청소년체력증진, 스포츠클럽제도 도입, 학교 내 체육활동 기회 확대 등을 함께 추진하였다(체육백서, 2017). 그러나 아직도 중앙행정부처인 교육부와 문체부의 학교체육의 역할 분담 및 협력체계가 미흡하고, 통합적 거버넌스 운영을 위한 실질적인 컨트롤타워 운영이 미흡하다. 학교체육 활성화의 양적 성장은 있었으나, 아직 각종 체육교육 프로그램의 내실화가 부족하며, 학교스포츠클럽의 교육적 기능과 운영의 어려움, 학생선수 및 학교운동부 관련 제도와 현실 사이의 갈등은 많은 문제를 일으키고 있다(학교체육진흥회, 2019).

02
학교체육 활성화의 당위성

개화기부터 시작된 학교체육은 체육의 불모지인 조선반도에 신체문화에 대한 인식을 심어주었다. 그러나 학교체육은 일제강점기 내선일체 정책에 의해 왜곡되었고 광복이후에는 미국 교육시스템의 영향으로 스포츠가 본격적으로 학교에 도입되어 우리교육환경에 적합한 학교교육을 조성하기에는 역부족이었다. 정과체육은 학생의 건강과 교육의 목적에 크게 못 미치는 상황이었고, 학교운동부만이 엘리트스포츠의 뿌리 역할을하면서 성장하였다.

전통적으로 학교교육은 전인교육의 덕목인 체(體), 지(知), 덕(德)의 한 축으로써 체는 지와 덕을 담아내는 그릇으로 이해되었다. 학교체육의 세계적인 추세 역시 학교체육은 유·청소년의 어려움을 해결하고 그들의 복지를 증진은 물론 미래사회 국민의 행복과 복지를 위해 생애주기의 관점에서 강조되고 있다. 우리나라에서도 2013년 학교체육진흥법 공표를 시작으로 학교폭력 및 왕따 예방, 학생 건강증진 목표를 달성하기 위해 학교스포츠클럽 및 리그, 초등학교 스포츠강사 제도, 토요 스포츠데이, 여학생체육활성화 등 학생의 스포츠 참여와 교육 프로그램이 운영되고 있음을 물론 학생선수 인권 및 학습권 보장을 위해 다양한 정책들이 진행 중이다(장현우, 2017). 따라서 어떠한상황이라도 국가 체육의 뿌리인 학교체육은 활성화되어야 하며, 위축되어서는 안 될것이다. 이에 학교체육이 활성화되어야 할 당위성은 다음과 같이 크게 다섯 부분으로나누어 설명될 수 있을 것이다.

1. 생활체육의 기초교육

현대사회에서 국민에게는 단순한 기술 습득과 이를 통한 구직 일변도의 교육관으로는 수많은 사회문제가 생겨날 것이며, 이를 위해 교육에 대한 가치관의 전환이 필요한 시기다. 현대사회에서의 스트레스와 공해 및 생태계 파괴는 피할 수 없는 환경이 되었고, 악화일로에 있는 생활환경들을 생각할 때 올바른 성장 발달을 위해 우리에게 필요한 교육이 무엇인가를 생각해야 할 것이다. 무엇보다도 중요한 것은 학생들의 건강과 생활습관일 것이다.

라디오와 TV 그리고 온라인 스포츠중계의 급격한 증가는 스포츠에 관한 관심이 특히 신세대 청소년층에서 급격히 증가하고 있고, 청, 장년층의 사이에도 여가와 스포츠에 대한 욕구가 크게 증대하고 있다는 것을 알 수 있다. 이것은 스포츠활동이 현대 생활에 있어서 삶의 한 부분이라는 것을 보여주는 것이다. 현대는 성인이 갖추어야 할 필수 교양의 하나로서 스포츠 기술 숙달을 요구하고 있으며 학교체육에서 그 경험을 하고 익히는 계기를 마련해 주어야 한다. 학생들은 대부분 시간을 학교에서 지내기에 건강과 건전한 생활습관을 집중적이고 장기적으로 관리할 수 있는 교육 공간이기 때문이다. 즉 학교는 국민 개인이 스포츠 생활화를 위해 운동기술을 습득하고 일상화하기에 효율적이며 최적의 환경을 갖추고 있다. 그러므로 학교에서 학생들에게 스포츠를 체험할 기회를 늘려야 한다. 정기적으로 실시되고 있는 국민생활체육참여 실태 조사에서도 성인이 되어서 생활체육에 참가하는 참여자들이 학창시절에 운동을 좋아하고 잘했던 사람이 대부분이었다고 볼 수 있다. 학교체육은 일생의 건강과 복지를 좌우하는 평생체육을 위해서도 충분한 가치와 필요성을 가진다 하겠다. 따라서 체육 시간의 증가, 스포츠클럽의 활성화와 이에 따른 학교체육시설의 확충은 기본적으로 국가 정책 차원에서 지원해야 한다.

세계보건기구(WHO)는 2001년부터 2016년까지 146개국의 11~17살 학생을 대상으로 운동참여율을 조사해 발표했는데, 한국의 경우 응답자의 94.2%가 하루 60분 미만 운동한다고 답해 참여율 최하위 국가로 분류됐다. 세계보건기구는 **"청소년은 적어도 하루에 1시간 이상 걷거나, 놀거나, 자전거를 타거나, 조직적인 스포츠에 참여하는 등의 신체활동을 하라"**는 권고가 있다. 세계 청소년 중 81%가 이를 따르고 있으나 운동이 부족한 삶을 살고 있다(Sports1, 2020. 1). 이러한 이유로 우리나라 청소년의 경우도 비만에 시달리고 있다. 서울의 초·중·고생 5명 중 1명이 비만증에 놓여 있고, 이들의 79% 정도가 당뇨와 고혈압의 성인병 증상을 나타내고 있다. 이는 앞으로 성인 비만으로 연결되어 성인병의 원인이 되기에 국가 차원에서 매우 우려되는 현상이 아닐 수 없다.

미국은 1960년대부터 유아, 청소년의 비만 문제를 국가 차원의 정책으로 다루고 대통령 직속의 국가 체력 위원회를 구성하여 적극적인 대책으로 일관하였다. 일본 역시 철저한 체육교육으로 비만을 방지하고, 국민 건강 교육을 통해 비만율 저하와 영아 사망률을 4.8%라는 최하위를 유지하면서 세계 최장수 국가가 되었으며, 이로 인한 국민 건강은 의료비를 줄이고 노동생산성을 높일 수 있었다. 이러한 사실은 학교체육이 국가발전의 토대 구축에 얼마나 중요한 것인가를 잘 대변해 주고 있다.

2. 청소년 건전 육성

학교체육은 청소년을 신체적, 정신적, 사회적으로 건강한 사람으로 육성하기 위한 기본교육이다. 수년간에 걸쳐 국민 생활체육 참여실태를 정기적으로 한 결과, 우리나라 청소년들의 체격은 향상되었으나, 그에 반해 체력은 감소하는 것으로 나타나고 있다. 의학 전문가들도 이러한 체력 감소가 소아 비만과 생활의욕 감퇴 및 각종 질병의 원인이 되고 있으며, 학창 시절과 청소년기의 학업 향상과 자신감에 부정적 영향을 미친다고 입을 모으고 있다.

학교에서 대부분 시간을 책상에 가만히 앉아서 보내는 학생들의 체력을 향상시키고 건강을 증진시킬 수 있는 유일한 통로는 바로 체육 정과시간과 각종 스포츠 활동을 통해서이다. 신체를 활발히 움직이는 것은 근육을 단련시키고 폐활량을 증가시키며 민첩성을 향상시켜 발육이 왕성한 청소년의 신체를 건강하고 아름답게 만들어 주는 동시에 비만도 예방해 준다. 그러므로 학업과 과외수업 등을 통하여 비디오, 컴퓨터 문화의 영향으로 심신이 허약해지고 있는 청소년들이 자신의 신체와 건강에 대한 자신감과 활력 그리고 어떠한 어려운 상황에서도 참아내는 인내력을 갖도록 한다.

수많은 연구가 증명하듯이 체육교과는 학생들의 건전한 여가활동과 인성을 교육함은 물론 사회적 이슈인 학교폭력과 집단따돌림을 비롯한 유, 청소년 문제를 해결하는데 유효하다. 이에 교육부도 지난 2013년~2018년 제1차 학교체육진흥정책을 통해 중학교 학교스포츠클럽활동, 고등학교 체육교과 단위 수 증가 등 중등체육에서 시수확대를 통해 양적 성장을 주도하고 있으며, 체육수업 이외 다양한 학교체육 프로그램이 시행되고 있다(교육부, 2013). 또한, 학교체육진흥법 제정으로 학교체육 활성화의 제도적 근거를 마련하고 있다.

3. 청소년의 정서 순화와 체력강화

입시 평가는 과거 암기력 측정 위주에서 이해력과 창의력 평가가 중심인 수학 능력 고사로 바뀌게 됨에 따라, 학생의 학력은 공부 시간에 의해 결정되는 것이 아니라 공부의 질에 의해 판가름 나게 되었다. 이해력과 창의력을 증진하기 위해서는 학생들의 사고 구조가 경직되지 않고 융통성 있게 형성되어야 하며 이를 위해서는 정신적 여유와 사고의 확장이 요구된다. 체육수업은 학생들에게 스트레스 해소와 정신의 전환을 가져다주는 시간이며 체육수업을 활기차고 즐겁게 보냄으로써 심리적 긴장감이 해소되고 합리적 사고력이 발휘될 수 있는 정신을 가지게 된다.

더욱이 학생들은 체육수업을 통하여 사회 집단의 규범, 태도, 행동 양식 등 사회적으로 수용되고 있는 가치를 잠재적으로 전달받으며, 특히 집단으로 이루어지는 팀 스포츠를 경험한 학생들은 협동심, 인내심, 페어플레이 정신 등 신체단련으로 체력향상과 어려움을 이겨내는 인내력을 길러 청소년기의 귀중한 경험을 하게 됨으로써 미래사회에 필요한 인성을 습득하게 된다. 이렇듯 학생의 체력과 건강은 학업성취 및 신체적, 사회적, 정서적 발달을 위한 주요 조건으로 인식되고 있다. 이에 주요 선진국은 학교체육을 강화하는 추세이며 국내 학생, 학부모의 학교체육의 필요성과 요구도 증가되고 있다(한국교육개발원, 2015).

4. 엘리트스포츠의 기초 자원의 확보

학교체육에서 수행하는 사회적 기능 가운데 하나는 사회에서 필요로 하는 역할을 담당할 수 있도록 인재의 선발과 훈련일 것이다. 학교체육을 통하여 스포츠에 재능이 뛰어난 학생들을 초, 중, 고등학교 시기에 선발하여 자율 또는 자율 체육활동과 학원스포츠를 통한 경기대회를 참여하도록 유도함으로써 운동선수, 또는 지도자로서의 준비를 강화할 수 있다. 과거에는 학생선수는 학교소속 운동부에 들어가서 합숙과 기계적인 훈련에 의존하였으나, 더욱 합리적인 훈련방안 모색을 위해 교육정책의 입안자는 물론 일선의 지도자, 학부모 그리고 모든 학생이 노력해야 할 것이다. 최근 학원스포츠의 역기능과 부정적 효과에 대해 회의적인 여론이 있으나 이는 관련자들의 잘못된 인식과 가치관에 따른 부산물이기에 학원스포츠의 순환적 측면을 전면 무시 또는 부정해서는 안 될 것이다. 그동안 학교체육의 근본적인 문제는 운동만 하는 학생선수와 운동에 관심 없는 일반 학생간의 양극화 현상일 것이다. 정과과목으로써의 체육과 학원스포츠의 올바른 인식을 통한 학교체육의 정상화는 필수적으로 이룩해야 한다.

최근 스포츠클럽이 화두이다. 학생이 운동선수가 되는 길은 다양하며 공부와 운동을 병행할 수 있는 스포츠클럽에서는 스포츠 재능과 적성을 찾아내는데 적합할 것이다. 엘리트스포츠를 위한 학원스포츠와 생활체육을 위한 학교 스포츠클럽활동이 함께 병진하여 나아가야 한다. 학원스포츠와 스포츠클럽이 서로 원활히 교류하고 때론 통합되어 발전되어야 학생선수들이 학업을 포기하지 않고 운동선수로써의 자긍심을 가질 것이며, 일반 학생들은 학원스포츠를 통해 스포츠의 가치를 배워야 할 것이다. 현재 학생선수들은 상대 선수와 경쟁하기보다는 부정적인 눈으로 학원스포츠를 바라보는 우리 사회와 싸워야 한다. 그러기에 학생선수의 생활과 미래가 암울하고 우울해질 수밖에 없는 상황이다. 그동안 한국의 스포츠가 세계에 한국인과 KOREA라는 국가정체성을 알리는 역할을 했다면, 이제 눈을 안으로 돌려 내용을 풍부하게 해야 할 것이다.

학원스포츠와 스포츠클럽을 통한 학교체육의 내실화가 그 출발점일 것이다. 스포츠 선진국형 모델은 학교체육이 모체가 되어 엘리트스포츠와 생활체육이 활성화를 이루어가고, 이 두 영역은 수레의 양 바퀴와 같이 원활하게 굴러갈 때를 말한다. 따라서 이러한 자원이 곧 올림픽대회를 비롯한 국제대회에 참가하여 조국의 명예를 높이며 국민 사기앙양에 원천이 되는 엘리트 스포츠의 기초 자원의 역할을 담당하게 되는 것이다.

03

학교체육 활성화의 문제점

학교체육이 정상화되고 더 나아가 활성화되어야 하는 당위성에 대하여 다각적으로 살펴보았다. 그러나 이러한 당위성에도 불구하고, 학교체육의 정상화, 활성화에는 많은 걸림돌이 있다. 예를 들어 체육교사의 자질의 문제, 입시위주의 교육과정, 엘리트 학생선수의 저학력, 운동장 및 체육관 부족, 운동시설의 노후와 미비 등이 그것이다. 위의 모든 문제를 모두 거론하기에는 역부족이고 학교체육의 활성화에 있어서 반드시 선결되어야 하는 기본적인 문제점을 파악하고자 한다.

1. 학교 체육수업 시수의 부족

성장기에 있는 초등학교 및 중·고등학교의 체육수업 시수는 왕성한 신체활동을 해야 하는 학생들에게는 부족한 실정이다. 우리나라는 현재 학교체육은 초등학교 3학년부터 고등학교 3학년까지 독립 교과로 배정되어 있다. 초등 1, 2학년은 **즐거운 생활**이라는 교과에서 놀이와 표현이 중심인 교육을 받는다. 이후 초등 3학년부터는 주당 3교시(1교시당 40분)의 체육수업을 받는다. 중학교 1, 2학년의 체육수업은 주당 3교시, 3학년은 주당 2교시로 배정되어 있으며, 학교스포츠클럽 활동은 의무로 되어, 정규 체육시간과 스포츠클럽을 합해 약 4교시의 체육활동을 할 수 있다. 고등학교 체육시간은 대략 1, 2학년때 주당 2교시, 3학년은 1교시 정도가 있다. 고등학교 스포츠클럽은 정규교과안에 동아리, 방과 후 자율동아리 활동으로 나눈다. 정규교과 동아리는 대략 한 달에 몰아서 1번 정도 진행되며 생활기록부에 기재된다. 방과 후 자율동아리는 스포츠강사가 지도하며, 주당 최소 1시간씩 학기에 17시간 이상 활동한 학생에 한해서 생활기록부에 기록된다(경향신문, 2017. 7.16).

현재 체육수업시간은 고학년으로 올라갈수록 입시로 인해 축소되고 있다. 이는 세계적인 동향이 학교체육을 전인적인 인간 완성과 생활체육의 모체로서 국민체육진흥에 크게 이바지한다는 관점에서 바라보고 있는 것과 달리 우리나라 초·중·고등학교에서는 체육교육을 바라보는 관점이 이에 역행하고 있다.

체육수업 시수와 관련하여 외국의 사례를 살펴보면, 호주에서는 'Daily Physical Education Program'을 도입하여 매일 일정 시간 학교에서 체육수업을 함으로써 운동능력과 체력을 향상한다. 미국과 영국에서는 체육수업을 교과에서 필수로 선정하여 주당 평균 수업 시수가 캘리포니아나 플로리다 주와 같이 4시간 이상 실시하는 주(states)와 군(countries)들이 증가하고 있고 이를 교육법으로 의무화하고 있다. 프랑스, 일본, 중국의 경우도 주당 3시간 이상을 체육 시간으로 부과하고 있다. 특히 초·중 저학년일수록 체육 및 건강 활동은 매일 생활 일부로 더욱 강조되고 있다. 캐나다의 경우 1학년에서 8학년까지 건강(보건)과 체육교육(Health and Physical Education)을 이수하여 신체활동에 기초한 체육교육을 학습하고 9학년부터 12학년은 건강한 생활과 개인의 신체단련에 초점을 맞춘 '건강하고 활동적인 삶(Healthy Active Life Education)을 이수하도록 하고 있다(학교체육진흥회, 2019). 이러한 세계적인 추세로 본다면, 우리와 같이 학교체육 교과의 시간 수(단위 수)의 축소나 선택과목화야말로 세계화를 추구하는 정부의 정책 방향과 국제적인 청소년을 교육하려는 21세기 교육 방향에 부응하지 못하는 결정이며, 시대에 역행하는 몰인식에서 오는 결과라고 볼 수밖에 없다.

2. 학원스포츠의 도태

체육수업시간을 제외한 학생들의 체육활동 시간으로는 방과 후 체육활동과 운동부활동을 들 수 있다. 방과 후 체육활동과 운동부 활동은 학교체육을 엘리트스포츠와 생활체육으로 자연스럽게 연결시켜주는 것으로서, 학교와 가정 그리고 학생간의 유대관계를 적극적으로 개선해 나가 교육 효과를 극대화할 수 있는 또 하나의 매개체가 될수 있다.

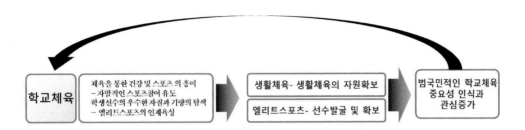

그림 X-1 학교체육과 생활체육, 엘리트스포츠 순환도

방과 후 체육활동, 즉 학원스포츠의 활성화를 통해 엘리트스포츠의 기초를 튼튼히 다져나가야 하며, 청소년의 정상적인 인간관계 형성 등은 학생들의 방과 후 운동부 활동의 기초와 활성화는 체육수업을 통해 다져져야 한다. 체육수업을 통해 익혀진 신체기능과 운동능력 등은 방과 후 체육활동의 동기 유발이 된다. 그러나 현실적으로 학교체육수업은 그 역할을 하지 못하고 있음은 물론 방안조차 생각할 수 없는 형편이다.

엘리트스포츠의 젖줄이었던 학원스포츠, 운동부가 도태되고 있다. 그 이유는 먼저 중앙부처인 교육부와 문체부가 학원스포츠와 운동부의 중요성을 망각하고 있는 것이며, 운동부 존속을 위한 비정상적인 학원스포츠의 운영, 그리고 저출산에 따른 학생선수 감소 등의 여파로 볼 수 있다. 실상 이미 수년째 초, 중, 고등학교 운동부가 해단을 거듭하고 있고 인기 종목이나 진학 성적이 좋은 운동부 등은 살아남고 이마저도 학생선수의 수는 감소되고 있다. 이는 전국적인 상황이다. 경기도교육청이 파악한 2017~2019년 도내에서 해체한 운동부는 총 144개이며, 강원도에서 38개 운동부가 사라졌고, 충청북도에선 49개가 문을 닫았다. 이외에도 대구 25개, 인천 25개, 전남 20개의 운동부가 해체돼, 최근 3년간 전국에서 문 닫은 운동부는 392개에 달했다(연합뉴스, 2019. 11. 05).

3. 학교 지원의 취약성

학교체육 예산은 곧 학교체육 교육 내용과도 직결된다고 하겠다. 스포츠시설과 관련시설의 미비 등 여건이 제대로 갖추어져 있지 않아 교육과정 자체가 현실성이 없는 것도 사실이다. 학교 스포츠시설은 아직도 잔디가 있는 학교운동장은 생각도 못 하고 흙

먼지 이는 운동장, 굳어버리고 오염된 모래사장, 그물망 없는 축구와 농구 골대가 현재의 대한민국 체육교육의 상황이다. 이러한 스포츠시설 및 기자재 부족 현상은 대도시보다 농어촌지역으로 갈수록 그 정도는 심각하다. 그러나 대도시로 갈수록 체육수업은 상급학교 진학을 위해 파행운영이 되고 있다. 따라서 체육수업에 관한 한 대도시와 농어촌지역 어느 곳 하나 문제되지 않는 곳이 없는 실정이다.

다른 교과와는 달리 체육은 곧 시설의 유무에 따라 수업에 많은 영향을 받게 된다. 따라서 학교체육시설은 학교체육의 성패에 지대한 영향을 미치는 환경적 요소라고 하겠다. 체육교육은 체육교원의 사명감과 학생들의 학습 의욕이 모두 갖추어졌다 하더라도 이를 수용할 만한 시설이 없이는 그 성과를 가져올 수 없다. 그러나 현 학교체육시설은 너무나 열악하다. 전국적으로 보면 체육관을 보유하고 있는 학교는 10%를 겨우 초과하고 있고, 수영장 보유율은 1% 남짓이며, 대도시 학교의 경우 학생의 운동장 사용면적은 턱없이 부족하고 그나마 여러 학급이 동시에 수업을 하는 실정이다. 서울 시내 초·중·고등학교의 경우 100m 달리기를 할 수 있는 운동장을 갖추고 있는 학교는 42%뿐이며, 전용 체육관은 7.5%인 7백 80개에 불과하다. 그나마도 대부분 운동부 전용으로 사용하고 있어 학교 교육 현장에서 국민 건강의 기본인 체육이 죽어가고 있다.

또한, 각급학교 체육수업 자료비, 체육 행사비, 운동부 경비 등의 체육교육 예산은 극히 미비하여 증액 없이 설정되어 정상적인 체육교육이 이루어지기 어려운 형편이다. 다양해지고 있는 학생들의 체육에 대한 욕구를 충족시키기에는 절대적으로 부족하며, 교사들도 창의적인 수업보다는 형식적인 수업을 할 수밖에 없다. 생활체육의 진흥으로 학교 밖에서는 육해공에서 다양한 스포츠활동이 이루어지고 있지만, 학교에서는 아직도 1970년대의 체육 시간 운영과 다를 바 없이 미흡하고 열악한 현실이다.

04

학교체육의 활성화 방안

그동안 학교체육 경시 풍조, 정부의 정책 부재, 담당부서 부재, 예산 확보의 어려움 등이 학교체육 활성화를 저해하는 요소로 자리 잡고 있었으며, 그 결과 학교체육의 고사를 초래하였다. 이러한 학교체육의 위기는 학생 체력의 저하와 함께 궁극적으로는 국민 전체 체력의 약화로 곧 국가경쟁력 약화로 인한 생산성 저하로 이어진다는 엄숙한 사실을 다시금 인식하여야 한다. 이에 학교체육 문제점을 해결하고, 활성화하기 위해서는 다음과 같은 방안을 하루속히 촉진, 시행하여야 할 것이다.

학교체육을 활성화하기 위해서 법적으로는 이미 정립되어있다. 2012년 1월에 발의된 **학교체육진흥법**(법률 제11690호)이 2013년 3월 23일 자로 공포되면서 그동안 학교교육에서 상으로 비중이 작았던 학교체육을 활성화시킬 수 있는 법 근거가 마련되었다. 그 주요 골자는 학교체육에 한 기본 시책의 수립과 시행, 학생건강체력 평가의 실시, 학교스포츠클럽의 운영, 학교운동부 지도자에 대한 지원 및 스포츠강사의 배치, 학교체육진흥원의 설립 등에 관한 것이다. 이 규정은 학교체육에 한 정책집행의 일성을 유지하고, 학생들의 체력이나 운동부 학생들의 학습권을 체계적으로 관리할 수 있는 근거가 되었다(학교체육진흥법, 2013).

1. 학원스포츠의 부활과 학교스포츠클럽의 육성

학원스포츠가 침체되어 있고 운동부를 육성하려는 학교가 점차로 축소되고 있다. 이러한 운동부 기피 현상은 사회 각계에서 우려하는 폭력, 성폭력과 같은 문제들이 학교 운동부에서 많이 발생한다는 비약적인 논리에서 비롯된 것이다. 예술, 문화 등 다른 분야와의 비교도 생략한 체 스포츠계가 폭력과 성폭력이 난무하는 곳을 지목된 것에 대해 억울함도 있으나 지금까지 밝혀진 스포츠계의 폭력과 성폭력이 존재하기에 우선 자성의 목소리를 내야 할 것이다. 이 기회를 잘 살리면, 다른 분야보다 먼저 잘못된 관행과 악습을 없앨 수 있을 것으로 생각한다.

정부주도로 국가인권위원회, 스포츠혁신위원회, 스포츠 관련단체에서는 지금까지의 엘리트스포츠 또는 운동부 시스템을 개선하기 위해 수많은 정책이 권고되고, 추진되고 있으나, 현장에서의 목소리는 이러한 정책으로 인해 학원스포츠가 개선되는 것이 아니라 도태되고 있다는 비판이 크다. 지금까지 학원스포츠는 이룩한 성과는 무시되고 있으며, 문제가 되는 부분이나 시스템을 개선하는 것이 아니라 운동부 자체를 해산시키고 있는 결과를 초래한 것이다. 지금까지의 학원스포츠 시스템을 개선하려면 기존의 시스템에서 선의 피해를 볼 수 있는 학생선수, 지도자, 학교 등에 대한 심각한 고려가 있어야 했다. 어떠한 시스템이든지 전국적으로 그 시스템이 운영될 수 있도록 많은 시간과 자본 그리고 노력이 필수적이다.

최근 학원스포츠, 운동부처럼 소수의 학생선수를 집중적으로 육성하는 시스템을 극복하기 위한 대안으로 주목받고 있는 것이 스포츠클럽이다. 2013년에 시작된 스포츠클럽은 2017년 15개 시도 42개(거점 스포츠클럽 3개, 지역 스포츠클럽 39개), 회원수 3만 2,000여 명(지난해 기준)으로 운영되고 있다. 스포츠클럽 시스템은 엘리트스포츠에만 편중된 정책으로 '반쪽 선수'를 양산하던 기형적인 과거를 지우고 '공부하는 운동선수'를 배출하는 토대로 기능하고 있다고 주장하지만(Sport 1, 2017, Sep.) 실상 현장의 소리와는 분명 차이가 있다. 학생들의 건전한 여가선용이나 건강을 위해 스포츠클럽이 중요한 역할을 할 수 있지만, 스포츠클럽이 운동부를 중심으로 이루어지고 있는 학원스포츠를 대신할 수 없다. 간단히 설명하자면 학교에서의 스포츠클럽은 생활체육의 일환이며, 운동부는 엘리트스포츠의 뿌리이다. 이러한 분리된 활동을 한곳으로 합쳐서 진행된다면 두 분야 모두 기대하는 결과가 나올 수 없는 것은 어찌 보면 당연하다. 운동

종목에 따라 향후 스포츠클럽으로 유인하는 것이 좋은 종목이 있고 학교에서 운동부로 계속해서 육성하는 것이 유리한 종목이 있다. 현재 학교운동부가 열악한 구조에 있는 것은 확실하다. 특히 학부모가 모든 재정을 책임지는 운동부는 지양되어야 할 것이다. 이는 학교운동부가 엄연히 학교 교육제도 내에 존재하고 있는 만큼 관련 부처인 문체부, 교육부, 교육위원회에서 더는 내버려 둬서는 안 될 것이다(서울스포츠, 2019. 11.). 이러한 결과일까? 2015년부터 정부와 각 지역 교육위원회가 적극적으로 지원하는 스포츠클럽대회에 참가 학생이 정체되고 있다.

전국학교스포츠클럽 대회는 2008년부터 교육부와 문화체육관광부, 대한체육회와 국민생활체육회가 학생들의 스포츠활동 참여를 유도하기 위해 시작되었다. 대회에는 축구, 농구, 연식야구 등 접하기 쉬운 종목부터 티볼, 플로어볼, 넷볼 등 뉴스포츠에 이르기까지 20개가 넘는 종목이 있으며, 티볼, 넷볼, 플로어볼은 점차로 참여가 높아지는 종목이다(Sport 1, 2017, Sep.) 그러나 아직도 참가하는 학생은 극히 일부에 불과하고, 정체되고 있다. 서울시교육감배 스포츠클럽 대회 참가 팀 현황은 다음 표 같다.

표 X-2. 서울시교육감배 학교 스포츠클럽 대회 참가팀 현황

학교급	2018년					2019년	
	전체학교	전체학생	참가팀	참가학생	참가학생비율	참가팀	참가학생
초등	603	424,600	485	8,079	1.9%	431	7,379
중등	385	216,330	1,097	18,362	8.5%	1,114	18,607
고등	283	263,952	759	13,442	5.4%	724	12,904
합계	1,271	904,882	2,341	39,883	평균 4.4%	2,269	38,890

자료출처: 이민표(2019. 6), 학교스포츠클럽 참여 학생 늘려야. 서울스포츠. 344.

초기 스포츠클럽대회는 토너먼트 형식으로 시작하였으나, 2011년부터 중학교 136개 팀 리그를 변환 실시하여 2015년에는 2,368개팀으로 확대되었으나, 이후 2019년 현재까지 참가팀을 정체되어 있다(이민표, 2019. 6). 2019년 전국학교스포츠클럽대회는 10월 26일 시작되어 12월 1일까지 진행되었다. 전국 각지의 학교스포츠클럽에서 학생들이 축구, 농구 등 총 23개 종목에서 자신이 원하는 종목을 선택하여 참여하였다. 이 대회는 **가치 있는 플레이, 같이 하는 페어플레이**라는 슬로건 아래 순위를 정하지 않는 리그전 방식으로 운영되었다.

일본은 학교 스포츠클럽이 '부카츠(部活)'라는 이름으로 활성화되고 있는 국가이다.

부카츠는 일본 중학생의 약 90%, 고등학생의 70%가 참가하고 있어 대중적이라고 할 수 있다. 초등과 중등에 따라 부카츠의 성격은 약간 다르다. 초등학교는 대개 6교시에 교실별로 나눠 하고, 교사가 주도하기 때문에 교내 클럽활동이라고도 한다. 그러나 중·고등학교에서는 부카츠가 교외활동이다. 지도교사(일본어로는 고문顧問이라 한다)의 지도 하에 주로 방과 후 등에 학생이 자발적, 자주적으로 진행하며 운영비는 학생회 예산에서 지급한다. 이런 이유로 보통 부카츠라고 하면 중·고등학교의 것을 말한다. 부카츠의 원래 취지는 학생이 좋아하는 활동부를 골라 들어가 동료와 선후배들과 어울리며 이런저런 일을 해나가는 과정에서 즐거움과 보람을 느끼는 것이다. 일본 사회에서는 이러한 클럽활동이 학생의 장래에 있어 사회에 진출하여 사회성 있고 독립적인 삶을 살아갈 수 있는 훈련 또는 교육이라고 인식되고 있다.

더욱이 1989년 이후 부카츠는 일본 학교에서 급격히 팽창하는 양상을 보이는데 이는 부카츠의 학습지도 요령이 학생들의 개성을 강조하게 되고, 시험대신 입시에 새로운 기준이 되도록 개정되면서 더욱 활발하게 전파되었다(정동섭, 2018. 3. 2). 즉, 부카츠 활동이 대학입시에서 내신의 일부로 활용되면서 대다수의 학생들이 부카츠 활동에 적극적으로 나섰으며, 학생이나 교사, 학부모 모두 시합 결과에 과열현상으로 이어지는 부작용을 낳기도 했다. 부카츠가 활발하게 보급된 내면에는 입시라는 만능키가 있었기 때문이다. 우리나라에서도 스포츠클럽을 활성화하기 위해서는 스포츠클럽활동에 대한 진로, 진학 반영시스템을 갖추면 될 것이다. 그러면 지금의 운동부와 별반 차이도 없을 것이며, 참가 학생이 많아지면 이에 따른 부작용도 지금보다 더 많아질 것으로 본다(중앙일보, 2017. 8. 28).

국내에서 스포츠클럽을 활성화하기 위해서 기본적으로 선행되어야 할 것은 학교체육시설의 확충이며, 이에 따른 적합한 프로그램, 담당 지도자가 확보되어야 한다. 학교체육시설 확충에 대해서는 이미 지적한 바와 같다. 다음은 지도자 문제인데, 학교 교원들이 스포츠클럽을 운영하거나 운동을 가르칠 수 없는 상황이다. 지금도 수업과 관계없는 일로 인해 교원이 과중한 업무로 문제가 되고 있는데, 스포츠클럽까지 담당하게 된다면 과로로 인한 과로사, 과로 자살이 사회적 논란이 되는 일본처럼 될 것이다(중앙일보, 2017. 8. 28). 이러한 문제를 해결할 수 있는 제도가 바로 스포츠강사제도인데 위해 문화체육관광부가 추진하는 이 사업은 해를 거듭할수록 충원되는 스포츠강사의 수는 줄어들고 있다. 체육교사가 운동부를 지도할 수 있으나, 교원의 운동지도 능력도 미지수이며 초등학교에는 스포츠강사를 제외하고는 체육 담당 교원 자체가 없는 상황이다. 이렇듯 필요한 인프라가 형성되지 않은 상태에서 스포츠클럽이 정상적으로 활성화될 수 있다고 보는 것은 모래성을 쌓는 일이며, 근거 없는 낙관주의일 것이다.

2. 체육교과의 필수화

우리나라 전통적인 교육관과 목적은 바로 체·덕·지의 조화로운 발달일 것이다. 학교체육은 19세기 말에 근대식 학교의 도입과 함께 학교 교육제도 내에서 교과목으로 자리 잡았는데, 이는 당시에 학교체육이 학생들의 균형적 성장에 중요한 임무를 수행하고 있다는 사고가 사회 전반에 걸쳐 형성되었기 때문이다. 광복이후 국가발전의 토대가 마련되면서 체육은 신체와 정신의 조화로운 발달과 지·덕·체를 겸비한 **전인의 육성**이라는 교육적 목적 아래, 학교교육에서 교육적 가치와 의미가 인정되는 교과목으로서 변화, 발전해 왔다(체육백서, 2012). 그러나 현재 제7차 교육과정에서 추구하는 인간상 다섯 가지 가운데 가장 먼저 추구하는 인간상이 바로 **전인적 성장의 기반 위에 개성을 추구하는 사람**임에도 불구하고 제7차 교육과정에서는 전인적인 성장에 필수적인 체육 과목을 위축시키고 있는 현실이다.

학교 체육정과는 다시 필수과목으로 환원해야 한다. 그 이유는 정과 체육은 교육부에 의하여 정해진 유일한 신체 교육과정이며 학생들을 대상으로 계획적으로 행하는 신체활동을 매개로 하는 교육활동이기 때문이다. 이외에도 학교정과 체육의 중요성은 여러 이유에서 강조되고 있다. 우선 학령기의 시기는 신체적인 성장이 이루어지는 중요한 시기이며 정상적인 조화로운 심신의 발육 발달을 위해서는 왕성한 신체활동이 필요하다. 체육은 또한 사회성, 도덕성 함양에 크게 기여한다. 어려서부터 동년배와 함께 체육시간을 보내면서 길러지는 규칙준수, 인내심은 도덕심을 함양하며 이때 길러진 운동기능은 일생을 함께한다. 즉 정과체육시간에서는 21세기의 삶의 질을 우선시하는 복지사회를 대비한 여가활동인 스포츠를 교육차원에서 체계적으로 경험케 한다.

따라서 체육수업은 수업 내용이 교육목적에 따른 계획된 것인지의 여부와 전담 체육교원에 의해 제대로 지도되고 있는지 등은 검증되어야 한다. 또한, 수업의 내용이 신체활동을 매개로 하는 것이라 하여 노는 시간 정도로 이해되어서도 안 된다. 과거 경제부

흥이 국가의 최우선 과제였던 지난날에 논다는 자체를 무조건 부정적으로 인식해온 것도 사실이다. 그러나 놀이를 통하여 또는 계획된 신체활동, 운동, 스포츠활동 등을 통해 얻을 수 있는 새로운 에너지 창출과 재창조의 교육 기능이 간과되어서는 안 된다. 부가가치를 창출해내는 일과 지적 활동이 아니면 노는 것으로 간주하는 교육경영 및 행정가 그리고 일반인들의 인식은 바뀌어야 한다.

이렇듯 학교체육은 정규 교과과목으로서의 체육수업과 교과의 정상적 운영에 바탕을 둔 과외 체육활동, 클럽활동, 여가 선용 등 일반 학생을 대상으로 하는 부분과 운동부 운영을 통한 특기선수 육성을 주로 하는 엘리트스포츠의 두 부분으로 나눌 수 있다. 그러나 체육교과 운영은 물론 운동부 운영 또한 정상을 벗어나 있음은 주지의 사실이다. 그럼에도 불구하고 학교체육은 여전히 엘리트선수 양성이 중요한 수단이라는 점 등을 들어 학교체육의 중요성을 이루 다 설명할 수 없다. 학교체육은 더이상 스포츠 전공인들의 영역 확보를 위한 집단 이기적 주장으로 간주하려는 정부나 교육기간 관련자들의 편견과 인식 부족에 의해 소홀히 되어서는 안 된다. 국가의 미래가 걸려 있는 중차대한 일인 학교체육의 중요성에 대한 확실한 인식이 선행된다면 학교체육의 문제는 더는 문제가 아닌 개선을 요하는 사항이 될 뿐이다.

3. 학교체육활성화를 위한 정책적 재원지원과 체육기금 배정

학교체육의 활성화를 위하여서는 체육재정이 확립되어 보다 많은 학교체육시설을 건설하여야 한다. 체육재정을 지원하고 있는 국민체육진흥공단의 기금 확충을 위하여 국민체육진흥법을 강화하여 부가금 모금, 광고수익, 경륜, 경정사업에서 나오는 예산을 극대화시켜 낙후된 학교체육시설을 시급히 확충 1개교 1체육관 건설을 추진해야 한다. 국민체육진흥공단이 발표한 학교체육의 지원사업에도 학교운동장 잔디 및 우레탄 트랙을 설치하고, 지도자 및 학교체육의 프로그램 활성화를 위하여 유기적인 추진체계를 구축하려고 하고 있으나, 그 진행속도가 매우 느리며 미비한 것이 사실이다. 학교체육의 적극적인 활성화 사업을 위해서는 더욱 정부의 정책적 재정지원이 이루어져야 하며, 체육기금의 배분을 통한 체육시설 확충이 절대적이라 하겠다.

학교체육 활성화 방안으로, 첫째 모든 초, 중, 고등학교에 실내체육관을 건립하여야 한다. 이 방안은 학교가 땅을 제공하고 정부, 지방자치단체 예산으로 건립하여 수업시간에는 학생들이 사용하고 방과 후나 후일에는 주민에게 생활체육 프로그램을 시행하는 것이다.

둘째, 지역사회에 1개교를 지정하여 종합스포츠센터를 건립하는 것이다. 민간 또는 공공자금을 유치하여 학교 내에 실내체육관과 수영장, 헬스클럽, 볼링장 등이 갖춰진 종합스포츠센터를 건립할 수 있도록 정부의 정책적 지원과 학교당국의 개방적인 태도가 필요할 것이다. 유치방법은 계약당사자인 민간 또는 해당 시·군·구에 일정기간 체육시설에 대한 수익권을 보장해주는 조건으로 체육시설을 건립하는 기부채납 방식이 되어야 할 것이다.

우리와 사회적, 경제적 상황이 비슷한 대만의 경우를 보더라도 이미 법령에 의해 학교체육시설에 육상전용 우레탄 트랙을 반드시 설치하도록 하였으며, 최근에 발표한 각급 학교운동장의 개선방안의 내용을 보면 수영장의 신설, 관중 4천명을 수용하는 체육관 신설, 육상트랙에 차양 설치, 폴리우레탄 농구장 신설, 야간조명 등 학교체육시설의 대폭적인 지원책으로 학교체육의 활성화에 힘쓰고 있다. 체육관은 향후 4년간 전국에 12개의 체육관을 신축하여 학교체육과 사회체육의 장으로 이용하려고 하고 있다. 이에 필요한 재원은 중앙정부와 지방정부가 절반씩 부담하여 상호 부담을 줄이는 방안을 채택하였다.

05
제2차 학교체육진흥계획

정부의 학교체육의 정책과 방향을 주요 과제를 이해하려면 매년 발표되는 교육부의 <학교체육 활성화 추진계획>과 5년마다 발표하는 <학교체육진흥계획>을 참조하면 된다. 2017년 학교체육 활성화 추진계획에 따르면, '1학생 1스포츠 활동 활성화로 행복한 학교생활'을 목표를 달성하기 위해 학교체육교육 내실화, 학교 스포츠클럽 활성화, 공부하는 학생선수지원, 학교체육 지원 네트워크 구축 운영, 대국민 인식제고 등 5개 중점 과제와 21개의 실행과제를 제시하고 있다. 21개 실행과 제 중 대략 17개가 학교스포츠와 직, 간접적으로 관련이 있다. 아래와 같은 대표적인 정책 사업을 통해 유・청소년의 스포츠 참여 확대를 적극적으로 추진하고 있다(교육부, 2017).

2018년 12월 교육부는 제1차 학교체육진흥계획에 뒤이어 제2차 학교체육진흥 기본계획(2019~2023년)을 공포하였다. 지난 제1차 계획을 통해 중학교 학교스포츠클럽활동, 고등학교 체육교과 단위 수 증가 등 중등체육에서 시수확대, 다양한 학교 프로그램이 시행되었다. 교육부는 이번 제2차 계획은 학교체육진흥법(제4조)에 따라 "운동하는 모든 학생, 공부하는 학생 선수"를 목표로, 학생들이 신체활동에 대한 중요성을 인식하고 운동소양 함양을 통해 건강하고 행복한 성장을 지원을 목표로 수립되었다. 제2차 계획은 그 간의 학교체육 활성화 성과를 이어가며, 학교체육 분야 국정과제(초등학생 생존수영 확대, 학생선수 학습권보장, 학교체육진흥회 설립, 학생체육축제 개최, 학교스포츠클럽 활성화)를 반영하여 수립하였고, 주요 추진과제는 다음과 같다(교육부, 2018. 12. 26).

1. 학교체육 활성화를 위한 체육수업 내실화

초등학교 1~2학년 학생들의 운동참여 기회 확대와 운동습관 형성을 위해 '즐거운 생활' 수업에서 쉽게 활용할 수 있는 신체활동 프로그램을 개발(2019년)하여 학교현장에 보급하고 있다. 중·고등학생들의 건강한 성장과 체력저하 및 비만문제 해결을 위해 중학교의 경우 가능한 범위에서 학교스포츠클럽 활동을 체육수업으로 전환하여 운영하고(초·중등학교 교육과정 총론의 교육과정 편성·운영 기준에 따라 중학교 학교스포츠클럽 활동인 주 1시간은 체육수업으로 대체 가능함) 고등학교의 경우 체육활동 기회를 확대할 예정이다.

2. 학생건강체력평가제 확대 적용

현재 초등학교에서 5~6학년 학생에 적용하고 있는 학생건강체력평가제(PAPS, Physical Activity Promotion System)를 2020년부터 초등학교 4학년으로 확대하고, 초등학교 3학년은 학교여건에 따라 선택적으로 운영을 권장할 예정이다. 이는 학생들이 건강 체력에 관한 관심 유도와 중요성 인식을 통해 어린 시절부터 건강 및 체력 관리 습관을 형성하는 데 의의가 있다.

PAPS는 필수평가(심폐지구력, 유연성, 근력·근지구력, 순발력, 비만(BMI))평가와 선택평가(체지방률, 심폐지구력정밀평가, 자기신체평가, 자세평가)로 구분된다.

3. 초등 (생존)수영실기교육 확대 및 유아 생존수영 시범 운영

교육부는 행안부·문체부·해수부·해양경찰청 등과 함께 범부처 협업체계 구축하여 2020년에는 초등학교 전 학년으로 생존수영 및 수영실기교육을 확대하고, 2019년부터 만5세 유아를 대상으로 지역적 특징과 시설 여건에 따라 생존수영을 시범 운영할 계획이다. 농어촌 및 낙후지역 등 수영장 활용이 제한적인 지역에는 이동식 수영장을 연차적으로 확대할 것이다.

4. 공부하는 학생선수 육성

　　중학교 학생선수들이 충실하게 학교생활을 할 수 있도록 2021학년도 '고입 체육특기자 선발'부터 내신 성적 반영을 의무화 할 예정이다. 이는 2017년 4월에 체육특기자 제도 개선에 포함된 내용이며, 현재 시도교육청에서는 자체계획 수립 추진 중이다. 학생선수의 관리, 감독을 위해 운동 종목별 운영 규정을 만들어 학생선수의 학습권과 인권을 보장하고 훈련시간 및 대회참가 등에 대한 세부 기준을 제시하여 자신의 신체 관리 및 보호 능력을 기를 수 있는 기틀을 마련할 것이다.

　　학생선수 학습권 보장을 위해 구축한 이-스쿨(e-school)의 학습자료를 2015교육과정 내용으로 최신화하고, 학습자 상호작용 교수학습방법과 형성평가를 도입하여 학생들의 학습효과를 높일 수 있도록 한다. e-school은 중·고 학생선수를 대상으로 중학교 68과목, 고등학교 86과목을 온라인으로 개설하여 대회 및 훈련 참가로 발생하는 수업결손에 대한 보충학습 제공하는 학습시스템이다. 학생선수들은 자신의 컴퓨터, 태블릿 PC, 스마트폰 등을 활용하여 수강할 수 있다.

5. 협업체계 구축 및 학교체육진흥회 운영 지원

　　현재 학교운동부의 경비는 대부분 학부모가 책임진다. 학부모가 학교운영위원회에 경비를 납부하고 인출하는 공식절차를 거치지만 재원은 개인 부담인 것이다. 학교운영위원회와 별도로 운동부 학부모로 구성된 후원회도 있는 곳이 대부분이다. 이로인해 학부모의 경제적 부담은 심하며, 이러한 구조적인 문제로 인해 선수, 학부보, 관리자, 지도자까지 늘 터질 수 있는 뇌관이다. 담당부처인 문체부나 교육부는 엘리트스포츠와 생활체육을 받치고 있는 학교체육, 특히 학교 운동부에 대한 체계적인 육성을 지금까지 미루고 있는 상황이다. 교육부는 학교체육 진흥 및 활성화를 도모하고, 학교현장에서 체감할 수 있는 지원이 이루어지도록 시, 도교육청, 문체부, 대한체육회, 학교체육진흥회 등 관계기관과 유기적인 협업 체계를 구축할 것이다(서울스포츠, 2019. 11.).

　　또한, 가장 손쉽게 접할 수 있는 학교의 스포츠시설 또는 여유 공간을 최대한 활용하여 학생은 물론 지역사회 주민들이 다양한 신체활동 기회를 손쉽게 접할 수 있도록 실내체육시설 등을 시도교육청과 협력하여 지속적으로 확충할 것이다.

06

학교체육 활성화를 기대하며

　21세기의 사회는 생활여건이 개선됨에 따라 국민 각자의 건강과 풍요로운 삶의 질적 향상을 추구하려는 체육활동이 활발히 진행되고 있다. 또한, 21세기에도 엘리트스포츠는 위축되지 않고 오히려 더욱 증대되어 올림픽과 세계선수권 등에서 스포츠 선진강국의 경쟁으로 스포츠마케팅 또한 그 규모가 확대될 것으로 학자들은 예측하고 있다. 이러한 사회적 변화에 따라 국민체육의 근간이 되는 학교체육의 중요성은 더욱 강조될 것이다. 우리나라 교육의 목적은 지, 덕, 체의 조화로운 발달을 위한 전인 교육임을 상기할 때, 학교체육은 아무리 어려움이 있다 하더라도 잠시라도 그 기능을 멈추지 않고, 활성화를 위한 실질적인 노력을 기울여야 할 것이다. 신체적·정신적으로 미완성 상태인 학생들에게 학교체육 활동은 미래 주역의 건전한 사회인 육성을 도모할 수 있는 인성과 체력을 가져다줄 것이다.

　그동안 정부 당국의 학교체육에 대한 지원과 관심의 부족으로 세계 10위의 체육강국에 걸맞지 않게 학교 교육 과정의 운영이 부실해지고 턱없이 부족한 체육예산으로 학교체육 시설과 프로그램은 후진성을 면치 못하고 있는 것이 현실이다. 또한, 교육현장에서는 체육 시간은 점차 감축되고 그나마 입시 입시위주의 교육풍토에 밀려 다른 시간으로 대체되고 스포츠클럽이 있기에 학생들이 그곳에서 운동하면 된다는 탁상공론은 운동장 없는 학교설립이 추진되는 등, 체육에 대한 무지와 철학의 빈곤으로 학교체육은 다 죽어가고 있다. 이제는 학교체육 활성화를 저해하고 있는 실질적인 문제점을 더욱 상세히 진단하여야 하며, 그 해결방안이 무엇인지 가감 없이 밝혀내어야 한다.

　학교체육의 활성화를 위하여 시급히 선행되어야 할 3가지 사항은 다음과 같다.

　첫째, 중앙정부의 학교체육전담 기구를 설치하여 학교체육 관련자들의 상충되는 이해 속에서 지속적인 개혁을 추진시켜 나갈 수 있도록 하여야 한다. 학교체육을 포함한 국내 체육의 전반적인 문제점의 파악과 해결방안은 무엇인지를 사심 없이 밝혀내고 관련기구와 정책의 결정과 시행을 위한 영향력 있는 정부의 공식기구가 필요한 것이다.

둘째, 학원스포츠 부활과 스포츠클럽의 활성화이다. 학원스포츠, 운동부가 점차적으로 축소되고 고사되고 있는 현 상황에서 학교 스포츠클럽이 대안처럼 이해되고 있지만 이는 논리적으로 맞지 않는 추론일 뿐이다. 학교의 스포츠클럽은 학생들의 건강과 적극적인 스포츠활동을 통해 삶의 질 향상과 향후 생활체육 참여를 이끌기 위한 활동으로 이해되어야 할 것이다. 물론 스포츠클럽을 통해 우수한 스포츠재원이 발굴할 수 있다는 부분에는 어느 정도 타당성이 있으나, 스포츠클럽이 스포츠를 전문적으로 수행하는 운동부를 대신할 수 없는 현실을 직시해야 한다. 그러기에 스포츠클럽의 활성화와 학원 스포츠의 부활은 동시적으로 추진되어야 할 것이다.

셋째, 체육과목을 교과과정의 한 과목으로만 생각하지 말고 우리나라의 교육목적인 지·덕·체의 한 축으로 학교체육의 중요성을 인정하여 **체육을 필수과목**으로 하여야 한다.

넷째, 후진성을 면치 못하는 현 학교체육을 보다 효과적으로 운영하기 위해서는 시설확충과 다양한 체육 프로그램이 있어야 하며 이를 위한 정책적 재정지원 또는 **체육기금의 마련**이 시급하다.

학교체육의 활성화를 이루기 위해서는 정부, 지역사회, 학교당국자, 교사, 학부모, 학생 등 학교체육과 관련된 모든 제반 영역에서의 힘과 노력을 합하여 시너지 효과를 내어야 한다. 즉 정부가 학교체육 활성화의 의지를 갖고 주관 부서를 정하며, 사회전체가 학교체육에 관심을 갖고 대안을 정부에 제시하여야 한다. 또한, 언론은 대중스포츠나 해외 스포츠보다 학교체육과 소년체전 등에 더 많은 관심을 쏟아야 할 것이다.

마지막으로 경향신문의 한 사설이 내용을 함께 공유하고자 한다. 운동도 공부, 음악, 미술과 같은 재능이라는 내용이다. 우선 아래의 그림과 함께 아인슈타인의 글이 있는데 그는 획일적인 교육 시스템에 대해 비판하였고 이는 저자도 무척이나 동감하는 내용이다.

Our Education System

"*Everybody is a genius. But if you judge a fish by its ability to climb a tree, it will live its whole life believing that it is stupid.*"

- Albert Einstein

Everybody is a genius. But if you judge a fish by its ability to climb a tree, it will live its whole life believing that it is stupid.

모든 사람은 천재다. 그러나 만약 당신이 물고기를 나무에 오르는 능력으로 판단한다면, 그 물고기는 멍청하다고 믿으며 평생을 살 것이다.

기자는 우리와 같은 민주주의 국가에서는 누구나 자기가 하고 싶은 걸 하면서 살 수 있어야 하며, 우리의 자유에는 책임이 따른다는 걸 배웠다고 기본적으로 우리사회를 환경을 말하고, 학생선수들도 다른 학생처럼 평등하게 자신의 권리를 행사하고, 규정에 따라 훈련도 하고 대회도 출전할 것을 주장한다. 그리고 최근 교육부가 학생선수 학습권 보장을 위한 대회 및 훈련 참가 허용일수(수업일수 3분의 1범위(63~64일)에서 대회 및 훈련 참가를 허용한 걸 2020년부터는 초등학교는 20일, 중학교는 30일, 고등학교는 40일로 줄임)를 대폭 줄인 것에 대해 학생선수들에게 무엇이 중요한지를 지적하였다.

학생선수도 학생이고 우리 자녀입니다. 대한민국 국민이며 우리 미래입니다. 정말 학생선수의 미래가 걱정됩니까. 그렇다면 일단 학생선수들이 운동을 더 효과적으로, 더 안정적으로, 더 과학적으로할 수 있는 방안도 마련해주세요. 학생선수들이 줄어든 훈련시간에 부상 위험과 불편함 없이 운동에 더 집중할 방법도 강구해주세요. 학생선수들이 정말 배우고 싶은 학습이 무엇인지, 그걸 어떻게가르칠지도 연구해주세요. 학생선수들이 자발적으로 공부할 수밖에 없도록 하는 내적, 외적 동인도마련해주세요. 다수 학생선수들이 프로선수가 되지 못해도 스포츠계에서 관련된 일을 하면서 머물수 있도록 스포츠 시장을 키워주세요. 그게 우리가 학생선수들을 위해 가장 먼저 고민하고 해줘야하는 일이 아닐까요(김세훈, 경향신문, 2020. 2. 16).

※ 참고문헌

교육부(2012. 12). 제1차 학교체육진흥 기본계획(2013~2018년).

교육부(2018. 12). 제2차 학교체육진흥 기본계획(2019~2023년).

교육부 (2017). 2017 학교체육 활성화 추진계획.

김세훈(2020. 2.16). 운동도 공부·음악·미술 같은 재능입니다. 경향신문.

문화체육관광부(2014). 체육백서.

문화체육관광부(2017). 체육백서.

안횡균(1998). 21세기 한국체육발전모델과 실현전략. 한국체육과학연구원.

연합뉴스, 2019. 11. 05

서지영(2014). 학교체육활성화 정책 효과 제고 방안. 한국교육과정평가원.

윤설영(2017. 8. 28). '블랙기업'보다 심각한 '블랙 부카츠'…日교사도 '과로사' 우려. 중앙일보.

이민표(2019. 6). 학교스포츠클럽 참여 학생 늘려야. 서울스포츠. 344.

이용식 외(2019). 학교체육진흥회 중장기 발전방안 연구. 학교체육진흥회.

Sport 1(2017, Sep.). 북유럽 국가의 스포츠문화. 대한체육회.

서울스포츠(2019. 11.). 학교운동부 구하기. 서울시체육회.

정동섭(2018. 3. 2.). 일본교원의 헌신과 열정의 상징이자 족쇄인 '부카츠'. 한국교육신문.

장현우(2017). 유·청소년 스포츠정책 개념화를 위한 시론적 연구. 스포츠과학연구. 28(4).

제 11 장

⋮

스포츠혁신위원회 권고안의 정책적 분석

문화체육관광부는 2019년 2월 스포츠분야 구조 혁신을 추진할 '스포츠혁신위원회'를 구성하였다. 스포츠혁신위원회(이하 혁신위)는 민간위원 15명과 당연직 위원 5명(교육부, 문체부, 여가부, 기재부, 국가인권위의 차관 또는 상임위원) 등 총 20명으로 구성되었다. 스포츠혁신위는 6개월여의 토의와 합의를 거쳐 한국 스포츠의 패러다임을 바꿀 1∼7차 권고안을 발표하였다. 권고안에 따르면, 혁신위는 성폭력, 신체적 폭력, 학습권 침해 등 스포츠 분야의 인권침해는 국가주의적, 승리지상주의적 스포츠 체계(패러다임)에서 비롯되는 구조적, 제도적 차원의 문제임을 강조하면서 스포츠 체계(패러다임)의 대전환을 주장하였다. 이를 통해 선수들의 인권 개선, 학교체육 정상화, 스포츠기본법 제정, 엘리트 스포츠 시스템 개선, 대한체육회와 대한올림픽위원회의 분리 등 체육 전반을 아우른 내용을 고려하여 권고안을 마련하였다.

　그러나 혁신위의 권고에 대해 국가대표와 학생선수, 지도자, 스포츠관계자들의 적지 않은 반발을 보였기에 현실과 현장의 목소리를 제대로 반영했는지는 미지수이다. 특히 학교체육 정상화를 기치로 학생선수들의 주중 대회 참가 금지와 소년체전과 전국체전 개편 권고, 합숙훈련 점진적 폐지 등을 골자로 한 2차 권고안과 통합 10년 만에 체육회와 올림픽위원회의 분리를 강조한 7차 권고안은 극심한 반대에 부딪혔다. 시도를 대표하는 엘리트선수가 아닌 클럽 활동을 하는 선수들도 참가하는 형태의 소년체전과 전국체전의 개편은 한국 엘리트스포츠의 근간을 뒤흔들 수 있다고 대다수 스포츠인은 우려하였다. 2009년 대한체육회와 대한올림픽위원회가 극적으로 통합되었고, 2016년에는 국민생활체육회와 대한체육회가 갈등과 통합의 과정을 거쳐 통합한 대한체육회를 다시 분리하라는 조처는 체육계의 갈등만을 야기할 뿐이라는 비판도 줄을 이었다.

　혁신위의 권고안은 스포츠계의 숙고와 자성의 기회를 만들었다는 것에 긍정적인 반응이지만, 스포츠계의 변화를 주도하기에는 근본적인 시스템의 변화는 회피하고 문제점만을 땜질하지 않았나 하는 비판이 있다. 혁신위의 권고를 제대로 집행하려면 수많은 인적, 물적 자원이 필요한 상황이나 생활체육, 학교체육, 엘리트스포츠 현장을 담당하는 스포츠지도자들은 정부의 정책과 재정적 지원부족으로 인하여 손을 놓고 있으며, 정부는 정부대로 담당 정부 부처 간의 업무 담당 여부와 국가 우선 정책에 밀리는 실정이다.

본 장에서는 먼저 혁신위 권고안에 대한 설명은 문화체육관광부 보도자료를 토대로 작성, 되도록 정부나 혁신위의 의도를 온전하게 서술하고자 하였다. 그리고 이를 바탕으로 권고안의 분석을 각주에 서술하였고, 향후 스포츠계의 많은 영향력이 있을 권고안에 대해서는 현실적 타당성, 변혁의 당위성, 집행의 가능성에 대해 SWOT분석을 시도하였다.

01

스포츠혁신위원회 1차 권고안[18)

스포츠혁신위원회(이하 혁신위)는 IOC 헌장의 '스포츠는 인권이다'는 인식을 기본으로 국내 스포츠 전반의 패러다임을 점검하고 분석했다. 그 결과, 국내 스포츠 분야의 성폭력, 신체적·언어적 폭력, 학습권 침해 등 인권침해 실태가 심각한 수준에 있으나 정부와 관련 체육단체가 그 책임을 다하고 있지 않은 현실에 대해 깊은 우려를 표명하고, 이에 대한 국가적 차원의 성찰과 책임 있는 노력을 촉구했다. 혁신위는 스포츠 현장에서 성폭력 등이 발생할 때 가해자 조치 및 피해자 보호 역할에 대한 1차적 권한과 책임이 있는 대한체육회와 산하 경기단체 등 체육계 내부의 대응 시스템이 제대로 작동하지 못하고 있다고 보았다. 스포츠 미투 사례들이 드러내듯이, 심각한 피해를 겪으면서도 다수의 피해자는 지도자의 절대적 권한, 사건 발생 후 묵인, 방조 분위기 등으로 인해 신고조차 쉽지 않았으며, 관리단체도 성폭력, 폭행 등 인권 문제가 만연하다는 것을 인지하면서도 감추기에 급급했던 것이 사실이다. 더욱이 문제가 되었던 것은 선수들이 신고해도 2차 피해 등 불이익에 노출되는 경우가 발생했다는 것이다.[19)

혁신위는 체육 단체에 대한 관리 감독의 책임이 있는 문체부의 역할이 제한적임을 주목하고 이를 개선할 것도 촉구했다. 특히, 피해자의 다수가 학생들인데도 교육부와 시도 교육청, 일선 학교 등에서 효과적인 학생운동선수 보호 조치가 이루어지지 않은

---

18) 문화체육관광부(2019. 5. 7.). 보도자료- 스포츠혁신위원회, 성폭력 등 인권침해 근절을 위한 첫 권고 발표.

19) 국가인권위원회는 2007년 12월 '학생선수 인권보호 및 증진을 위한 정책권고'를 제시하고, 이를 반영한 KBS <스포츠와 성폭력에 관한 인권 보고서> 프로그램이 2008년 1월 방송되면서부터 스포츠계 폭력과 성폭력 문제가 본격적인 사회적 공론의 장에 올랐다. 이후 위원회는 2008년 11월 중고등학교 학생운동선수를 대상으로 한 실태조사를 통해 학생선수 인권 종합대책을 발표하였고, 최종적결과물로 2010년 <스포츠인권 가이드라인>을 권고한 바 있다. 대표적인 체육단체인 대한체육회도 선수권익보호팀을 신설하고 스포츠인권포털을 개설하여 신고를 접수하는 등 자율적인 신고와 조사체계를 갖추는 변화의 움직임을 보이기는 했으나 실상은 달랐다(국가인권위원회, 2019년 연간보고서).

점에 대해 교육 당국의 반성과 혁신을 요구하였다.

또한, 여성가족부, 국가인권위원회, 경찰 및 사법기구 등에서 일부 의미 있는 제도 개선 조치에도 불구하고 국가기구 전반에서 스포츠 성폭력과 학대 등의 근절과 예방 노력이 여전히 부족하다고 판단했다. 피해자 보호와 지원을 위한 정책적, 제도적 노력이 부족한 상황이기 때문에 앞으로 범정부 차원에서 더욱 실효성 있는 정책과 제도 개혁을 할 것을 권고했다. 혁신위는 실효성 있는 피해자 보호 및 지원 체계를 확립하고, 정부와 스포츠계의 인권침해 대응 시스템을 전면 혁신할 것을 정부에 권고했다. 스포츠계에서는 스포츠 성폭력 등의 신고, 접수, 상담 시스템을 구축하고, 인권침해 예방을 위한 다양한 정책과 프로그램을 시행하며, 이를 위해 독립성, 전문성, 신뢰성을 갖춘 별도의 스포츠 인권기구를 설립할 것을 권고했다.

1. 스포츠윤리센터 출범

혁신위의 권고이후, 근거 법률인 국민체육진흥법을 개정하였고, 스포츠인권기구 설립 추진단을 통해 6개월간 설립을 준비하여 2020년 8월 스포츠윤리센터를 출범했다(연합뉴스, 2020년 8월 5일). 스포츠윤리센터는 문체부 스포츠비리신고센터, 대한체육회 클린스포츠센터, 대한장애인체육회 체육인지원센터의 신고 기능을 통합해 체육계로부터 독립적인 지위에서 스포츠계 인권침해 및 비리를 조사할 수 있다. 또한, 스포츠계 인권 피해자 보호를 위한 상담, 법률지원 및 전문기관 연계와 인권침해, 스포츠비리 실태조사 및 (성)폭력 등 예방 교육도 수행할 것으로 보인다. 향후 스포츠윤리센터의 방향은 당초 스포츠혁신위의 권고 사항을 살펴보면 짐작할 수 있을 것으로 본다.

첫째, 혁신위는 강력한 피해자 보호와 지원체계를 구축을 요구하였다. 기존의 기구와 분리된 별도의 신고, 접수, 상담 시스템을 구축할 것을 권고했다. 365일, 24시간 운영되는 상담 전화를 비롯해 온·오프라인으로 누구나 쉽게 접근할 수 있고, 신고 및 상담 내용의 비밀과 익명성을 보장하며 아동, 장애인, 여성 등을 위한 전문상담 창구를 개설하도록 했다.

둘째, 전문적이고 책임감 있는 상담 서비스를 제공할 것을 주문했다. 상담은 스포츠 및 성평등(젠더), 인권 등에 대한 풍부한 지식과 감수성을 갖춘 전문가들이 수행하고,

필요시 경찰, 아동보호기관, 성폭력상담소, 해바라기센터, 국가인권위원회 등 적절한 기관으로 직접 연계하는 시스템이다. 중대한 인권침해 피해자는 치유 상담 및 법률, 의료 지원까지 충분한 지원 서비스를 받을 수 있도록 책임 있는 조치를 요구하였다.

셋째, 접수된 사건 가운데 직접 조사가 가능하고, 필요한 경우에는 신속하고 공정한 조사 활동을 수행할 것을 권고했다. 그러나 지금의 스포츠윤리센터는 혁신위원회의 권고안처럼 조사활동만 가능하면 상담, 심리, 법률 지원등에 대해 관계기관과 연계할 뿐이다. 스포츠윤리센터가 자체 사법권이 없으면 조사에 한계가 생겼을 경우 경찰 조사에 의존할 수밖에 없는 실정이 된다. 그러면 기존 문체부 스포츠비리신고센터, 대한체육회 클린스포츠센터와 큰 차이가 없게 된다. 현재 우리나라 식약청에는 특별사법 경찰관이 있다. 이는 식품, 보건, 안전사고 등 전문분야 수사를 위해 행정 공무원에게 수사권을 부여한 경우로서 스포츠윤리센터에도 적용되어야 할 것이다. 이와 관련하여 혁신위가 검토하였던 미국의 '세이프 스포츠센터(U.S. Center for SafeSport)'를 유의 깊게 볼 필요가 있다. 미국에서 별도 입법을 통해 스포츠 내부조직으로부터 분리, 설립된 이 센터는 가해자에 대한 조사 및 징계 요구권을 부여하였고, 스포츠단체 등의 조사 및 징계 거부 또는 신고의무 불이행 시 재정 지원 중단 등을 할 수 있는 스포츠인권단체이다.[20]

---

20) 미국 세이프스포츠센터는 스포츠의 모든 형태의 학대를 종식시키는데 초점을 맞춘 독립적인 비영리 단체이다. 센터는 모든 선수들이 스포츠를 통해 안전하고, 지지되고, 강화될 것이라는 비전을 갖고 다음의 세부내용을 수행하고 있다.
 ·안전: 운동선수들은 정서적, 신체적, 성적 학대로부터 보호받는다.
 ·지원: 운동선수들은 환영받고 존경받는 환경을 즐기고 다양성이 적극적으로 수용된다.
 ·강화: 운동선수들은 그들이 스포츠에서 배운 기술을 지역사회의 복지에 기여하기 위해 사용한다.
 U.S. Center for Safesport 홈페이지(https://uscenterforsafesport.org)

2. 스포츠윤리센터 SWOT분석

SWOT는 강점(Strength), 약점(Weakness), 기회(Opportunity), 위협(Threat)의 머리글자를 모아 만든 단어로 정책을 분석할 때 유용한 분석이다. 내적인 면을 분석하는 강점, 약점 분석과, 외적 환경을 분석하는 기회, 위협 분석으로 나누기도 하며 긍정적인 면을 보는 강점과 기회 그리고 그 반대로 위험을 불러오는 약점, 위협을 전망할 수도 있다. SWOT분석을 통해 혁신위의 권고내용에 대한 자세한 인식과 향후 전략을 수립하는 데 도움이 될 수 있다고 본다. 아래 그림은 스포츠 인권과 관련된 혁신위의 1차 권고안 중 스포츠 윤리센터에 대한 SWOT분석이다.

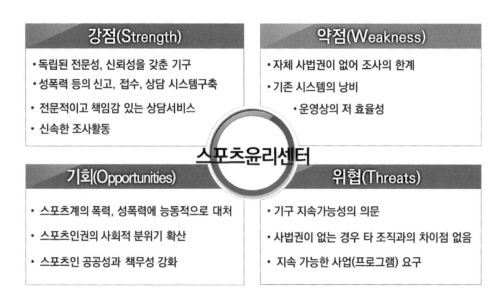

그림 XI-1. 스포츠윤리센터의 SWOT분석

스포츠윤리센터의 강점은 전문성과 신뢰를 갖춘 독립기구라는 점이다. 이를 통해 안정된 시스템이 구축될 수 있으며, 신속한 조사가 이루어질 수 있을 것이다. 이에 반해 약점도 만만치 않다. 먼저 사법권이 없는 조직이므로 스포츠인권과 관련된 사건을 제대로 관리할 수 없을 것이다. 스포츠윤리센터의 설립은 향후 스포츠인권에 관한 문제에 대해 지금보다 능동적으로 대처할 것이며, 스포츠인권의 사회적 분위기 확산은 물론 스포츠인들에게 사회 공공성과 책무성을 강화하는 기회가 될 것이다. 미래 위협적인 요소로는 지속가능성의 불투명을 들 수 있다. 대한체육회의 클린스포츠센터, 대한장애인체육회 체육인지원센터 그리고 국가인권위원회의 스포츠인권특별조사단 등 기존의 스포츠인권과 관련된 조직은 있었으나, 정상적인 운영이 되지 않았으며, 신고접수도 미비하였다. 이러한 상황이 독립된 스포츠윤리센터도 비슷한 상황이 될 수 있다. 그러기에 센터는 다양한 교육프로그램이나 찾아가는 서비스 등의 적극적인 활동이 필요할 것이다. 예를 들어 미국의 세이프스포츠센터는 2017년 3월부터 12월까지 2,127권의 리포트가 접수되고 340건의 징계와 260명의 영구제명 조치가 있었다. 또한, 이러한 지도자 및 관계자의 성폭력, 폭력 징계 전력은 전국적인 데이터베이스를 통해 공개하여 누구나 기록을 열람할 수 있도록 하였다(Sports 1, 2020. 8.).

02
스포츠혁신위원회 2차 권고안[21]

스포츠혁신위원회는 2019년 6월 4일 학교스포츠 정상화와 관련된 2차 권고안을 발표했다. 2차 권고는 대한민국 엘리트스포츠의 근본인 학교체육 정상화가 체육계 체계 (패러다임) 전환의 핵심이라는 인식이 기본이 되었다.

혁신위는 기존 엘리트 선수 육성시스템의 폐단과 한계, 이를 뒷받침해 온 학원스포츠의 비정상성을 지적하였다. 즉 학교에서 학생선수와 일반학생으로 양분되어, 스포츠의 교육적 가치를 상실하였다는 관점을 주장하였다. 다수의 학생선수가 학습을 도외시한 채 훈련에만 매달리는 한편, 선수가 아닌 일반 학생들은 과도한 입시교육에 시달리며 스포츠 활동을 거의 하지 않는 것이 현주소라고 언급했다. 특히, 학생선수의 학습권 침해와 학력 저하, 체육특기자 진학과 관련한 불공정과 비리, 경기실적을 위한 과도한 훈련과 부상, 반인권적 지도자 전횡 등의 문제는 더는 방치 할 수 없는 한계 상황에 이르렀으며, 스포츠계의 적폐를 청산하고 공정한 스포츠 생태계를 조성하려는 국민적 열망 또한 크다는 점을 강조했다.

혁신위는 학교스포츠 현장이 그동안 인권의 사각지대로 존속하였다는 것에 대하여 우려를 표명하며, 교육부와 문체부 등의 정부기관과 책임 있는 단체가 정책과 제도 개혁에 나설 것을 촉구했다. 혁신위는 '공부하지 않는 학생선수'와 '운동하지 않는 일반학생'의 이분법을 불식하고 승리지상주의적 스포츠 패러다임의 혁신적 전환을 실현하기 위한 제도적 개혁 방안을 권고하였다. 학교 스포츠의 정상화를 위해 정부가 학교 스포츠 시스템의 전면적 개혁에 나설 것을 촉구했다.

---

21) 문화체육관광부(2019. 6. 4.). 보도자료 - 스포츠혁신위원회, 학교스포츠 정상화를 위한 권고 발표.

1. 학생선수의 학습권 보장

혁신위는 학생선수의 학습권 보장이 경기실적 저하로 이어진다는 불분명한 인식을 타파하고 학생선수들이 운동 이외의 진로에도 꿈을 펼칠 수 있는 제도적 장치가 마련되어야 한다고 주장했다. 이에 학생선수의 정규수업 참여를 강조했다. 이를 실현하기 위해, 학기 중 주중대회 참가 및 개최 금지, 최저학력에 도달 학생만 대회 참가 허용, 학생선수의 대회 참가, 훈련시간, 전지훈련 등에 대한 1년 계획을 학교교육계획안에 포함하고 위반 시 학교 단위 책임, 경력전환 학생선수 대상 학습지원 프로그램 마련, 국가대표 학생선수의 국제대회 참가 시 학습지원 방안 마련, 주말대회 운영을 위한 재정지원 등을 권고하였다.

특히, 주중대회 참가 및 개최 금지를 강조하였는데, 2019년 5월 기준, 학기 중 평일에 개최되는 대회가 총 233개(38%)로 과다하여, 수업 결손, 학력 저하, 학습권 침해 등으로 이어진다고 지적하였다. 이에 혁신위는 교육부에는 '학기 중 학생선수의 주중대회 참가 금지'를, 문체부에는 '대한체육회 및 회원종목 단체의 초·중·고교 학생선수 대상 주중 대회를 주말 대회로 전환'할 것을 권고하였다. 다만 종목별 특성 등을 감안하여, 즉각 전환이 곤란한 경우는 2021년 말까지 방과 후 대회를 개최할 수 있도록 했다.[22]

2. 체육특기자 제도 개편

혁신위는 현재의 체육특기자 전형이 수학능력에 대한 종합적 평가에 기반을 두지 않고 경기실적 위주의 선발이 이루어지고 있으며, 평가 기준 및 방법이 투명하고 객관적이지 않은 경우가 많아 학생선수의 학습권 보장을 가로막는 것은 물론 입시와 진학을 둘러싼 각종 부조리가 야기되어왔음을 지적했다. 이를 개선하기 위해 기존의 경기실적 중심의 체육특기자 진학시스템을 경기력, 내신, 출결, 면접 등이 반영된 종합적

---

22) 대회기간을 주중개최를 불허하는 것은 스포츠경기 특성으로 볼 때 힘들다. 대회는 리그전도 있고 전국 대회규모로 볼 때 4일에서 5일정도의 기간이 소요되는 대회가 대부분이다. 학생선수의 학습권보장이라는 측면으로 볼 때 주중 대회를 무조건 지양하기보다는 1년에 몇 차례이상 대회참가를 불허하는 것이 타당할 것이다. 정부가 모든 경기종목의 대회 개최권까지 관여하기보다는 각 경기단체 자율성에 맡겨야 할 것이다.

선발시스템으로 전환할 것을 권고했고, 시행에 앞서 3년 6개월의 사전예고 기간을 두기로 했다.

구체적으로, 고등학교 진학 시 최저학력제 기준에 미달한 학생선수는 체육특기자 선발에서 제외, 특정 학교에 체육특기자 지원이 집중될 때 종합적 선발기준(경기실적, 내신, 실기 등)에 의해 정해진 인원을 선발하고 그 외 학생선수들은 다음 순서로 배정, 학교체육진흥회를 통해 사전 스카우트제도 금지 등 지침(가이드라인)을 마련할 것 등을 권고했다.

대입에서도, 경기실적에 의해서만 체육특기자의 대학입학 당락이 결정되지 않도록 교과성적, 출결, 경기력, 면접 등 각 전형요소별 반영 비율 등을 정한 지침(가이드라인)을 만들고 이를 대학입학전형 기본사항에 반영하도록 하였다. 혁신위는 교육부 장관과 문화체육관광부 장관이 한국대학교육협의회, 한국대학스포츠협의회와 협의하여 이 같은 지침을 만들 것을 권고하였다. 또한, 각 종목의 경기력 평가를 위한 객관적 지표 마련 및 예산 지원을 주문하였다.[23]

3. 학교운동부 개선

혁신위는 현재 학교운동부의 운영이 운동 기량 향상에만 치중하였기에 폭력 및 성폭력, 장시간 훈련 등 비교육적 문제를 낳고 있다고 지적했다. 학교운동부 소속 학생선수들은 다른 스포츠선진국들에 비해 긴 시간 훈련하고 있고, 초, 중고교 학생의 경우 기숙사까지 전면 폐지하기로 한 시도교육청도 있지만 2019년 3월 기준 중학교 69개, 고등학교 300개 기숙사가 운영 중인 것으로 파악되었다. 또한 다양한 형태로 학부모가 운영경비를 조달하는 관행이 심각하다는 점을 강조했다.

이를 개선하기 위해 구체적인 방안을 제시하였다. 훈련은 반드시 정규수업 후에 실시하고, 주중 훈련시간 및 휴식시간 규정 마련, 주말 대회 참여 시 출전일수만큼 학생

---

23) 향후 체육특기자는 경기력 비중을 낮추고 학업성적, 출결 등을 반영한다는 것이다. 물론 이러한 입시제도의 방침이 향후 저학력에 대한 문제를 조금이나마 해결할 수 있을 것이라 본다. 하지만 '특기자'라는 것은 어느 한 분야에 특기가 있어 정상적인 대학입시가 아닌 다른 척도로 학생을 선발하는 제도이다. 세계적인 인재를 위한 특수대학을 마련해두고 이러한 입시제도 있어야 인재를 위한 교육제도일 것이다. 또한 이런 상황에서는 프로팀이나 실업팀이 있는 종목의 선수들은 고교 졸업과 동시에 실업팀, 프로팀으로 직행할 것이다. 그런데 남자선수일 경우 군문제와 부딪치게 된다. 즉 우리나라에서는 세계적인 남자선수가 배출될 수 없는 토양이 되는 것이다.

선수와 지도자 휴식 보장, 혹서기·혹한기 대회 개최 및 훈련 최소화, 합숙소 전면 폐지 및 원거리 학생 대상 기숙사만 제한적 허용, 학부모의 비공식적 비용 갹출 및 지원 금지, 학교운동부 지도자에 대한 불법 찬조금 일절 금지, 학교운동부의 대회 참가 및 전지훈련 비용 공개 의무화, 지도자와 학생선수에 대한 폭력 및 성폭력 예방 교육 강화 등을 권고했다.[24)]

4. 학교운동부 지도자 개선

혁신위는 학교운동부 지도자의 처우 개선을 위한 권고도 포함하였는데, 이는 운동부 지도자의 과다한 업무와 열악한 근무 환경이 부조리의 원인이 된다는 분석에서 비롯되었다.[25)] 실제로, 학교운동부 지도자의 임금 일부를 교육청에서 지원받기도 하지만, 대부분 학부모가 지원하는 상황이라는 점을 지적했다. 이를 개선하기 위해, 학교운동부 지도자 고용 불안정 문제 개선을 위한 예산 지원 방안 마련, 학교운동부 지도자 역할 재설정 및 필수직무교육 의무화 등을 권고하였다.

5. 학생의 스포츠참여 확대

일반 학생의 '운동결핍' 문제를 해결하기 위한 내용도 권고에 포함되었다. 혁신위는 그간의 학교스포츠클럽이 전시 행정적 양적 팽창 위주로 운영된 점, 담당교사의 업무 과중이나 참여 학생의 흥미를 고려하지 않는 등 문제가 있어, 학교스포츠클럽의 내실화를 통한 질적 제고 방안이 필요함을 지적하였다. 이를 위해, 스포츠클럽과 운동부가

---

24) 애초에 운동부 합숙소가 왜 태생되었는지 알아야 할 것이다. 학교운동부는 각 학교의 재량에 따라 존재하고 있다. 타 지역 학생들이 성적이 좋은 학교운동부에 전학 오려는 학생이 있는 것은 당연한 일이며 학생을 따라서 부모가 이사하기 어려운 환경이 대부분일 것이다. 혁신위가 주장한 학교 합숙소 전면 폐지를 그대로 현실화하는 게 쉽지 않은 이유다. 일부 고등학교에는 기숙사가 존재하고 있다. 기숙사에 들어갈 수 있는 학생의 조건은 첫째, 원거리 학생, 둘째, 학업우수 학생이다. 일부 자사고의 경우에도 전원이 기숙사 생활을 한다. 왜 학생선수들의 기숙사만을 합숙이라고 칭하며 차별적 시선이 있는지 궁금하다. 학생선수는 신체 기능이 뛰어나고 재능이 있는 학생이다. 이들이 기숙사에서 생활하는 것이 무엇이 문제일까? 보다 체계적인 감독과 엄격한 교육으로 합숙소문제를 해결할 수는 있지 않을까 생각된다. 문제가 생기면 무조건 없애는 것은 간단하지만 아주 소극적인 해결방법일 것이다.

25) 한국엘리트스포츠지도자연합회에 따르면, 교육청이나 체육회 등과 계약을 맺고 학교에서 학생 선수를 지도하는 코치는 전국에 약 6,000여 명으로 추산된다. 시·도별로 조금씩 다르지만 이들의 봉급은 월 160만~200만원 수준으로 파악된다. 올해 4인 가구 최저생계비(178만6952원)에 못 미치거나 살짝 넘는 수준이다(시사저널, 2021. 7. 31. 1659호).

모두 참여할 수 있는 종목별 통합 경기대회 개최하고, 선수등록제도 개선, 매년 학교스포츠클럽 활동에 참여하는 학생 비율 목표 설정 및 결과 공표, 학교스포츠클럽 리그 운영에 드는 비용, 인력자원 등 지원, 교내리그를 포함한 스포츠참여 및 활동에 대한 데이터를 학교체육진흥회가 만드는 경기이력시스템에 기록하고 진로 자료로 활용, 학교스포츠클럽 담당 교내 전담교사에 대한 수당 현실화 등을 권고하였다.

학교스포츠클럽 활성화를 위한 각종 권고를 이행하기 위해 교육부는 올해 중 관계기관 협의를 거쳐 구체적인 이행계획을 마련하고, 추가적인 예산 확보, 시스템 구축 등 각 사안의 필요 절차를 통해 권고내용을 실행할 계획이었다. 문체부는 스포츠클럽과 학교운동부 통합대회 권고를 이행하기 위해 관계기관 협의를 거쳐 선수등록제도를 개선하고, 2021년부터는 가능한 종목부터 단계적으로 통합대회를 개최하도록 할 예정이었으나, 코로나 19로 인해 여의치 않은 상황이다.

6. 전국스포츠대회 개편: 통합 학생스포츠축전으로 확대·개편

혁신위는 학생들을 대상으로 한 전국소년체육대회 등이 소기의 교육적 목적을 달성하기보다는 '우수 선수 조기 발굴'에 치중해 온 결과, 시도 간 과열 경쟁, 강도 높은 장시간 훈련, 정상적인 학교생활 곤란 등의 부작용을 초래하였다고 지적하였다. 이에 전국소년체육대회를 학교운동부와 학교스포츠클럽이 참여하는 '통합 학생스포츠축전'으로 확대, 개편하고, 중등부와 고등부를 참가하도록 하며, 기존의 전국소년체육대회 초등부는 권역별 학생스포츠축전으로 전환할 것을 권고하였다.[26]

7. 학교스포츠클럽 SWOT 분석

학교스포츠클럽은 학교운동부가 폭력, 성폭력, 입시 비리, 불법합숙소, 저학력 등의

---

26) 혁신위가 소년체육대회에 대한 현황을 제대로 이해하고 있는지 의심스럽다. 소년체육대회 폐지와 전국학생체육축제로의 전환이라는 성급한 권고안이며 현장의 소리가 제대로 반영되지 않았다. 소년체육대회는 지금까지 지속적인 개선을 하고 있으며 엘리트스포츠 발전의 산실이다. 소년체육대회를 폐지하는 일은 그 동안의 성과와 기여는 무시하는 것이다. 또한, 과열 경쟁을 없앤다고 대회 형식을 바꾸어 등위 없는 대회를 만들며, 스포츠의 본질인 경쟁을 훼손하는 것이다. 이는 정형적인 전시 행정 정책이며, 그럴듯하지만 성적지상주의, 과열 경쟁 등의 해결책이라 보기 어렵다.

문제점에서 벗어나지 못했기 때문에 그 대안으로 부각되었다. 일부 교육청에서는 학교 운동부를 공공형 학교스포츠클럽으로 전환한다고 발표하고 있다. 그러나 학교스포츠클럽의 활성화는 정부와 교육청이 현 엘리트스포츠를 지양하고 생활체육 및 학교체육에 중점을 두겠다는 의도이지만 일본처럼 체계적인 운동부 활동(부카츠)이 제대로 되어있지 않는 상태에서 갑자기 전환한다면 학생선수들에게는 부당할 수 있다. 자신의 앞날을 위해 노력하는 학생선수들의 열정을 무조건 누르는 정책이 될 수도 있다는 것이다. 학교스포츠클럽을 반대하는 처지는 아니지만, 학생선수, 일반 학생 등 모두가 만족할 수 있는 시스템을 형성하는 것이 중요하다.

아래 그림은 혁신위의 2차 권고안 중 학교스포츠클럽에 대한 SWOT분석이다. 학교스포츠클럽은 학습권, 스포츠권, 평생체육으로의 연계, 장점도 많지만 눈에 띄는 단점도 많은 것이 사실이다. 또한, 그동안 문제 되었던 폭력, 성폭력, 입시 비리, 과비용 등은 운동부 학교스포츠클럽으로 전환되더라도 해결될 수 있는 것은 아니며, 정부의 공공자금이 없어지면 스포츠클럽 운영 유지도 어려운 상황이다. 또한, 그동안 국제대회에서 스포츠강국으로 국위를 떨치고, 국민들에게 자긍심을 심어주었던 엘리트스포츠의 자원은 약화될 수밖에 없다. 그리고 그동안 엘리트스포츠에 몸담았던 지도자의 대부분은 직장을 떠나야 할 상황이 다가올 것이다.

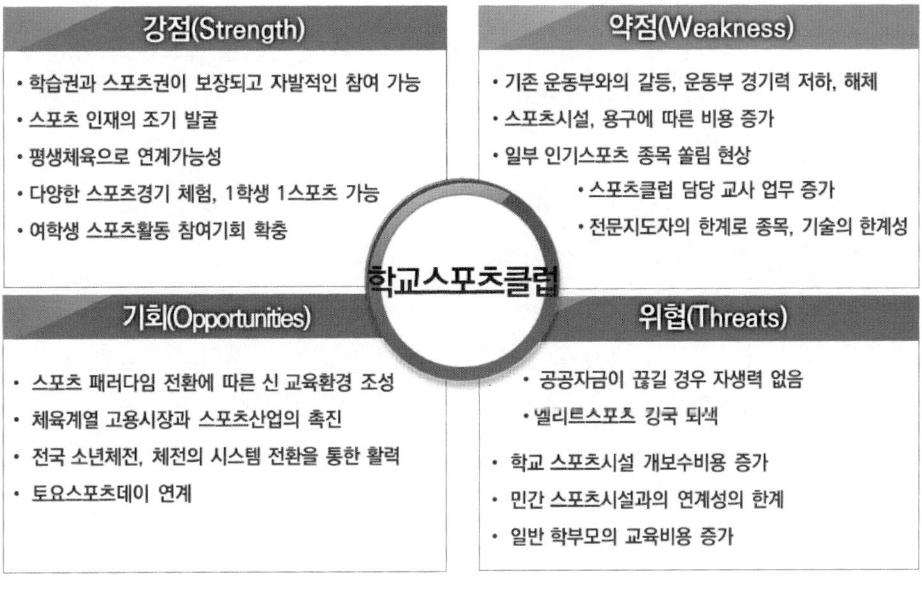

강점(Strength)
- 학습권과 스포츠권이 보장되고 자발적인 참여 가능
- 스포츠 인재의 조기 발굴
- 평생체육으로 연계가능성
- 다양한 스포츠경기 체험, 1학생 1스포츠 가능
- 여학생 스포츠활동 참여기회 확충

약점(Weakness)
- 기존 운동부와의 갈등, 운동부 경기력 저하, 해체
- 스포츠시설, 용구에 따른 비용 증가
- 일부 인기스포츠 종목 쏠림 현상
- 스포츠클럽 담당 교사 업무 증가
- 전문지도자의 한계로 종목, 기술의 한계성

학교스포츠클럽

기회(Opportunities)
- 스포츠 패러다임 전환에 따른 신 교육환경 조성
- 체육계열 고용시장과 스포츠산업의 촉진
- 전국 소년체전, 체전의 시스템 전환을 통한 활력
- 토요스포츠데이 연계

위협(Threats)
- 공공자금이 끊길 경우 자생력 없음
- 엘리트스포츠 강국 퇴색
- 학교 스포츠시설 개보수비용 증가
- 민간 스포츠시설과의 연계성의 한계
- 일반 학부모의 교육비용 증가

그림 XI-2. 학교스포츠클럽의 SWOT분석

03
스포츠혁신위원회 3, 4차 권고안[27]

스포츠혁신위원회는 2019년 6월 26일 스포츠 인권 증진 및 참여 확대 정책 권고와 **스포츠기본법** 제정 등의 3, 4차 권고를 발표하였다. 혁신위는 보편적 기본권으로서의 스포츠권(the right to sports)과 모두를 위한 스포츠(Sports for All)의 원칙에 기반을 두어 향후 스포츠가 지향해야 할 미래상과 대안적 체계(패러다임)를 세웠다.

혁신위는 기존 국가주의적, 승리지상주의적 스포츠 체계(패러다임)를 극복하고 민주주의, 인권, 공정, 평등, 다양성 등 보편적 가치를 기반으로 선진적 스포츠 체계(패러다임)를 구축해야 하며, 이를 위해 엘리트스포츠, 학교스포츠, 생활체육의 균형적 발전 속에 모든 사람의 스포츠 참여 및 향유권 보장을 위한 체계적 정책 수립과 실행이 필요하다고 밝혔다. 혁신위는 현대 스포츠 체계(패러다임)의 전환과 새로운 인권 담론 및 정책으로서 스포츠인권이 가지는 의미를 규범적, 사실적 차원에서 심층 검토했다. 또한, 스포츠인권을 보호하고 증진하기 위해 주요 국제기구와 해외 선진국들이 전개해온 다양한 정책 사례를 분석한 뒤, 2030년 이후를 내다보는 미래지향적 국가 스포츠 체계(패러다임)의 구축에 필요한 정책적, 제도적 혁신 과제를 제시했다.

혁신위는 여성, 장애인, 아동, 청소년, 노인, 이주민 등 다양한 인구 집단의 스포츠와 신체활동 참여 기회를 더욱 확대해야 하고, 이를 위한 국가적 차원의 전략과 정책 추진이 필요하다고 강조했다. 모두를 위한 스포츠를 실현하기 위해 스포츠 분야 인권침해를 예방하는 것은 물론 성별, 장애, 인종, 연령 등에 따른 차별을 금지하고 평등을 증진하는 체계적 스포츠 인권 증진정책이 필요하다고 주문했다. 구체적으로 혁신위는 4대

---

27) 문화체육관광부(2019. 6. 26.). 보도자료 - 스포츠혁신위원회, '모든 사람을 위한 스포츠'.

정책 과제를 추진할 것을 정부에 권고하였다.

1. 스포츠인권 증진과 모든 사람의 스포츠 참여 확대

혁신위는 과거 스포츠 평등정책이 부재한 가운데 스포츠 영역에 만연한 성차별, 장애차별 있었으며, 이를 해결하기 위한 정책 추진이 미약했다고 판단하였다. 또한, 초, 중, 고교 학생들의 스포츠 및 신체활동 참여 수준이 해외 선진국들보다 매우 낮은 점, 그리고 정부가 추진해온 스포츠클럽 정책이 관 주도의 하향식 접근에 따른 한계를 보이는 점 등을 문제로 진단했다. 이에 혁신위는 국가적 차원의 스포츠인권 증진 및 참여 확대를 위한 전략과 행동계획 수립, 학교 체육교육의 혁신 및 아동, 청소년의 스포츠 및 신체활동 참여 프로그램 확대, 지역사회 스포츠클럽 활성화(별도 권고 예정), 스포츠 인권 지침(가이드라인), 실태연구, 인권교육 등 인권침해 예방정책의 재정비 등을 권고하였다.[28]

2. 스포츠 분야 성 평등 증진 및 성인지적 스포츠 정책 추진

혁신위는 스포츠 분야 평등 증진을 위한 중점 과제로 성 평등(gender equality) 증진을 제시하고, 문체부, 여성가족부 등 관련 부처 정책의 실효성 제고를 주문했다. 구체적으로, 여학생들의 스포츠 및 신체활동 참여를 확대하기 위한 다각도의 정책적 노력이 필요하며, 스포츠지도자나 스포츠단체 임원 중 여성 비율도 개선 조치가 필요하다고 강조했다. 이러한 문제를 개선하기 위해, 혁신위는 양성평등 이해적 관점의 스포츠 정책 구현을 위한 정부 전략 및 행동계획 수립, 스포츠 분야 성 평등 실태연구 및 성 평등 인식 향상 교육의 확대시행, 여학생 대상 스포츠 및 신체활동 프로그램 확대와 참여 저해요소 개선, 스포츠클럽의 여성 참여 활성화, 여성 스포츠지도자 양성 프로그램

---

[28] 모든 사람의 스포츠참여(sport for all)은 오랫동안 생활체육이라는 개념으로 추진되었던 정책이다. 모든 사람이 스포츠를 통해 건강과 삶의 질 향상을 높인다는 것인데, 이는 목적이 애매하다. 스포츠참여를 통해 많은 것을 얻을 수 있지만, 경우에 따라선 다른 분야보다 효율성이 떨어진다고 볼 수도 있다. 국가의 예산으로 국민 건강을 위한다면 우선 의료, 보건이 우선이 될 것이고, 삶의 질의 향상은 문화정책에 뒤떨어진다고 볼 수 있다. 이에 스포츠를 복지차원에서 이해하는 것이 선행되어야 할 것이다. 스포츠는 국민의 행복추구권이며, 인간으로서 기본 복지로 이해되어야 할 것이다.

확대 및 단계적 비율 확대, 스포츠단체 임원 등 여성 비율 상향 및 남성 지배적 조직문화 개선 등을 권고하였다.

3. 스포츠 분야 장애 평등 증진 및 장애인 스포츠 정책의 혁신

대한장애인체육회는 2005년에 설립되어 장애인 스포츠정책이 시행되었으나 장애인들의 생활스포츠 참여율은 여전히 높지 않다. 혁신위는 장애인들의 스포츠접근권을 실질적으로 보장하기 위한 지속적인 노력이 요구된다고 강조하였다. 또한 장애인의 의견과 현장의 요구를 충분히 반영하지 못하고 있고, 장애인스포츠 지도자의 장애에 대한 이해 부족 등으로 장애인 선수에 대한 인권침해가 발생하는 때도 많다고 진단했다. 이를 개선하기 위해, 혁신위는 스포츠 분야 장애 차별 개선·예방을 위한 정부 전략 및 행동계획 수립, 장애 차별 실태연구 및 교육 확대, 장애학생 대상 스포츠 및 신체활동 프로그램 확대, 스포츠접근권 향상을 위한 장애인 스포츠시설 확충 및 개선, 장애와 인권에 대한 이해교육 강화 등 장애체육지도자 교육과정 혁신, 장애스포츠단체 임원 비율 등의 불균형 해소를 권고하였다.

4. 스포츠 인권침해 '예방' 정책의 수립 및 실행

모든 사람이 자유롭고 안전하게 스포츠에 참여하기 위해서는 신체적, 성적 괴롭힘이나 폭력 등 인권침해를 체계적으로 예방하는 효과적 기제가 필요하며, 스포츠 인권 지침(가이드라인) 수립, 실태조사, 인권교육의 제도화 등이 요구된다. 그러나 혁신위는 기존의 스포츠 인권 지침의 내용, 형식, 이행 체계 등에 한계가 있으며, 대한체육회 등이 실시해온 스포츠폭력 실태조사와 인권교육 프로그램 등에도 개선점이 많다고 진단했다. 이를 개선하기 위해 혁신위는, 스포츠 인권지침(가이드라인)의 혁신적 재구성 및 효과적 이행방안 마련(공공기금 지원기제 연동, 선수, 학부모, 지도자 등의 가이드라인 준수의무 동의서 제출 등 방안 검토), 체계적, 정례적 스포츠 인권 실태연구 및 정책대안 제시(스포츠인권기구 주도로 관계기관 간 유기적 협력체계 구축 등), 실효성 있는 스포츠 인권교육 프로그램의 개발 및 제도화 등을 권고했다.

5. 스포츠기본법 제정, 4차 권고안

　모두를 위한 스포츠를 현실에서 구현하기 위해서는 스포츠권을 법적으로 명확히 규정한 새로운 법·제도의 구축이 수반되어야 한다. 그러나 국민체육진흥법 등 기존의 체육 관련 법령들은 보편적 권리로서의 스포츠와 신체활동에 대한 인식이 부족하다. 또한, 15개의 스포츠 관련 법률이 파편적으로 흩어져 존재하면서 법체계의 일관성과 통일성 측면에 한계를 안고 있다. 혁신위는 보편적 기본권으로서 스포츠권의 개념을 명확히 정립하고, 이에 기반한 스포츠 패러다임의 전환을 이루기 위해 기존 관계 법령의 개정 수준을 넘어선 별도의 입법 조치가 필요하다고 판단하고, 정부와 국회에 다음과 같이 스포츠기본법 제정을 권고하였다.

　첫째, 모든 사람의 스포츠권리를 보장하기 위한 국가와 지자체의 책임을 명확히 하도록 했다. 구체적으로, 법의 목적이 '모든 사람이 스포츠 및 신체활동에 자유롭고 평등하게 참여하고 이를 통해 건강하고 행복한 삶을 영위하도록 보장함'에 있음을 천명하고, '스포츠'와 '스포츠권' 등에 대한 개념을 새롭고 명확하게 정의하였다. 법의 기본이념으로 인권, 평등, 생명존중, 평화 등의 보편적 가치를 지향하고, 법의 기본원칙에서 스포츠의 자율성, 민주성, 다양성을 장려하는 가운데 보편적 스포츠 향유권의 실현 및 신체적, 정신적, 사회적 복리(well-being) 증진을 목표로 한 정부 정책과 시책 마련을 명시하도록 하였다.

　둘째, 법이 헌법 제10조(인간의 존엄과 가치/행복추구권), 제11조(법 앞의 평등/차별받지 않을 권리), 제12조(신체의 자유), 제15조(직업선택의 자유), 제31조(교육받을 권리), 제32조(근로의 권리), 제34조(인간다운 생활을 할 권리), 제36조(보건에 관한 권리) 등에 근거하도록 했다. 또한, 국제올림픽위원회(IOC), 유네스코(UNESCO), 유럽평의회(Council of Europe) 등의 스포츠 관련 헌장에서 정하는 스포츠권에 근거하도록 했다.

　셋째, 국가와 지자체가 체계적인 스포츠 진흥계획을 수립하고 시행할 책무가 있음을 명기하도록 했다. 구체적으로, 스포츠패러다임 전환 및 모든 사람을 위한 스포츠 구현을 위한 국가 전략과 정책 수립, 국가 스포츠 정책 및 프로그램을 총괄, 조정, 심의하는

'스포츠정책위원회(가칭)' 구성 등 정책 추진 체계의 구축 방안 등을 규정하고, 체계적 연구수행 및 전문인력 양성, 스포츠시설 확충 및 개선, 스포츠산업 진흥 등 스포츠 관련 정책의 기본 내용을 포함할 것을 주장하였다.29)

---

29) 스포츠기본법은 스포츠복지 측면에서 스포츠를 해석해야 한다. 즉 행복추구권, 차별금지권리, 인간성의 권리 등을 강조해야 할 것이다. 또한 주관부처인 문체부뿐만 아니라 교육부, 보건복지부, 여가부 등 관련 부처와의 긴밀한 행정협조가 필요할 것이며 이를 위해서는 국무총리 산하의 위원회의 구성이 바람직하다. 스포츠기본법은 2021년 8월 3일 국무회의를 통과하였다. 스포츠기본법은 모든 국민이 차별 없이 자유롭게 스포츠 활동에 참여하고 향유할 기본적 권리로서 스포츠권을 보장하고 이를 위한 스포츠진흥계획 수립, 국가스포츠정책위원회 설치 등을 담고 있다(Newsis 20, 2021. 8. 3.).

04
스포츠혁신위원회 5차 권고안30)

    스포츠혁신위원회는 2019년 7월 17일, '스포츠 복지사회 실현을 위한 스포츠클럽 활성화 권고(5차)'를 발표했다. 5차 권고는 혁신위가 제안하는 모두를 위한 스포츠(Sport for All) 원칙을 실현하고, 모든 사람의 스포츠권(the right to sports)을 보장하며, 엘리트스포츠와 생활스포츠, 학교스포츠가 유기적 선순환을 이루게 하는 구심점으로서, **스포츠클럽 활성화**를 핵심 과제로 제시했다. 혁신위는 진정한 스포츠복지를 이루기 위해서는 계층과 지역에 상관없이 언제 어디서나 일상에서 스포츠에 접근할 수 있어야 하고, 생애주기 전반에 걸쳐 일생동안 스포츠 활동이 연속적으로 이루어져야 한다고 강조했다.31)

    보편적 복지로서의 신체활동이 부족한 우리나라에서 스포츠클럽이 유아기, 아동·청소년기, 성년기, 노년기의 모든 일상에서 스포츠를 즐길 수 있는 구심점 역할에 대해 언급하였다. 또한, 우리나라는 출산율이 상당히 낮은 국가로, 현재와 같은 선수 수급 방식은 지속되기 힘들 것이라고 보았는데, 스포츠클럽에서 일반학생과 선수학생의 구분 없이 재능과 소질을 발휘하다가 특정 시점에 직업 선수로 전환하는 대안적 방식이 필요하다고 강조했다. 혁신위는 스포츠클럽이 고령화와 1인 가구 비율의 급증과 같은 사회 변화 속에서, 지역 공동체의 사회 관계망 형성·발전에 이바지하는 매개체의 역

---

30) 문화체육관광부(2019. 7. 17.). 보도자료 - 스포츠혁신위원회, '일상에서 일생동안 스포츠 복지사회 실현을 위한 스포츠클럽 활성화 권고.

31) 스포츠클럽의 원활한 운영을 위해서는 막대한 예산이 투입된다. 원활한 예산집행을 위해서는 관련 법규의 제정이 필수적이고, 이를 위해서라도 스포츠기본법의 재정은 필요한 실정이다. 일반적으로 새로운 복지정책이 도입되면, 사실상 지속된다. 국내 경기침체로 재정수입은 감소하는데 복지지출은 늘어나고 있다. 예산의 확보를 전제하지 않고 정책을 수립하고 집행하는 것은 현재보다 더 큰 문제를 야기할 수 있다. 단 스포츠복지는 적극적인 복지에 혜택이 있으며 경제와 선순환 할 수 있는 정책을 마련한다면 비용이 많이 들지라도 국세의 낭비는 아닐 것이다.

할도 해야 한다고 보았다.

혁신위는 2000년대 이후 우리나라에서도 스포츠클럽 활성화를 위한 정부 차원의 다양한 노력이 전개되었지만, 정부 재정 지원에 대한 의존성, 법·제도적 근거 부족 등으로 스포츠클럽의 성공적인 정착에 한계가 있다고 언급했다. 혁신위는 스포츠클럽이 모든 시민이 자유롭고 평등하게 다양한 스포츠에 참여할 수 있도록 하는 데 중요한 공간으로서, 앞으로 스포츠클럽을 더욱 체계적으로 지원하고 활성화할 수 있는 정책을 수립할 필요가 있다고 강조했다. 그리고 이를 통해 생활스포츠의 저변 확대와 엘리트스포츠의 활로 개척, 스포츠 복지사회 구현을 할 수 있도록 국가와 지방자치단체가 추진해야 할 4대 과제를 권고했다.

1. 스포츠클럽 제도화를 위한 권고

혁신위는 기존 스포츠클럽 정책이 대부분 단기 프로그램 또는 사업으로 인식되어 정착되지 못하였고, 스포츠클럽이 지속적인 안정성을 확보하는 데에는 제도화가 필요하다고 강조했다. 이를 위해, 스포츠클럽 등록제(일정 요건을 갖춘 동호회가 지자체에 등록하게 하고, 시설, 지도자, 프로그램 및 대회 참가 등 지원)를 도입, 종목별·수준별 스포츠클럽 대회 개최 지원, 클럽 예산은 회비를 기본으로 하되, 정부가 일부 지원할 것 등을 권고했다.

2. 스포츠클럽을 통한 엘리트스포츠 육성체계 전환에 대한 권고

혁신위는 2차 권고 등을 통해 학교운동부 중심 엘리트 선수 육성체계의 폐쇄성과 학습권, 인권 침해 등의 문제점을 지적했다. 향후 학교운동부와 스포츠클럽 간의 연계를 강화해 선수 양성 시스템을 전환할 필요가 있고, 스포츠클럽이 중심적 역할을 해야 할 것이라고 언급했다. 이를 위해, 스포츠클럽 소속의 우수 선수 잠재력 개발 지원, 학교운동부와 스포츠클럽 연계 방안 마련, 등록스포츠클럽 대상 순환코치 제도 시행 등을 권고했다.[32]

3. 스포츠클럽 법제화를 위한 권고

혁신위는 체계적 입법 조치가 해당 국가의 스포츠클럽 제도 성패를 좌우하는 중요한 과제라고 강조했다. 이를 위해, 정부와 국회에는 '스포츠클럽 육성법'기본계획 수립, 스포츠클럽 등록, 스포츠지도자 배치, 공공체육시설 위탁관리 등 내용) 제정을, 지방자치단체에는 '스포츠클럽에 관한 조례'(지역체육회 역할, 스포츠클럽 출연, 공공체육시설 이용 등) 제정을 권고했다.[33]

4. 스포츠클럽에 대한 행정적 지원 방안 권고

혁신위는 스포츠클럽의 원활한 운영과 활성화를 위해서는 정부와 지방자치단체가 시설, 정보, 지도자 연결 등에 관한 행정적 지원을 더욱 강화할 필요가 있다고 언급했다. 구체적으로, 공공스포츠시설을 스포츠클럽이 적절히 이용할 수 있도록 관리체계 확립, 학습권에 지장을 초래하지 않는 범위 내에서 스포츠클럽이 학교체육시설을 사용하거나 위탁 운영할 수 있도록 체계 확립, 스포츠시설 대규모 확충, 스포츠클럽 등록, 정보 제공 및 회원 간 소통, 지도자 연결 등의 기능을 제공하는 통합지원기반(플랫폼) 구축 등을 권고하였다.[34]

---

32) 우리나라는 지금까지 학교운동부에서 엘리트강국을 만들어 왔다. 학교운동부가 아닌 스포츠클럽이어야 하는 이유는 운동선수들이 스포츠를 즐기고, 그만두고 싶을 때 중단하고 다른 진로를 선택할 수 있는 구조를 만들기 위해서다. 학생선수 또는 일반학생이 운동도 공부도 잘 할 수 있는 시스템이라는 주장이다. 하지만 학생이 스포츠클럽에서 즐기면서 세계정상급 선수로 발전할 수 있을까라는 의문이 생긴다. 학생들은 스포츠클럽을 통해 생활체육의 한 방편으로 스포츠활동을 하면서 스포츠 향유권과 진로선택권이 어느 정도 보장될 수 있을 것이다. 하지만 중요한 사실은 생활체육과 엘리트스포츠는 완전히 다른 시스템이라는 것이다. 운동부를 기반으로 하는 학원스포츠가 없어진다면 엘리트스포츠를 기반이 무너지는 것을 의미한다. 학원스포츠와 스포츠클럽은 함께 움직여야할 두 개의 바퀴인 것이다.

33) 선진국의 정책을 도입할 때는 무엇보다도 정책의 숙려와 국내 환경을 고려해야 한다. 일본은 생활체육을 위해 많은 스포츠클럽을 조성하였지만, 엘리트스포츠의 안정적인 발전을 위해 학원스포츠, 실업스포츠, 프로스포츠 클럽의 확충에도 정책 예산이 안정적으로 추진되고 있다. 또한, 일본은 엘리트스포츠부분의 발전을 위해 우리의 시스템을 접목하고 있는 실정이다.

34) 학생대상의 생활체육 활성화를 위해 스포츠클럽 확충은 긍정적이다. 다만 이전의 엘리트스포츠 활성화를 위해 학원스포츠, 운동부를 적극적으로 지원했었던 과거를 생각해 볼 필요가 있다. 과거 정부는 학교운동부를 지원하기 위해 막대한 자금을 지원했었다. 지금 정부나 지자체는 학교스포츠클럽의 활성화를 위해 엄청난 국비와 인력이 필요한 상황인데 지속적으로 추진할 수 있을지 의문이다. 더욱이 학교나 학부모가 입시에도 별 상관없는 스포츠클럽의 활성화를 위해 자원을 투자할 것인가에 대해 의문스럽다. 이제는 국가차원에서 추진하기보다는 학생, 학교, 학부모가 자발적으로 해야 하는 것이 타당하지 않을까?

05
스포츠혁신위원회 6, 7차 권고안³⁵⁾

2019년 8월 22일, 스포츠혁신위원회는 제6차 권고안 '엘리트스포츠 시스템 개선 및 선수육성체계 선진화'와 제7차 권고안 '체육단체 선진화를 위한 구조개편'을 발표했다. 혁신위는 엘리트스포츠 시스템이 국제대회에서의 성과를 통해 국민의 자긍심과 국위선양에 기여한 반면, 선수 인권 소홀, 체육단체의 비민주적 운영, 학생선수 학습권 침해, 생활체육과 엘리트스포츠 간 단절 등 부정적 문제도 야기했음을 지적했다. 이에 21세기 사회 환경 변화와 스포츠에 대한 국민의 기대에 부응하여, 국가주도 엘리트스포츠 시스템 및 선수육성체계 전반을 혁신할 것을 권고했다.

1. 엘리트스포츠 시스템 개선- 6차 권고안

(1) 진천선수촌 개선

① 진천선수촌 인권 보장 강화

혁신위는 진천선수촌이 선수들이 훈련에 필요한 환경을 제공, 집중적으로 경기력을 높이는 데 이바지한 반면, 엘리트 스포츠의 중심 거점으로 올림픽 출전선수 육성에만 치중하여 그 과정에서 발생하는 폭력과 성폭력, 학습권 침해 등 인권적 문제는 간과해 왔음을 지적했다. 그간 통제 위주의 획일적 훈련이 이루어져 왔고, 최근 '인권상담실'

---

35) 문화체육관광부(2019. 8. 22.). 보도자료 - 스포츠혁신위원회, '엘리트 스포츠 시스템 개선' 및 '체육단체 선진화를 위한 구조개편' 권고.

설치를 하였으나 공간, 인력, 권한 등에서 한계가 많으며, 입촌해 있는 국가대표 학생선수의 학습권 보장 또한 충분치 않다고 언급했다.[36]

이를 개선하기 위해, 진천선수촌 훈련관리지침, 운영규정 등을 자율적이고 인권 친화적으로 개선, 스포츠인권기구 신설 이전까지, 인권상담실의 인력 보강, 조사 절차에 대한 독립성 강화, 국가대표 학생선수의 학습 실태 전면조사, 국가대표 학생선수 학습권 보장을 위한 **학습지원센터** 설치를 권고했다.[37]

② 국가대표지도자의 처우 개선 및 평가 합리화

혁신위는 국가대표지도자의 안정성과 전문성에 대한 지원이 제대로 이루어지지 않음도 지적했다. 대부분 국가대표지도자는 1년 미만으로 계약하고 있으며, 지도자 평가도 경기실적 중심, 일방적 평가로 진행되어, 성적에 치중한 지도가 이루어질 우려가 크다는 점을 지적했다. 이를 개선하기 위해, 국가대표지도자의 적정한 활동기간 보장 및 보수체계 개선, 평가 기준을 경기실적 중심에서 종합적 평가지표(장기 비전, 과학적 훈련, 인권 감수성, 학습권 보장 등)로 전환하고, 평가방식은 다면평가로 전환(상급자, 지도자 간, 선수평가 등), 코칭 전문성 제고 교육, 연수 등을 권고했다.[38]

③ 진천선수촌 스포츠과학 지원시스템 효율화

혁신위는 해외 스포츠선진국들이 선수 경기력 향상을 위해 스포츠과학에 집중적으로 투자하고 있음을 강조하며, 대한민국의 경우 한국스포츠정책과학원이 스포츠과학을 지원하고 있으나, 전문 연구인력, 예산 등의 부족으로 국가대표 선수들을 위한 상시 밀착 지원이 충분하지 않다고 언급했다. 이를 개선하기 위해, 국가대표 선수에 대한 과학적 밀착 지원 강화(한국스포츠정책과학원의 인력과 예산 보강), 합리적 국가대표 선수 선발 및 개인 특성 맞춤형 과학지원 제공을 위한 종목별 훈련과학협의회 정례화를 권고했다.[39]

---

36) 2017년부터 한국체육대학교가 주관대학으로 진천선수촌 이동수업을 진행 중이다. 이미 프로그램은 체계적으로 운영 중이나, 무엇보다도 국가대표 지도자의 의식개선이 중요하다. 국가대표 학생선수의 학습권은 그 대표성으로 볼 때 반드시 지켜져야 할 부분이다.

37) 학생지원센터의 설립은 신중하게 접근해야 할 것이다. 국가대표 중에 학생선수 비율이 그리 높지 않다. 그리고 국가대표선수가 연중 지속적으로 선수촌에 입촌하고 있지도 않다. 이에 학생만을 위한 센터를 설립하기보다는 국가대표 학생선수 수업을 맡고 있는하는 학교에서 학생지원팀을 운영하는 것이 보다 효율적일 것이다.

38) 국가대표 지도자는 대부분 자신의 소속팀을 갖고 있고, 국가대표 지도자를 겸임하고 있다. 소속팀이 없는 지도자에게는 국가대표 지도자훈련비를 책정하고 있다. 국가대표 지도자는 선수의 경기력 향상과 입촌 생활에 관련된 부분을 책임지고 있다. 학습권은 대한체육회 산하 선수촌에서 관리 감독을 해야 마땅하다. 국가대표 학생선수의 학업권 보장을 위한 훈련시간의 준수, 학습환경 관리 등은 선수촌에서 직접 관리, 감독해야 효율적이다.

39) 한국스포츠정책과학원은 국민체육진흥공단 산하의 연구기관으로 경기력향상과 국내 스포츠과학 진흥을 위해 1980년에 설립되었다. 한국스포츠정책과학원의 주요 역할중 하나는 진천선수촌 스포츠과학 지원시스템을 향상에 있다. 그러나 업무관할에 있어 대한체육회와의 통폐합이 필요한 상황이다. 즉 국가대표 선수들의 원활한 스포츠과학 지원시스템을 위하여 엘리

(2) 경기력향상연구연금제도 개편

혁신위는 국제대회에서 우수한 성적을 거둔 선수에 대한 보상인 경기력 향상연구연금은 실제 포상금 성격으로, 올림픽·아시안게임 등에서의 메달 획득 시 지급하는 포상금과 중복 우려가 있다고 지적했다. 특히 국민연금의 도입, 스포츠강국 위상 달성, 경기에 출전해 최선을 다한 모든 선수를 격려하는 국민의식 변화 등을 고려할 때 현행제도의 개편이 필요하다고 강조했다. 이에 경기력향상연구연금은 포상금 성격에 맞도록 일시금으로 전환하되, 기존 연금 대상자는 현행대로 연금으로 지급하고, 일시금으로의 전환은 2029년부터 시행할 것을 권고하고, 전문가, 스포츠단체 등 현장의 충분한 의견 수렴 및 공론화 과정을 통해 세부 실행계획(일시금 금액 산정, 연금과 일시금의 연차적인 비율 조정 등)을 마련하여 추진하라고 요청했다. 또한, 메달리스트뿐만 아니라, 대부분의 선수가 운동을 지속하고, 은퇴 후에도 안정된 생활을 영위할 수 있는 다양한 복지제도(경력전환 지원, 생활 안정 자금 지원, 교육 및 재교육 등)를 적극적으로 시행할 것을 함께 권고했다.

(3) 체육요원제도 개편

혁신위는 '대체복무제도'인 체육요원제도가 그 입법 취지에 맞게 엄격히 시행되어야 함을 강조했다. 중요한 것은 선발의 공정성과 관리의 엄정성으로, 실제로 체육요원제도에 대한 비판 여론은 제도 그 자체에 대한 비판이라기보다는 엄정한 관리에 대한 촉구라고도 언급했다. 이에 체육요원제도는 대체복무제도의 입법 취지가 훼손되지 않도록 공정하게 관리하고, 국제대회 선발 시 병역 여부가 영향을 미치지 않도록 공정성을 강화하며, 의무 불이행에 관한 확인 시 병역법상 경고 및 복무기간 연장을 적용하는 가운데, 2019년 8월 현재 운영되고 있는 관계부처인 문체부, 국방부의 특별전담팀(TF)에서 현실적인 대안을 도출하도록 권고했다.[40]

트스포츠 과학 연구 기능을 체육회로 이관하여 현재 국가대표선수촌 내 스포츠과학센터와 통합해야 할 것으로 보인다.

40) 스포츠계뿐 만아니라 예술계, 산업계와 함께 병역 특별요원제도의 총체적 재정리가 필요한 시점이다.

2. 선수 저변 확대와 스포츠과학을 접목한 선수육성체계 선진화 권고

(1) 선수등록제도 개편

그간 선수는 경기단체에 등록된 자로 선수를 대상으로 한 훈련과 지원, 대회 출전이 가능한 체계로 운영됐으며, 2016년 대한체육회와 국민생활체육회 통합 이후에도 선수와 동호인 등록으로 이분화되어, 선수가 될 수 있는 경로를 제한적으로 국한하고 있다는 점을 지적했다. 이를 개선하기 위해 엘리트 선수와 동호인 선수를 구분한 경기인 등록제도를 회원등록제도로 통합, 회원이 출전할 대회 수준을 파악하기 위한 선수경기이력시스템 개발 및 대회 요강 정비 등을 권고했다.[41]

(2) 생활-엘리트스포츠대회 개편

혁신위는 2016년 단체 통합 이후 선수등록제도 뿐만 아니라, 종목별 엘리트대회와 생활체육대회도 이분화되어 운영, 엘리트스포츠와 생활체육 연계와 선수 저변확대는 요원하다는 점을 언급했다. 이를 개선하기 위해 생활 및 엘리트체육대회의 실질적 연계를 위한 종목별 수준대회, 오픈대회 등 개최 확대, 전국체전을 대학부와 일반부로 운영하되, 동호인선수 참여 확대 등을 권고했다.[42]

(3) 국가대표 하위육성체계 개편

혁신위는 현재 '국가대표후보-청소년대표-체육영재-꿈나무'의 4단계로 이루어진 국가대표 하위육성체계는 사업별 위계화가 되지 않고 연령별 중첩이 있으며, 하위로 내려갈수록 선수 수 답보, 관심 및 예산 지원 부족 등의 문제가 있다고 지적했다. 이에 국가대표 하위육성체계를 '후보-유망주-꿈나무'의 3단계로 개편하고, 후보-유망주는 종목 특성 등을 고려하여 차등 지원, 하위육성체계 선수에 대한 과학적 지원을 강화하고, 국

---

41) '통합'이 모든 문제를 해결하는 것은 아니다. 엘리트선수가 출전하는 대회와 동호인 대회가 분리되어야 더욱 효율적으로 운영이 될 수 있다. 예를 들어 학생선수인 경우, 학교스포츠클럽과 합계 대회를 개최한다면 참가선수가 대폭 증가되어 대회운영은 물론 대회기간이 늘어날 수밖에 없다. 대회가 참가선수의 실력에 따라 디비전(divisions)이 나누어지지 않는다면 대회운영이 어려울 것이다. 현장 상황을 본다면 엘리트선수와 동호인이 통합하여 등록하고 대회를 함께해야 하는 합당한 이유는 없다.

42) 대한체육회가 국민생활체육회와 통합한 후, 국내 생활체육, 엘리트스포츠는 물론 일부 학교체육의 프로그램을 관할하는 단체로 변모했다. 대한체육회는 생활, 학교, 엘리트스포츠의 성격에 따라 프로그램과 대회를 달리하는 것이 타당하다고 본다. 성격에 따라 독립적으로 운영하고 경우에 따라서는 디비전 승급이나 연계 프로그램을 활용해야 한다.

가대표 훈련에 지장이 없는 범위 내 진천선수촌 이용 등을 권고했다.[43]

3. 체육단체 선진화를 위한 구조개편 - 7차 권고안

혁신위는 대한체육회가 연간 수천억 원의 예산 대부분을 정부와 공공기금을 통해 지원받고 있는 공공기관임에도 불구하고, 스포츠 분야에서 발생해 온 중대한 인권침해와 각종 비리 및 부조리 등에 대하여 책임 있는 역할을 다하지 못했다고 지적했다. 특히, 혁신위는 대한체육회가 대한올림픽위원회(KOC)와 통합 조직으로 운영되면서 생활 스포츠와 엘리트 스포츠의 균형 있는 발전이 이루어지지 못하고 있다고 평가하였다. 또한, KOC가 국가올림픽위원회(NOC)로서의 독립성과 자율성 보장이라는 명분하에, 국내 스포츠계의 대표 단체이자 공공기관으로서 요구되는 공적 책임을 수행하는 데 소극적인 모습을 보여 왔다고 언급했다. 2016년 국민생활체육회와 통합 후 생활스포츠 기반의 엘리트스포츠 육성을 목표로 제시하였음에도 올림픽과 엘리트 중심의 기존 체육회 운영 방식을 벗어나지 못하였고, 대한올림픽위원회는 대한체육회와의 통합으로, 국가올림픽기구(NOC)로서의 국제스포츠 활동에서의 전문성이 없게 되었음을 강조했다.

이에 혁신위는 대한올림픽위원회는 국제올림픽위원회(IOC)헌장에 따른 독립성과 자율성을 보장받으며 목적 사업을 주도적으로 추진하고, 대한체육회는 생활체육 정책의 활성화와 엘리트스포츠의 새로운 발전 방안을 추구할 수 있도록, 스포츠단체 구조개편이 필요하다고 하였다. 이에 대한올림픽위원회와 대한체육회를 분리하고, 분리 이후, 대한올림픽위원회는 올림픽 등 국제대회 대표선수단 파견 및 대회 유치, 국제스포츠 경쟁력 강화 노력, 국제스포츠 외교 증진 등에 관한 사업을, 대한체육회는 생활체육을 위한 각종 사업, 서비스, 프로그램 등의 실행 기구로 개편할 것을 권고했다.[44] 또한, 대한올림픽위원회와 대한체육회 분리를 위해 국민체육진흥법을 조속히 개정하고, 법 개정 이후 조직, 인력, 자원 배분, 회원종목 단체와의 관계 등을 논의하기 위한 **체육단체 구조개편위원회**를 구성하도록 권고했다. 아울러, 대한올림픽위원회와 대한체육회 분리 후 회원종목단체와 지방체육회의 자율성 보장을 요청했다.

---

43) 엘리트선수의 분류는 운영상의 문제이지, 구지 변동이 필요할 것이라 보지 않는다. 진천선수촌은 가능하다면 많은 엘리트 선수들이 훈련할 수 있도록 개방 운영하는 것은 타당하다고 본다.

44) 정부가 KOC 분리를 거론한다는 것은 근시안적 행정집행을 수행하는 것을 자인하는 것이다. 정부의 주도로 대한체육회와 국민생활체육회를 통합된 후 불과 몇 년이 안 된 상황에서 또 분리한다는 것을 범국민적으로 공론화하기 어려울 것이다.

06

권고안을 돌아보며

　2019년 스포츠혁신위원회는 1~7차에 걸친 권고안을 발표하였다. 스포츠계 성폭력부터 시작한 스포츠계의 자성의 목소리로 구성된 스포츠혁신위원회는 스포츠전반적인 구조안이 권고안인 것이다. 혁신위는 권고안이 제대로 이행되는지 문체부, 기획재정부, 교육부, 여성가족부 등 정부 부처에 이행 계획서를 제출하도록 요구하는 한편, 기구 설립안을 마련하고 예산을 확보해 2020년 상반기 기구가 운영되도록 하겠다는 이행 계획도 제시하였다.

　혁신위의 1~7차에 걸친 권고안은 그동안 스포츠계의 문제들을 포괄적으로 다루었으며, 그에 따른 방안들을 제시하였다고 평가된다. 그러나 아쉬운 부분은 현장 중심, 현장 존중에 기반을 두고 권고안을 작성하였다기보다는 목적 지향적으로 작성되었다. 현실의 철저한 분석과 문제의 원인을 분석하지 않고 목표만을 보고 권고안을 만들다 보면 쉽게 오류가 생기고 전문성의 부재와 정책의 실현 가능성이 낮을 수 있다.[45] 권고안을 자세히 살펴보면 이러한 문제점이 두드러지게 보인다. 먼저 1차 권고문은 스포츠계 성폭력을 없애고 스포츠계 인권을 보장한다는 취지이다. 하지만 권고안을 보다 보면 스포츠계의 지도자를 성폭행 또는 폭력의 잠재적 피의자로 간주하고 시작한다는 것이다. 즉 스포츠계의 '파놉티콘[46]'을 만들어 감시하고 통제하며 범죄가 일어난 경우 단호하게 응징하겠다는 의시를 보여준 것이다. 즉 폭행이나 성폭행의 예방책, 개선책보

---

45) 대한체육회 자료에 의하면 공공스포츠클럽 94개소 운영자중 지자체 관련 출신자가 약 48%, 체육 비전문가와 무경력자가 약 34%로 이들이 차지하는 비율이 약 82%에 육박하며 그 지역의 유지들이나 공무원들로 구성되어 있다. 반면에 체육전문 인력은 18% 수준이다(국감보도자료 2020.10.23.).

46) 죄수를 교화할 목적으로 설계된 밴덤의 원형감옥을 '파놉티콘'이라고 하는데 중앙의 감시 공간을 만들어 죄수로 하여금 스스로 규율에서 벗어날 수 없도록 만들고, 점차 규율을 내면화하여 스스로를 감시하게 만든 시설을 말한다. 홍성욱(2002). 파놉티콘. 책세상.

다 사후 조사와 징계가 정책의 중심이 된 것이다. 이를 보면서, 의료나 법조계에 이와 같은 권고안이 나올 수 있을까라는 반문이 생긴다.

또한, 스포츠계만을 위한 스포츠인권센터를 설립한 것은 이미 대한체육회 산하에 있는 스포츠인권센터에 대한 전면적인 부정이며, 더 나아가서는 국가인권위원회의 존재와 그 필요성에 대해 무시하는 것으로 보인다. 국가인권위원회는 200여 명이 넘는 인력이 근무하고 있고 정부 예산도 360억 원이 지원되고 있는 범국가적인 기구이다. 더욱이 국가인권위원회 산하에는 스포츠인권특별조사단이 이미 존재하고 있다.

더욱이 조직도를 보면 전국적으로 지역사무소 5곳을 설치하고 있어 접근성이 뛰어나다. 이러한 상황에서 또 다른 스포츠인권기구를 설립한다는 것은 국고의 이중 투입이며 예산의 낭비일 것이다. 기존의 기구의 효율적 운영이 먼저일 것이다. 즉 현실적인 방안은 현존하는 대한체육회의 스포츠인권센터와 국가인권위원회에 비상설기구로 있는 스포츠인권특별조사단을 통합하여 국가인권위원회 상설기구로 격상시켜 권한을 강화하는 것이 전문성을 살리고 정책의 실행 가능성을 높이는 것이라 하겠다. 혁신위에서 더욱 자세히 관련 기구를 분석하고 이해하고 있다면 이러한 권고안이 나오지 않았을 것이다.

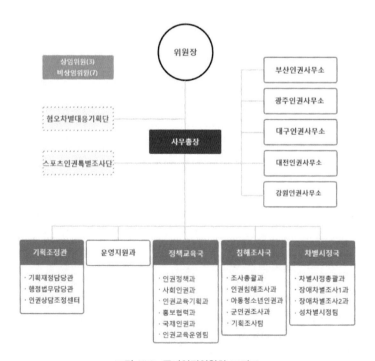

그림 XI-3. 국가인권위원회 조직도

자료출처: 국가인권위원회 홈페이지

혁신위의 2차 권고안에는 공부하는 학생선수를 목적으로 만들었다. 하지만 2차 권고안 역시도 미련한 학생선수, 불통의 지도자의 선입견으로 보고 그들은 이들을 교육의 부정적 대상으로 간주한 채 규제, 억제 위주로 권고안이 마련한 것으로 의심된다. 이는 그동안 대한민국의 국위를 떨쳤던 스포츠스타와 이들과 함께 훈련하였던 운동선수 동료 모두가 미련하고 덜 떨어진 교육 낙오자며, 이들을 위해 최선을 다했던 지도자 역시도 혹독하고 독선적인 조련사로만 인식한 것이 아닌가라는 의구심이 생긴다. 왜 스포츠는 다른 분야와 달리 그 분야에서의 우수성을 인정받기가 이다지도 힘든지 알 수 없다.

혁신위의 7차 권고안에는 체육단체의 선진화를 위해 현재 대한체육회를 KOC와 분리해야 한다고 했다. 하지만 현재 대한체육회는 2016년 국민생활체육회와 통합하여 재조직된 통합체육회인 것을 잊고 있는 건 아닌지 모르겠다. 2014년부터 본격화된 대한체육회와 국민생활체육회의 통합 논의 과정에서도 도대체 누구를 위한 통합인지 모르는 통합을 했다. 그로 인해 지금까지도 생활체육과 엘리트스포츠의 관리, 감독에 많은 문제점을 낳고 있으며 이러한 문제점은 이미 예견되었던 부분이었다. 그런데 이번에는 혁신위가 다시 분리하자고 권고안을 발표했다. 이러한 근시안적으로 2016년 3월에 통합된 문체부 산하 공공기관 대한체육회를 다시 재조정해야 한다는 권고안은 참으로 안타깝다. 애초 많은 스포츠계 인사들이 주장하듯이 대한체육회의 조직에서 생활체육부분을 국민생활체육회에게 넘기고 대한체육회는 엘리트스포츠 부분만을 담당했으면 되었을 것을 구태여 국내 스포츠의 양대 조직을 통합하더니 인제 와서 다시 분리하겠다는 것은 참으로 안타까운 일이다.

스포츠계는 그동안 잘못된 관행을 반성하고 개선하려는 의지를 갖고 있다. 또한 혁신위가 지적하는 문제들은 대부분 현실이며 이를 개선해야 한다는 점에서는 동의한다. 하지만 혁신위의 권고안을 단기적으로 무조건 따라가기에는 관련 스포츠인들은 매우 힘든 현재 상황에 봉착할 수 있다. 문체부, 교육부 등 정부의 관련부처와 대한체육회는 적극적으로 추진해야 할 부분, 스포츠계와 충돌이 적은 부분부터 장기적인 측면에서 정책을 추진해야 스포츠계의 협력과 지지를 얻어낼 수 있는 것이다. 스포츠가 이 땅에 들어 온지도 100년이 지났으며, 엘리트스포츠 패러다임으로 이끈 지 최소한 반세기가 지났다. 패러다임을 단 한 순간에 혁신한다는 것은 무리가 있을 수밖에 없을 것이다. 정부가 해야 할 일은 스포츠계가 스스로 자립할 수 있고 자신을 개혁할 수 있도록 감독하고 지도하는 일이다.

※ 참고문헌

국가인권위원회 홈페이지.

국가인권위원회(2019). 2019년 연간보고서.

국감보도자료(2020. 10. 23). 공공스포츠클럽, 예산만 던져주고 나몰라라?

문화체육관광부(2019). 스포츠혁신위원회 제1차~7차 권고문.

문화체육관광부(2019. 5. 7.). 보도자료- 스포츠혁신위원회, 성폭력 등 인권침해 근절을 위한 첫 권고 발표.

문화체육관광부(2019. 6. 4.). 보도자료 - 스포츠혁신위원회, 학교스포츠 정상화를 위한 권고 발표.

문화체육관광부(2019. 6. 26.). 보도자료 - 스포츠혁신위원회, '모든 사람을 위한 스포츠!'.

문화체육관광부(2019. 7. 17.). 보도자료 - 스포츠혁신위원회, '일상에서 일생동안 스포츠 복지사회 실현을 위한 스포츠클럽 활성화 권고.

문화체육관광부(2019. 8. 22.). 보도자료 - 스포츠혁신위원회, '엘리트 스포츠 시스템 개선' 및 '체육 단체 선진화를 위한 구조개편' 권고.

시사저널(2021. 7. 31). 스포츠 비리 없애려면 지도자 처우 개선부터. 1659호.

연합뉴스(2020. 8. 5.). 스포츠윤리센터 출범, 스포츠계 인권침해 신고 일원화.

한국스포츠정책과학원 홈페이지.

홍성욱(2002). 파놉티콘. 책세상.

Newsis 20(2021. 8. 3.). 스포츠기본법, 체육인복지법 공포안 국무회의 통과.

Sports 1(2020. 8). 스포츠인권보호, 스포츠선진국들은 어떻게 하고 있나.

U.S. Center for Safesport 홈페이지(https://uscenterforsafesport.org)

하웅용

한국체육대학교 교수. 주요 연구분야는 체육사와 스포츠정책이다.

한국체육대학교 체육학과를 졸업하고, 대만국립체육대학에서 석사, 미국 Pennsylvania State University에서 체육학 박사학위를 받았다. 한국체육사학회 회장을 역임하고, 대한대학스포츠위원회 명예총무, 한국대학스포츠협의회 집행위원 등을 맡고 있다. 국제적으로는 Asian University Sports Federation 집행위원, International University Sports Federation 국제조정위원으로 활동 중이다.

저서로는 스포츠문화사, 글로벌스포츠경기사, 한국체육사, 사진으로 보는 한국체육100년 사 등이 있으며, 체육사, 스포츠정책관련 60여편의 학술논문을 발표하였다.

스포츠정책론

초판인쇄 2021년 9월 17일
초판발행 2021년 9월 17일

지은이 하웅용
펴낸이 채종준
펴낸곳 한국학술정보㈜
주소 경기도 파주시 회동길 230(문발동)
전화 031) 908-3181(대표)
팩스 031) 908-3189
홈페이지 http://ebook.kstudy.com
전자우편 출판사업부 publish@kstudy.com
등록 제일산-115호(2000. 6. 19)

ISBN 979-11-6801-139-7 93690